创新与融合

大运河国家文化公园博物馆发展报告

（2022—2023）

大运河博物馆联盟 编

本书获国家社科基金重大项目“大运河文化遗产保护传承利用的历史经验与创新模式研究”（编号：24VWBN007）资助。

江苏凤凰文艺出版社
JIANGSU PHOENIX LITERATURE AND ART PUBLISHING

图书在版编目（CIP）数据

创新与融合 ： 大运河国家文化公园博物馆发展报告. 2022—2023 / 大运河博物馆联盟编. -- 南京 ： 江苏凤凰文艺出版社，2025. 3. -- ISBN 978-7-5594-9195-4

Ⅰ. G269.2

中国国家版本馆 CIP 数据核字第 20258683L8 号

创新与融合：
大运河国家文化公园博物馆发展报告（2022—2023）

大运河博物馆联盟　编

出 版 人　张在健
策划编辑　费明燕
责任编辑　赵卓娅
校　　对　叶姿倩
书籍设计　宝　莉
封面设计　郭　凡
责任印制　杨　丹
出版发行　江苏凤凰文艺出版社
　　　　　南京市中央路 165 号，邮编：210009
网　　址　http://www.jswenyi.com
印　　刷　南京爱德印刷有限公司
开　　本　787 毫米 × 1092 毫米　1/16
印　　张　12
字　　数　240 千字
版　　次　2025 年 3 月第 1 版
印　　次　2025 年 3 月第 1 次印刷
书　　号　ISBN 978-7-5594-9195-4
定　　价　120.00 元

《创新与融合：大运河国家文化公园博物馆发展报告（2022—2023）》编委会

主　　编　郑　晶　魏　峻

副 主 编　陈晶晶

执行主编　孙思源

编　　委　（按姓氏拼音排序）

崔　丹　孔　达　李兆希　孙　唤　谈叶闻　周惠娟

序言

为深入挖掘大运河承载的深厚文化价值和精神内涵，生动呈现大运河文化的独特创造、价值理念和鲜明特色，大运河文化保护传承利用工作和大运河国家文化公园建设应运而生。2019年7月，中央全面深化改革委员会第九次会议审议通过《长城、大运河、长征国家文化公园建设方案》，国家文化公园的建设正式拉开帷幕。

我个人认为，虽然当下几大国家文化公园建设都取得了显著成绩，但在建设基础、建设进展，尤其是在整体性方面，大运河国家文化公园表现出明显的先进性。

然而，最能体现大运河国家文化公园建设先进性的，就是坐落在运河沿线的众多博物馆。大运河处在我国经济社会较为发达的东部地区，早在申遗之前，沿线城市的博物馆建设就有较深的积淀。2014年大运河申遗成功之后，随着大运河国家文化公园的建设，一批新的博物馆尤其是运河主题的博物馆相继问世，如扬州中国大运河博物馆、洛阳隋唐大运河文化博物馆、北京大运河博物馆等。这些博物馆一经落成，就充满了朝气与活力，为我们带来源源不断的惊喜，迅速成为文旅融合的优质旅游目的地和深受广大观众特别是年轻人喜爱的热门打卡点。

大运河国家文化公园博物馆建设是一个系统性、综合性的工作，其建设对象既包括大运河国家文化公园内的博物馆，也包括大运河文化带博物馆。这项工作不仅需要统筹规划，还需注重实践和总结试点经验。《创新与融合：大运河国家文化公园博物馆发展报告（2022—2023）》一书的编写，很好地总结了大运河国家文化公园博物馆发展的阶段性实践经验，同时聚焦发展问题和趋势，提出针对性的对策建议，为大运河国家文化公园博物馆的未来提供可行性方案，更为其他几大国家文化公园的建设提供了案例参考。

党的二十大报告提出："加大文物和文化遗产保护力度，加强城乡建设中历史文化保护传承，建好用好国家文化公园。"从古迹到文物保护单位，再到世界遗产，大运河经历了文化整治和疏浚，重获新生。大运河国家文化公园和大运河文化带建设是文化强国建设中的一项里程碑工程，让流淌千年的古老运河跃出了历史维度，在大运河主题博物馆的建设下成为融入当下、开放包容的符号体系和公共精神空间。

是为序。

刘曙光

中国博物馆协会理事长

2025 年 3 月

目 录

序 言 4

综述篇 9

创新融合的大运河国家文化公园博物馆：2022—2023年度发展综述 10

专题篇 21

第一节 博物馆展览研究报告 22

第二节 博物馆教育活动研究报告 39

第三节 博物馆开放服务研究报告 49

第四节 博物馆数字化研究报告 61

第五节 博物馆文创开发研究报告 73

第六节 博物馆文化交流研究报告 86

第七节 大运河考古与保护利用研究报告 98

案例篇 109

第一节 线性遗产在博物馆中的展示策略
——以隋唐大运河文化博物馆基本陈列为例 110

第二节 大运河国家文化公园博物馆场馆建设
——以北京大运河博物馆为例 122

第三节　大运河国家文化公园内苏州博物馆文创工作　132

第四节　中小型博物馆志愿服务项目化运作的策略　143
——以北京郭守敬纪念馆为例

第五节　中国大运河博物馆的临时展览体系构建　151

第六节　中国大运河博物馆的数字服务与展示　168

附　录　181

附录1　大事记　181

附录2　大运河国家文化公园内及运河沿线重要博物馆名录　190

综述篇

创新融合的大运河国家文化公园博物馆：2022—2023年度发展综述

摘要：随着大运河国家文化公园建设的推进，以收藏、展示和传承大运河文化为己任的博物馆，逐渐发展为中国博物馆体系中的一股新兴力量。2022—2023年，大运河国家文化公园博物馆通过平台融合、资源共享、业务创新、服务升级和绿色发展等举措，在弘扬大运河文化、打造博物馆品牌、扩大社会影响力方面取得了令人瞩目的成绩。本报告将总结发展现状、分析存在问题，并提出3条未来发展建议。

关键词：大运河国家文化公园；创新融合；博物馆高质量发展

大运河，中国历史上最重要的水利工程和沟通南北的交通大动脉，由隋唐大运河、京杭大运河、浙东大运河三部分组成，是古代中国智慧的结晶和中华文明的重要文化标识。大运河全长约3200千米，流经当代中国的35座城市，被誉为“世界上最长的、最古老的人工水道，也是工业革命前规模最大、范围最广的土木工程项目”[1]。2014年，大运河在第38届世界遗产委员会会议上获准列入《世界遗产名录》，遗产范围涵盖中国2个直辖市、6个省、25个地级市的27段河道遗产和58处遗产点，遗产区总面积达到208.19平方千米。为了更好地保护、展示和传承大运河文化遗产，打造国家文化形象的优质品牌，推动区域协同发展，中共中央办公厅和国务院办公厅于2019年2月和12月分别印发《大运河文化保护传承利用规划纲要》《长城、大运河、长征国家文化公园建设方案》，提出以大运河沿线“一系列主题明确、内涵清晰、影响突出的文物和文化资源为主干，生动呈现中华文化的独特创造、价值理念和鲜明特色，促进科学保护、世代传承、合理利用”[2]，并计划重点建设管控保护、主题展示、文旅融合、传统利用四类主体功能区。运河沿线相关地区积极响应中央部署，

1 国家文物局．大运河、丝绸之路列入《世界遗产名录》[EB/OL].（2014-06-22）[2024-07-18]. http://www.ncha.gov.cn/art/2014/6/22/art_722_92137.html.

2 新华社．中共中央办公厅、国务院办公厅印发《长城、大运河、长征国家文化公园建设方案》[EB/OL].（2019-12-05）[2024-07-18]. https://www.gov.cn/xinwen/2019-12/05/content_5458839.htm.

江苏、河北、山东、浙江等省相继印发了各自的大运河国家文化公园的实施方案，而文化和旅游部、生态环境部、自然资源部、发展改革委等国家部委也单独或者联合出台了以大运河文化保护利用为主题的专项规划。国家文物局则以文化遗产的保护与传承为中心，在《关于推进博物馆改革发展的指导意见》《大遗址保护利用“十四五”专项规划》《“十四五”文物保护和科技创新规划》等一系列文件中，把大运河国家文化公园和相关博物馆建设列为需要重点推进的工作。在此背景下，扬州中国大运河博物馆、北京大运河博物馆、洛阳隋唐大运河文化博物馆、浙东运河博物馆等一批大运河文化主题的博物馆[3]开工建设并陆续向公众开放。近年来，这些新建的运河主题博物馆与运河沿线收藏、展示运河文化的相关博物馆，在收藏、保护、展示、研究和传承运河文化方面开展了大量工作，社会效益显著，在博物馆事业融合与创新发展方面的成果尤为突出[4]。

一、服务国家战略布局，积极推动体制创新与平台融合

十八大以来，党和国家对文化遗产保护传承利用给予了高度重视。大运河、长城、长征等线性文化遗产的本体保护及主题国家文化公园建设，均得到了各级政府的关心和大力支持，多地颁布了保护与建设方案，包括博物馆在内的配套文化设施也纷纷被列为国家文化公园建设的重要内容。

在运河文化遗产资源有限，而运河主题博物馆数量逐渐增多的背景下，通过资源共享和协同发展实现运河文化展示传播乘数效应的需求愈发迫切。2019 年，位于浙江省大运河沿线城市的杭州博物馆、宁波博物院、嘉兴博物馆等近 30 家博物馆成立了大运河（浙江）城市博物馆联盟，期望共同保护、传承和利用大运河文化，讲好运河故事。2020 年 11 月，由南京博物院与正在筹建的中国大运河博物馆牵头，来自国内大运河沿线地区的 32 家博物馆在南京集体审议通过《大运河博物馆联盟章程》，并签署了《大运河博物馆联盟协同发展协议》，旨在通过联盟平台协调大运河沿线博物馆的展览、教育、文创等资源，发掘更多文化产品来服务观众，并加强运河文化学术研究合作，以实现扩大大运河文化品牌国际影响力的目标。截至 2023 年底，大运河博物馆联盟的成员单位已增加至 38 家，地理范围涵盖了运河沿线 8 个省市。联盟成员单位中包括中央级博物馆 1 家，省级博物馆 12 家（含 6 家央地共建博物馆），地级市博物馆 19 家，区县级博物馆 6 家。这些博物馆中超

3 在后文中，扬州中国大运河博物馆将简称为中国大运河博物馆，洛阳隋唐大运河文化博物馆则简称为隋唐大运河文化博物馆。——编者注

4 为了更加全面地反映我国博物馆在大运河文化保护利用方面的成就，本文所述的大运河国家文化公园博物馆既包括位于大运河国家文化公园规划范围内的各级各类博物馆，也包括处于文化公园规划范围外，但在博物馆展示、教育、传播活动中经常性出现运河文化主题的大运河博物馆联盟成员单位。（截至 2023 年 12 月 31 日，大运河博物馆联盟成员单位共 38 家，本发展报告统计了其中 36 家的相关数据和信息，未包含 2023 年底新加入的宿州市博物馆和浙东运河博物馆）。

过 90% 为文物系统国有博物馆，它们在落实博物馆体制改革方面进行了尝试。例如，已有不少博物馆完成了法人治理结构改革，成立了博物馆理事会和监事会；南京市博物总馆、宁波博物院等 9 家博物馆实行了总分馆管理模式；故宫博物院、苏州博物馆、宁波博物院尝试推动了非公募博物馆基金会的成立。

大运河博物馆联盟以信息互通、资源互换和机制互联为纽带，突破行政区域限制和地理阻隔，为实现文物合理利用和合作共赢提供了一个优质平台。在联盟成立的两年多时间里，成员单位通过战略协议和共建协议签订、展览项目交流、教育活动联动、人员交流学习等方式开展多层次、多方位的合作，如联合举办了“最美文化遗产故事志愿讲述者”活动、组织了 31 处文博场馆参与的运河文化研学活动等。大运河博物馆联盟还通过每年召开的联盟年会总结成绩、分析不足和凝聚共识，打造了一批有特色、有影响力的博物馆文化产品。与此同时，联盟成员单位充分发挥主观能动性和自身优势，组织或者参与大运河主题会议，利用其他合作平台来汇聚资源，扩大影响力。2022—2023 年，联盟成员单位组织召开了东方博物馆之都（国际博物馆日）之青年论坛、中国考古学会大运河考古和保护专业委员会成立大会暨首届大运河考古与大运河国家文化公园建设研讨会、“铸就文化新辉煌——国家文化公园内博物馆建设”学术研讨会、“拓界·创新——文旅融合中的运河城市博物馆”学术研讨会、大运河沿线文物保护论坛、“运河·城市·再现——博物馆城市主题展览策展研讨会”等，并积极参加 2022 和 2023 年度的世界运河城市论坛、大运河国家文化公园建设学术会议、大运河文化带建设高端智库会议等。

二、服务博物馆高质量发展，积极进行博物馆展览和教育业务创新

党的十九大报告提出，要贯彻新发展理念，建设现代化经济体系，并进一步判断“我国经济已由高速增长阶段转向高质量发展阶段”。党的二十大报告更是提出了“高质量发展是全面建设社会主义现代化国家的首要任务”，让高质量发展成为全国各部门、各行业的共同发展要求，博物馆事业同样如此。要实现博物馆高质量发展目标，除了要深化体制机制改革，破除发展障碍，增加博物馆活力，还要下大力气完善博物馆职能，优化博物馆的文化供给，从而更好地提升广大人民群众的幸福感、满足感和获得感。

（一）博物馆展览的创新实践

陈列展览是博物馆为社会提供的重要文化产品，也是服务社会和观众的核心手段。2022—2023 年，大运河国家文化公园博物馆举办的展览总数为 1675 个（2022 和 2023 年的临时展览分别为 445 个和 695 个）。相关博物馆在展览专业化、差异化发展方面投入了大量努力，突出“特”与“精”，即使面对相同主题，也能根据各馆特点分别设计策划展览，给观众带来耳目一新之感。两年间，大运河国家文化公园博物馆有 9 个展览获得全国博物馆十大陈列展览精品推介精品奖和优胜奖，2 个展览获得国际及港澳台合作奖。同时，还有

更多博物馆展览入选“弘扬中华优秀传统文化、培育社会主义核心价值观”主题展览推介项目、中博热搜榜年度“百大热门推介”，以及获评各省的展览精品奖等，展示了高水平的展览策划能力，并取得了较好的社会效益。

总体而言，系列化、联动化、多元化和创新性既是大运河国家文化公园博物馆展览的共有特点，也是各馆积极打造展览品牌的重要举措。相较于单个展览，系列化展览因其数量多、周期长、主题聚焦以及能持续宣传的特点而更容易形成展览品牌，是国内外博物馆普遍采用的一种展览组织模式。苏州博物馆在过去十年间已打造出“吴门四家”“清代苏州藏家”“苏艺天工”“向美而生”等知名展览品牌，并在其西馆开馆后又新推出“中国古代文明”和“世界文明史”两个系列。中国大运河博物馆在开馆之初就明确的“运河城市”“文化遗产”“运河艺术”等系列展览、吴文化博物馆的“新九州”系列展览，都是长时段、综合利用多方资源举办并在社会上形成一定影响力的系列临时展览。联动化也是大运河国家文化公园博物馆常常采用的展览策略，馆际合作不仅调节了单个博物馆在藏品主题和种类上的不平衡，也促进了合作博物馆之间的展览巡回和人员交流。沧州博物馆、邯郸市博物馆主办的“乾坤·方圆——沧州博物馆馆藏钱币精品展”，济宁市博物馆、德州市博物馆、德州市美术馆合作的“汉画像石上的孔子与鲁礼文化拓片展”，都以联合策展的形式实现了巡展，并以此实际行动推动了大运河沿线文博场馆的特色展览开发和资源共享。多元化体现在运河主题展览与其他主题展览的并存中，特别是非遗展览在诸多博物馆中普遍受到欢迎。例如，中国大运河博物馆在“为了未来收藏现在”理念指导下推出的“运河非遗”系列展览、苏州博物馆持续举办的“向美而生·长三角非遗系列”展览。这类展览通常都会配套手工作坊或者其他教育活动，中国大运河博物馆的非遗系列社教活动，吴文化博物馆中“探寻非遗工作室”的观众与非遗传承人的连线互动等，均为其中的代表性案例。展览的创新性是破除“千馆一面”、吸引观众、建立良好口碑的必要手段。大运河国家文化公园博物馆也不断尝试在展览策划和展示手段上有所突破。中国大运河博物馆的“大明都水监之运河迷踪”互动展，首创以游戏型教育模式策划展览，将趣味性、知识性、参与性与多维度观展体验结合，成功激发了观众的好奇心。该展览荣获2023“全球世界遗产教育创新案例奖”的“卓越之星奖”。隋唐大运河文化博物馆的“一粒米的漕运之旅”互动体验展、“城与运”360°数字展也因其互动参与、沉浸体验的特点而受到了广大观众的喜爱。这些创新展览改变了传统展览以“看”为主的参观模式，通过调动观众的视觉、听觉、触觉、嗅觉等，实现了多感官体验，让展览变得更加“有意思”和更加轻松“可读”。在展览运营模式上，中国大运河博物馆携手意大利的博物馆推出重磅艺术大展“乔治·莫兰迪”，通过展示莫兰迪不同创作阶段的46件真迹展现了这位意大利艺术家的独特画风与艺术追求。“乔治·莫兰迪”展是该馆的首个收费展，馆方为其制定了“早鸟票”“单人票”“双人票”“优惠票”等不同的门票销售方案，吸引了十余万观众前来参观，门票销售额超900万元。镇江博物馆在2023年举办的“盛世风华——大唐地宫的惊世宝藏”展也尝试采用收费模式来缓解博物馆运营的经费压力。

（二）博物馆教育活动创新实践

“一个博物院就是一所大学校。”落实博物馆的教育功能，丰富博物馆的教育项目，从而架起公众与历史文化、艺术科学沟通的桥梁，同样是博物馆服务社会和观众的重要手段。2022—2023 年，大运河国家文化公园博物馆共举办各类线下教育活动约 2.8 万场，吸引观众超过 3000 万人次。与展览的情况相似，这些博物馆的教育活动也具有系列化、联动化和多样化的特点。

在教育活动的系列化建设中，苏州博物馆的“@ 苏博”系列教育活动颇具代表性。目前，该项目已开发“艺术 @ 苏博”“印象 @ 苏博”“聆听 @ 苏博”“悠游 @ 苏博”等 12 个不同板块，满足了不同类型观众的博物馆学习需求。在大运河博物馆联盟的框架下，各馆共享教育资源，联合开发“研学”活动已形成常态。“大运河文化进校园”示范项目是联盟成立后的首个合作项目，相关博物馆通过馆校联动，设计了一系列大运河文化主题的教育课程，引导在校学生增强对运河文化的自信心与自豪感。北京郭守敬纪念馆也在 2022 年联合运河沿线的多家博物馆推出“《大运河长卷》亲子共读计划”系列主题活动，以阅读方式传播运河文化遗产的知识。中国大运河博物馆则联手携程集团在 2023 年打造了“双城记”研学项目，尝试推动运河文化遗产、博物馆和旅游的融合发展，该项目当年走进了故宫博物院、隋唐大运河文化博物馆等 31 家文博场馆。镇江博物馆与六朝博物馆等多家博物馆也合作组织了“探秘大运河之旅”活动。

与社会资源对接，吸引第三方参与博物馆教育活动，一方面能丰富教育互动内容，为观众提供更多的选择，另一方面也能减轻博物馆教育经费不足、社教人员有限的压力。例如，扬州博物馆与春天公益服务社合作推出“博物知旅——大运河红色主题研学游”活动。济宁市博物馆、中国大运河博物馆也积极与地方教育部门或者学校合作，开发校本课程。徐州博物馆的“徐州运河史话”系列课程面向社会大众，为包括中小学生在内的观众提供认识运河文物、了解运河文化的机会。

除了在馆舍内为观众提供博物馆教育资源，大运河国家文化公园博物馆还实践了馆内与馆外相结合、线下和线上相配套的不同活动模式。2022 年，吴文化博物馆面向未成年人，开展了由馆内“吴博核心课程”“未成年人教育之夜”和馆外“博物馆送课进校园”相配套的系列教育活动。不少博物馆走出“馆舍天地”，独立或联合开展馆外研学，如浙江省博物馆围绕“宋韵”主题展览开发的三条宋韵精品研学路线，以及聊城中国运河文化博物馆开展的“我眼中的大运河”主题研学等。在线上教育活动方面，淮北市博物馆推出了线上数字化主题社教活动“大运河之歌”，而中国大运河博物馆开发的“相约云端智‘汇’运博——线上研学活动”项目入选 2022 年度全国文博社教百强案例。同时，一些博物馆纷纷尝试引入新的教育理念和互动方式，如苏州博物馆、中国大运河博物馆、常州博物馆等运用基于科学与工程实践的跨学科教育法（STEM）、项目式学习法来设计博物馆教育项目，而吴文化博物馆则为青少年量身定制了实景剧本游《考古迷踪》。

三、服务博物馆品牌建设，努力提升博物馆文创开发和观众服务能力

博物馆高质量发展固然包含了对博物馆管理、展览、教育活动等主要职能的要求，也需要通过文创开发和观众服务构建良好、独特的品牌形象，让更多观众了解博物馆、爱上博物馆。2022—2023 年，大运河国家文化公园博物馆在后两个方面同样取得了显著成果。

（一）博物馆文创开发实践

本文涉及的大运河国家文化公园博物馆虽然数量不多，但它们在文创领域的成绩却相当突出。2022—2023 年，这些博物馆的文创产品开发总数超过 1.1 万种，文创总收入约 4.72 亿元，远超同期国内博物馆平均水平。其中，多款产品成为“爆款”，如南京博物院的“芙蓉石蟠螭耳炉”冰箱贴、安徽博物院的“独占鳌头”文创雪糕、苏州博物馆的“吴王夫差剑”毛绒玩具等。在 2023 年第二届全国文化创意产品推介活动中，有 4 家大运河国家文化公园博物馆设计的文创获得“十佳文创产品”称号。河南博物院开发的“考古”主题盲盒推陈出新，继续受到市场欢迎，而山东博物馆的“黄河粮仓”盲盒也为观众提供了可参与、可互动的文创体验。虽然 NFT 数字藏品的热度有所下降，但过去两年间，河北博物院、无锡博物院、镇江博物馆等依托各自藏品资源，与第三方合作开发的数字藏品，也受到了一些观众的欢迎。打造“舌尖上的博物馆”成为潮流趋势，博物馆的“月饼大战”仍在继续，同时，针对春节、端午的食品文创，以及满足博物馆观众现场消费需求的饼干、雪糕、咖啡等，在大运河国家文化公园博物馆中被广泛开发，收获了观众的喜爱和认可。

与第三方资源的合作为博物馆文创发展提供了新平台和新方式。中国大运河博物馆公开招募“因运而生——大运河街肆印象”展厅的合作方，吸引社会力量参与，将静态的博物馆展览与动态的文创销售巧妙结合。大运河国家文化公园博物馆积极探索联名企业品牌、拓展线上销售渠道、举办文创展览等多元化推广方式。例如，苏州博物馆与肯德基、巴拉巴拉、太湖雪等品牌在食品、服装、非遗产品等方面的联名合作都获得了成功。博物馆与企业品牌的跨界合作，在扩大博物馆文创影响力的同时，也提升了博物馆的自我造血能力，这在一定程度上缓解了国有博物馆因经费缩减而面临的运营压力。

在文创管理和 IP 授权方面，苏州博物馆制定的 IP 授权规范将授权形式细分为产品授权、营销类授权、空间授权等六类，明确了授权费用和监管方式等内容，鼓励社会力量参与博物馆文创开发，推动了博物馆与社会相关机构、组织的互利合作。苏州博物馆 IP 授权平台的组建实现了从文物数字资源采集、二次创作、资源贡献到授权使用的完整授权链。

（二）博物馆观众服务创新与实践

2022 年，中国博物馆观众数量逐渐回升，并在 2023 年博物馆迎来了参观热潮。大运河国家文化公园博物馆在 2022 年的观众总数超过 2000 万人次，2023 年更是创纪录地突破 6000 万人次。故宫博物院、南京博物院、苏州博物馆、中国大运河博物馆、浙江省博物馆等热门场馆在节假日期间，甚至出现了观众参观“一票难求”的情况。从另一个角度看，这也凸显了博物馆在拉动内需、促进文旅融合、满足社会公众对美好生活的需要方面的重要地位。为应对不期而至的“博物馆热”和观众“流量高峰”，大多数大运河国家文化公园博物馆都根据实际情况实施了延时开放策略，如苏州博物馆将寒暑假及其他节假日期间的开放时间延长到 20：00，而隋唐大运河文化博物馆甚至把闭馆时间调整至 22：00。在延时参观的同时，一些博物馆配套推出了丰富多彩的教育项目、夜场演出、展览导赏等活动，以优化观众的博物馆参观体验。

在大运河国家文化公园博物馆的观众构成方面，本地观众数量大幅降低（2022 年的总占比约为 46%，到了 2023 年这一比例下降到约 29%，一些位于重要旅游目的地的博物馆本地观众比例甚至低于 10%），青少年观众数量则快速增长（2022 和 2023 年未成年观众人数分别为 522 万和 1361 万），这一情况也对博物馆的服务质量和服务方式提出了新要求。同时，故宫博物院、南京博物院、常州博物馆、天津博物馆、无锡博物院等还关注了观众的“无障碍服务”需求，为观众提供手语导览、线上助盲、艺术疗愈体验等服务；宁波博物院在 2023 年成功完成了全面的无障碍设施改造工程；浙江省博物馆联合浙江大学共同推出了“无障碍的博物馆专题工作坊”；苏州博物馆则通过问卷调查制定了面向老年人的服务规范。

四、服务博物馆未来发展，积极拓宽传播创新和实践绿色低碳新理念

21 世纪以来，中国博物馆经历了从数字博物馆建设到智慧博物馆建设的历程。通过数字化、智能化技术提升博物馆产品供给与服务能力不仅已成为各博物馆的共识，各博物馆在这方面也积累了不少建设经验。特别是在 2023 年，中共中央、国务院印发了《数字中国建设整体布局规划》，强调“建设数字中国是数字时代推进中国式现代化的重要引擎”[5]。在此背景下，博物馆提升数字文化服务能力和打造数字文化展示平台的需求和动力进一步增强。不少博物馆把强化科技支撑和智慧博物馆建设，推动大运河文化遗产信息资源数据的采集、共享、开发和利用等列为重点工作。

在博物馆的智慧保护方面，大运河国家文化公园博物馆在 2022—2023 年采集了约 10 万件（套）文物的数字化新数据，截至 2023 年底向社会公开的博物馆文物数据资源总量

---

5 新华社 . 中共中央　国务院印发《数字中国建设整体布局规划》[EB/OL].（2023-02-27）[2024-10-04]. https://www.gov.cn/zhengce/2023-02/27/content_5743484.htm.

已接近 20 万件（套）。大运河博物馆联盟还建立了大运河文化保护传承利用应急处置联动机制，以推进预警监测信息化平台的互联互通。在智慧服务方面，博物馆在注重藏品数字化保护和信息采集的同时，也把数字展览作为博物馆服务社会的常用手段。2022—2023 年，大运河国家文化公园博物馆共举办线上数字展览 581 个，为观众提供了内容更丰富、观看更便捷的在线展览服务。浙江省博物馆在其数字展览“丽人行——中国古代女性图像云展览”推出并获得较好的社会反响后，继续推动该展览的升级，不仅于 2023 年在其之江新馆以沉浸式展示方式，实现了线下数字展厅的数实融合，还通过“1+4”模式，实现了与长三角区域其他四家博物馆——安徽博物院、江西省博物馆、苏州博物馆、湖州市博物馆的女性主题展览联动。

部分新建或者改扩建的大运河国家文化公园博物馆对展览进行了更新，多种多样的数字化技术走进展厅，如全域投影实时渲染、虚拟现实技术（VR）、增强现实技术（AR）、混合现实技术（MR）、360° 环幕 IMAX 投影、裸眼 3D、5G 直播技术等，博物馆智慧服务建设如火如荼。中国大运河博物馆以运河遗产为核心内容策划的“河之恋”展览，围绕“水”“城”“人”等打造沉浸式体验环境，文本与技术相辅相成，打破了时间与空间、实体与虚拟之间的局限，或虚或实，为观众带去更为美妙、更具互动性、更沉浸式的观展体验。同样，该馆的“运河上的舟楫”、聊城中国运河文化博物馆的“飞阅大运河”等数字沉浸式展示也都收获了观众的好评。一些博物馆还投放了智能导览服务机器人等新设备来提升观众服务水平。数字技术同样增强了博物馆的公共教育功能，促进了博物馆与中小学教育的结合，使博物馆成为孩子们喜爱且能获取知识的重要场域。徐州博物馆将本馆开发的系列绘本转化为线上云教育课程，利用 AR 技术直观、生动地展示文物信息，方便青少年观众在线学习。统计数据显示，现代网络信息技术在博物馆逐渐普及，博物馆的线上教育活动数量不断增长，观众越来越接受线上学习的方式。2022—2023 年，大运河国家文化公园博物馆一共提供了 5400 多场线上教育活动。

博物馆在拓展交流传播方面所做的努力，可以帮助博物馆塑造品牌形象，扩大社会影响力，也是博物馆讲好“文物故事”和“中国故事”的保障。以保护、展示、传播和弘扬大运河文化为使命的大运河国家文化公园博物馆，需要通过联合策划大运河主题展览和教育活动，推动大运河文化对外交流合作，来传播大运河的当代价值和时代精神。近年来，大运河国家文化公园博物馆不断采取行动，持续提升自己的传播能力。2023 年，大运河国家文化公园博物馆的官方网站综合浏览量累计高达 1.4 亿次，新媒体访问量达 38 亿次，新媒体关注量为 5960 万人，这几个数据相较于 2022 年分别增长 146%、190%、173%，显示了博物馆对线上传播的持续投入和博物馆传播能力的显著增强。同时，大运河主题博物馆还通过拍摄纪录片、宣传片等方式塑造自身形象，如故宫博物院独立出品了系列纪录片《我们的清明上河图》。其他博物馆也尝试联合媒体发布纪录片并收获了一定的社会影响。例如，河北博物院与河北广播电视台联合推出的纪录片《王厝时代》入围国家文物局“2023 年度中华文物新媒体传播精品推介项目”；360 余万观众观看了浙江省博物馆和浙江卫视制作的《国宝搬家记》。

在联合国教科文组织发布的《2030 年议程文化专题指标》中，低碳绿色的可持续建筑被认为是文化发展的重要组成部分。多家大运河国家文化公园博物馆强调了自己的绿色低碳理念，如苏州博物馆成为全国博物馆的“节能减排”试点单位，着力打造全国首个有影响力的碳中和博物馆。此外，新近建成开放的北京大运河博物馆，全面执行绿色建筑三星级标准，并采用了多种节能减碳新技术。除建筑本身外，大运河国家文化公园博物馆同样坚持“运河城市遗产保护与绿色低碳发展”的主题，通过展览、教育项目、传播活动等宣传绿色低碳的发展理念，推动运河遗产永续保护和利用。

五、存在问题与发展建议

2022—2023 年是大运河国家文化公园博物馆快速发展的时期，多座运河主题博物馆相继开工建设或向公众开放，大运河博物馆联盟不断壮大，运河主题博物馆的展览、教育、文创、服务和宣传工作不断创新并取得新成绩，这些进展使得大运河国家文化公园在国家布局的三大主题国家文化公园建设中处于领跑地位。然而，大运河国家文化公园博物馆毕竟处于发展的初期阶段，难免存在一些发展上的问题，主要表现在：1. 博物馆类型、属性和地域分布上的不平衡。在类型上，综合类和历史类博物馆的合计占比超过 94%，艺术类和考古遗址类博物馆仅各有 1 座，而其他类型的博物馆缺失。在属性上，相关博物馆几乎全部为文物系统的国有博物馆，没有行业博物馆和非国有博物馆。在地域分布上，江苏、浙江两省的博物馆数量占总数的 50%。这样的类型、属性和地域分布显然无法充分展示大运河文化的丰富内涵和多元性特征。2. 博物馆发展上的不平衡。大运河国家文化公园博物馆中的一级博物馆数量超过一半，虽然整体业务数据亮眼，但主要贡献来自央属、省属博物馆以及苏州博物馆等大馆，中小博物馆在发展水平、业务能力方面与大馆差距巨大。3. 博物馆业务聚焦性不足。除了中国大运河博物馆等运河文化专题博物馆，其他大运河国家文化公园博物馆在展览、教育和传播方面与运河主题相关的活动数量相当有限。4. 博物馆的国际交流传播能力有待加强。虽然大运河国家文化公园博物馆中不乏故宫博物院等国际交流能力强大的博物馆，但总体水平较低。以 2023 年为例，大运河国家文化公园博物馆的出境展览共计 30 个（其中故宫博物院和中国大运河博物馆合计 20 个），入境展览 23 个（其中故宫博物院、中国大运河博物馆、吴文化博物馆、河北博物院合计 13 个），并且这些出入境展览中与运河文化相关的寥寥无几。

鉴于以上问题，大运河国家文化公园博物馆在未来发展中应注意：1. 改变目前发展不平衡、不充分的状态。各级行政管理部门在批准设立和建设博物馆时，应充分考虑博物馆的类型、属性、地域分布情况，通过“大馆带小馆”、区域协作和馆际协作形式，促进博物馆（特别是中小博物馆）的能力提升。在业务规划和活动安排上，向大运河文化的保护、展示、传播和传承主题适当倾斜。此外，加强博物馆的国际交流合作，特别是要向世界传播大运河文化，为世界运河保护、运河城市发展贡献“中国智慧”和“中国方案”。2. 坚持创新发展，转变发展思路。面对社会发展新环境、新技术的挑战，坚持创新是博物馆高质量发展的关键。同时，根据实际情况及时转变发展思路也能收获意想不到的效果。例如，中国大运河博物馆是“零藏品”起步建成的专题类博物馆，面对大运河文物稀缺而导致的文物征藏难题，该馆提出把传统的“藏品征集”思路转变为“展品征集”，此做法已取得了一定的成效。3. 坚持把科研作为博物馆开展大运河文物保护与利用、阐释大运河文化价值、弘扬大运河时代精神的重要基石。2022 年，国际博物馆协会在布拉格召开的第 26 届大会上通过了博物馆的新定义。在新定义编制的前期工作中，“研究”被国际博协下属的众多专业委员会和区域委员会确定为博物馆最重要的职能。虽然大运河国家文化公园博物馆在 2022—2023 年共开展了科研项目 810 项、发表学术论文 3008 篇、出版各类图书 / 图录 505 部，但这些研究成果主要集中在故宫博物院、首都博物馆、南京博物院、山东博物馆、河南博物院等少数大型博物馆。加强博物馆自身的科研能力与成果产出，积极与高校、科研院所开展横向课题合作，将有助于博物馆快速提升研究水平，更好地服务于博物馆的高质量发展，满足人民群众对美好生活的需要。

| 作 者 简 介 |

郑晶，中国大运河博物馆馆长，研究馆员，研究方向为博物馆学、博物馆教育。

魏峻，复旦大学文物与博物馆学系，研究员，研究方向为博物馆运营管理、海洋考古。

专题篇

第一节 博物馆展览研究报告

博物馆展览既可以指展示行为的结果，也可以是展示内容与展示地点的整体[1]，它是博物馆、物件、人之间产生沟通与联系的场所，也是社会公众前往博物馆的主要目的。作为博物馆的重要功能和服务公众的主要手段，展览集中体现了博物馆收藏、研究和教育等方面的诸多业务能力[2]，是判断博物馆质量高低的依据之一。因此，系统梳理大运河国家文化公园博物馆的展览实践，有助于分析这些博物馆的整体情况，扬长补短，进而促进其高质量发展。

一、展览概述

据统计，36 家大运河国家文化公园博物馆在 2022—2023 年共举办了 1675 个展览。其中，2022 年度陈列展览为 708 个，馆均约 20 个；2023 年度陈列展览为 967 个，馆均约 27 个，展览总数同比增长 36.58%（表 1）。大运河国家文化公园博物馆这两年的馆均展览数量均

表 1　2022—2023 年大运河国家文化公园博物馆展览数量

	年度陈列展览	基本陈列	临时展览	原创临时展览	馆际交流展览	入境展览	出境展览	线上展览
2022 年总数	708	233	445	247	198	9	12	244
2023 年总数	967	279	695	314	328	23	30	337
展览总数同比增长率	36.58%	19.74%	56.18%	27.13%	65.66%	155.56%	150.00%	38.11%

数据来源：根据 2023 年全国博物馆年度报告信息系统（nb.ncha.gov.cn）数据整理

1 安德烈・德瓦雷，弗朗索瓦・梅海丝．博物馆学关键概念 [M]. 张婉真，译．北京：高等教育出版社，2010：27.

2 曹兵武．展览与策展——一个博物馆业务与博物馆学的焦点问题 [J]. 文博学刊，2022（2）：48.

超过了全国平均水平。

大运河国家文化公园博物馆的多个展览也赢得了社会各界及学术界的广泛赞誉。其中，4个展览获得全国博物馆十大陈列展览精品推介精品奖，分别是：苏州博物馆的“纯粹江南　技忆苏州——苏州博物馆西馆基本陈列”、山东博物院的“海岱日新——山东历史文化展”、浙江省博物馆的“浙江一万年——浙江历史文化陈列”、安徽博物院的“山河安澜——淠史杭灌区主题展”。天津博物馆的“河上花：中国花鸟画之道”和故宫博物院的“譬若香山——犍陀罗艺术展”分别作为出境展和入境展获得2023年度全国博物馆十大陈列展览精品推介国际及港澳台合作奖。除此之外，上海博物馆、河南博物院的“宅兹中国——河南夏商周三代文明展”、无锡博物院的“来试人间第二泉——惠山茶会人文主题特展”、浙江省博物馆的“丽人行——中国古代女性图像展”、故宫博物院的“茶·世界——茶文化特展”、首都博物馆的“辉煌中轴——纪念北京建都870周年特展”等5个展览也分别获得2022年度和2023年度的全国博物馆十大陈列展览精品推介优胜奖。

大运河国家文化公园博物馆还有大量展览获得省级精品展览推介，或入选国家文物局、中央文明办、中央网信办“弘扬中华优秀传统文化、培育社会主义核心价值观”主题展览推介项目，中博热搜榜全国博物馆100大年度热门展览等，这些荣誉充分展现了博物馆的创新性和创造力。

二、展览创新实践

2022—2023年，大运河国家文化公园博物馆取得了丰硕的展览成果，这离不开创新的驱动。在重视博物馆教育功能的背景下，大运河国家文化公园博物馆坚持以人为导向的策划理念，在主题选择、品牌建设、管理制度、合作交流及运营模式等维度进行了一系列的创新实践。

（一）展览回应时代关切，与日常生活建立联结

大运河国家文化公园博物馆不只举办展示地域文化、考古成果等传统主题展览，还尝试通过挖掘展览主题、促成古今对话、精心组合展品、运用数字媒介等方式在展览中探讨时代议题。在众多主题中，对女性议题的探讨更是独树一帜。

大运河国家文化公园博物馆在2022—2023年共举办了16个女性主题相关展览（表2），涵盖女性生活、女性成就、女性图像、女性器物、女性艺术家等多重视角，通过线上线下相结合的展示手段，响应当下社会普遍关注的女性议题，为社会公众提供文学、电影、戏剧之外的思考途径。其中，浙江省博物馆“丽人行”系列展览颇具代表性。

“丽人行——中国古代女性图像展”（图1）的策展灵感源自2021年举办的同名云展览，并在此基础上进行了深化。该展览精选74幅古代女性题材画作，配套展示80余件（组）与画作相关的古代女性饰品、服饰、生活用品等实物，画作和实物形成信息组团、

表 2　2022—2023 年大运河国家文化公园博物馆女性主题展览

序号	博物馆	展览时间	展览名称
1	天津博物馆	2021.12.31—2022.06.21	素香淡影——天津博物馆藏清代仕女画展
2	浙江省博物馆	2022.03.08—2022.05.08	丽人行——中国古代女性图像展
3	安徽博物院	2022.03.08—2022.06.08	绿鬓朱颜——明清时期女性题材绘画展
4	扬州博物馆	2022.05.24—2022.07.29	素影清风遣淡香——扬州博物馆藏仕女画特展
5	苏州博物馆	2022.05.31 —2022.08.31	美人姓董：古代董氏女性文物特展
6	淮北市博物馆	2022.06.11—2022.07.11	绿鬓朱颜——明清时期女性题材绘画图片联展
7	苏州博物馆	2022.03.08—2022.06.08	江南佳丽——苏州博物馆藏仕女画展
8	南京博物院	2022.07.16—2022.10.10	潘玉良绘画特展
9	天津博物馆	2022.11.06—2023.02.15	饰戴风华——江西省博物馆藏明代王妃首饰展
10	天津博物馆	2023.01.17—2023.02.20	风尚与变革——近代百年中国女性生活形态掠影
11	浙江省博物馆	2023.03.08—2023.05.07	丽人行——瓷器上的女性图像
12	吴文化博物馆	2023.03.08—2023.06.11	青莲衫子藕荷裳——角直水乡妇女服饰展
13	扬州博物馆	2023.03.08—2023.06.12	三月花 · 一世念——清代江南女性的生活与艺术展
14	洛阳博物馆	2023.04.04—2023.08.20	曌——武则天和她的时代
15	安徽博物院	2023.05.18—2023.10.08	雅 · 尚——旗袍与女性文化展
16	浙江省博物馆	2023.08.29 开展	丽人行——中国古代女性图像沉浸式数字体验展

图1 “丽人行——中国古代女性图像展”海报（图片来源：浙江省博物馆官网）

二维图像和三维画作相辅相成的阐释方式为观众带来了更直观的参观体验。展览分为“闺闱风韵”“云幕椒房”“庭院春深”三个单元，从外在到内在，从社会形象到自我意识，让观众得以深度洞察古代女性的装扮、家居陈设、生活方式及精神文化。策展团队也在展览文字与场景中融入思辨性、批判性观点，还特别设置了当代女性艺术空间，展示作品并打造女性主题文创展示区，邀请观众一起看千姿百态的画中丽人，品画外丽人的百味人生。由此，展览缩短了古代文物与当代现实之间的距离，实现历史与当下议题的联结[3]。

2023年8月，浙江省博物馆进一步推动展览的数实融合，在之江新馆推出“丽人行——中国古代女性图像沉浸式数字体验展”，搭建具有示范性的数字人文平台和沉浸式数智展示空间。这场沉浸式的数字展览通过数字影像将整个场景构建为一个凝固的空间，古代女性图像在场馆中心5.5米高的立方体内若隐若现地行走，展览以“走近—走进—出走”的三幕影片情节，表现古代女性群像。展览通过视觉和听觉、时间和空间的多重演绎来揭示不同社会背景下两性关系的复杂性，暗示了女性与时俱进的性格变化与成长路径，从而使观众无论性别，都能对展览进行思考，并产生共鸣[4]。此外，浙江省博物馆在举办线下展览期间，采用了“1+4”的展览模式，与安徽博物院的“绿鬓朱颜——明清时期女性题材绘画展”、江西省博物馆的“瓷·婳——女性主题艺术展”、苏州博物馆的“江南佳丽——苏州博物馆藏仕女画展”、湖州市博物馆的“美人如画——十九至二十世纪东亚女性人物画艺术展”形成五馆联动，从多个维度探讨女性话题，扩大展览辐射面。

除了女性主题，大运河国家文化公园博物馆还关注反腐倡廉和打击文物犯罪等与国计

3 蔡琴．数实融合　创新展览模式：“丽人行——中国古代女性图像云展览”解析 [J]. 艺术与民俗，2024（1）：11.

4 蔡琴．数实融合　创新展览模式：“丽人行——中国古代女性图像云展览”解析 [J]. 艺术与民俗，2024（1）：12-13.

民生息息相关的话题。例如，安徽博物院推出的“江淮廉风——安徽廉政文化展”、宿迁市博物馆的“荷乡廉韵　清风有痕——宝应馆藏廉政主题文物展”、吴文化博物馆的“吴风颂廉——吴地廉勤主题文物展”等，这些展览通过实物和图片展示，倡导社会各界以史为鉴，共创清廉的社会生态。宁波博物院的“回归·守护——浙江省打击非法贩运文化财产成果展”和南京博物院的“吴钩雪明——江苏省打击防范文物犯罪成果展”，则展示了国家打击文物犯罪的决心与成果。此外，吴文化博物馆还在北京冬奥会期间举办了“‘一起向未来，祝福北京冬奥会’——苏欧青少年绘画交流展”，不仅促进了国际文化交流合作，也紧跟社会热点，使博物馆与时代发展紧密相连。

（二）临时展览体系化，品牌建设深入人心

大运河国家文化公园博物馆在策划展览时，致力于体现本馆的使命与宗旨，紧跟国内外发展趋势和热点，构建展览体系，形成系列化临时展览，打造具有辨识度和知名度的博物馆品牌。

例如，苏州博物馆自2012年开始打造系列学术展览以来，策划并推出了“吴门四家”“清代苏州藏家”“苏艺天工”等系列临时展览，通过时间的延续和空间的延展形成“文人特色，苏州韵味”的办展特色。2022—2023年，苏州博物馆秉承“立江南，观世界”的办馆理念，继续拓展系列展览的内容，举办了“中国古代文明”系列首展“天下惟宁——汉代文明的四张面孔”、“近代大家”系列首展“太炎传薪——章炳麟与苏州”，由此形成了“小主题书画”“中国世界文化遗产”“世界文明史”“中国古代文明”“‘苏艺天工’大师系列”“苏韵流芳——青年手工艺展暨大赛”“向美而生·长三角非遗系列”“女性系列”“近代大家”等九大主题的临时展览体系与格局[5]。

此外，中国大运河博物馆也立足于“全面阐释大运河的遗产价值和给人民带来的美好生活”的目标，规划了“运河城市”“运河艺术”“世界文明”“文化遗产”“运河非遗”等系列展览，全方位、全视角、差异化地阐释大运河以及与其相关的丰富内涵，初步形成了该馆的展览体系。2022年，中国大运河博物馆推出了第一个临展系列——“运河城市”，探寻运河城市的深厚底蕴，描绘运河城市从古至今的美好生活图景。该系列的首展“中兹神州——绚烂的唐代洛阳城”，展现了唐代扬州和洛阳因大运河而产生的密切联系。该系列于2023年推出的第二个展览“大都——元代北京城”，则呈现了大运河对元大都城市规划建设、商贸往来、文化发展的价值。此外，中国大运河博物馆从大运河出发，思考世界文化遗产的价值，策划了“文化遗产”系列展览，并以“观妙入真——永乐宫的传世之美”作为首展。中国大运河博物馆还从扬州的城市艺术特色出发，以清代寓居或生于扬州的画家为基，推出了“何止八怪——扬州绘画三百年”展览，开启“运河艺术”系列展览。在“世界文明”系列中，博物馆试图超越国界，促进对外文化交流和推动文明对话，于2023年

---

5 谢晓婷 . 博物馆临时展览体系化思考——基于苏州博物馆的实践 [J]. 中国博物馆，2023（1）：75-76.

举办了“重回安第斯——印加人和帝国四方之地”展。“运河非遗”系列展览展出了当代非遗作品，如“源远流长江山秀——大运河百米长卷刻纸展”与“大熔景行——朱炳仁熔铜艺术展”，希望唤起社会公众对非遗传承保护的重视，让传统非遗“活起来”。这些维度立体、主题丰富、体系完备的临时展览，为中国大运河博物馆未来的展览策划提供了良好的思路和方向指引，也帮助博物馆获得社会公众和业界的持续关注，培养经常性观众，形成叠加效应[6]。

（三）策展人制度助力创新实践

展览的成功离不开制度的保障，大运河国家文化公园博物馆取得的突出成就也建立在各馆有效的展览制度的基础之上，不少博物馆都已开始实践或正式实施策展人制度。

南京博物院是国内较早尝试策展人负责制的博物馆，已建立起“一个策展人＋一组实施机构”的特色策展制度。以弘扬优秀的传统江苏地域文化为原则和目标，中级职称以上的研究人员都可以提出相关展览设想并申请成为策展人。这些策展人负责展览的创意开发、策划执行、主题确定、大纲和内容编写，并在策划过程中依据项目进度召开项目讨论会，与展览有关的部门及人员均需参加会议，以保障展览的顺利推进。正是在这种制度的推动下，南京博物院举办了“法老王——古埃及文明和中国汉代文明的故事”“温·婉——中国古代女性文物大展”等一系列跨学科、跨领域的优秀展览，展览策划不断与时俱进、推陈出新[7]。

继南京博物院、苏州博物馆等先行者之后，其他大运河国家文化公园博物馆也逐步尝试了策展人负责制。徐州博物馆的“汉风华采——徐州北洞山楚王墓出土彩绘陶俑展”是该馆首次实质性推行策展人制度的实践成果，改变了以部门组织展览的格局，建立起协调统一的机制，释放团队效应。中国大运河博物馆则鼓励青年员工独立策划“蹁跹蝶影——馆藏蝴蝶标本展”，这一举措不仅为馆内年轻的工作人员提供了宝贵的实践机会，还进一步提升了人才科研能力，强化了人才队伍。

（四）馆际交流密切，展览合作共赢

大运河国家文化公园博物馆充分发挥各馆优势，与国内外的博物馆或机构建立了友好关系，共同推出效益极佳的展览。

2022—2023 年，大运河国家文化公园博物馆无论是借取展品策划馆内原创展，还是合作组织大型展览，抑或是引进符合本馆使命宗旨的展览，都始终坚持广泛且充分的对外交流与合作原则。一方面，馆际合作能够有效弥补单一博物馆在某些主题展品方面的

---

6 郑晶 . 如何激发新建博物馆的可持续生命力——来自扬州中国大运河博物馆的实践探索 [J]. 中国博物馆，2024（1）：104-105.

7 张乐 . 传承与创新——解读南京博物院展览策划和策展人制度 [J]. 东南文化，2022（S1）：13-14.

馆藏短缺，增强了展览的阐释力。以“礼合中国——商周礼乐文明”展览为例，该展览由河南博物院联合河南省文物考古研究院、山西博物院等26家单位联合举办，通过260余件（套）青铜器、玉器、陶器、原始瓷等文物精品，展示了商周时期礼制的创立、成熟、自我革新的过程，以及中华礼乐文明史的起源与发展脉络。另一方面，馆际合作也能有效解决单一博物馆策划能力有限、临时展览更新不及时、难以满足观众需求等问题。例如，济宁市博物馆联合石嘴山市博物馆推出了“千古文明——贺兰山岩画专题展”，联合绵阳市博物馆策划了“涪城汉韵——四川省绵阳市博物馆藏汉代精品文物展”，与平凉市博物馆共同策划了“和合一观——平凉金铜造像艺术展”，与安康市博物馆联合推出了“延寿长相思——安康博物馆馆藏秦汉瓦当展”，这些合作展都取得了不错的社会效益。

在国际展览合作层面，部分大运河国家文化公园博物馆与英国、美国、日本等国家和地区的博物馆或文化机构建立合作关系，引入了数量丰富的国外精品展览，既满足了国内观众需求，又丰富了对外文化交流的内容。

除了引进展览，大运河国家文化公园博物馆也纷纷对外输出原创展览，并在全国范围内展开巡展。中国大运河博物馆的“中国大运河史诗图卷”入选江苏省馆藏精品巡回展项目，已走进南通、盐城、合肥等地的博物馆，甚至远赴西藏，让众多当地观众深入认识大运河这一宝贵的文化遗产。淮北市博物馆的“石之韵——淮北市博物馆馆藏汉画像石拓片展”走进甘肃省瓜州县博物馆，“岁月有痕——淮北市博物馆馆藏证券文物精品展”走进威海市博物馆，让更多观众认识淮北，了解淮北的文化资源特色。常州博物馆原创特色科普展“蝶舞翩跹——名蝶精粹与蝶文化展”先后在江苏省江海博物馆、扬州博物馆展出，“虫虫世界——常州博物馆藏精品昆虫展”则赴浙江自然博物院进行交流。

此外，部分大运河国家文化公园博物馆的展览还走出了国门。徐州博物馆的“不朽的玉甲——中国汉代文物精品展”在匈牙利塞格德的莫拉·弗朗茨博物馆展出。天津博物馆与常州博物馆共同策划的“河上花：中国花鸟画之道，1368—1911”，在美国纽约华美协进社中国美术馆及圣塔芭芭拉美术馆展出，展览探讨了花鸟画中“天人合一”的中国艺术文化核心理念，获得了良好的社会效益和国际影响力。

（五）展览尝试市场化运营

南京博物院、中国大运河博物馆等博物馆近年来开展了部分收费展览的尝试，积极探索展览的市场化运作模式。2023年，中国大运河博物馆携手意大利罗马国立现当代美术馆、伊玛格艺术馆以及乔瓦纳尔迪收藏推出重磅艺术大展“乔治·莫兰迪”（图2），展出莫兰迪不同创作阶段的46件真迹画作。这次展览是中国大运河博物馆开馆以来的首个收费展，推出“早鸟票”“单人票”“双人票”“优惠票”等门票销售方案。展览成功吸引了十余万观众，门票销售额超900万元。镇江博物馆在举办“盛世风华——大唐地宫的惊世宝藏”时，也尝试收取一定的费用来缓解借展费的压力。

图 2 “乔治·莫兰迪”展览海报（图片来源：中国大运河博物馆官网）

此外，中国大运河博物馆公开招募“因运而生——大运河街肆印象”展厅的合作方，吸引社会公共力量参与。此举巧妙地将沉浸式体验与文创产品销售相结合。这些市场化运营手段既能弥补博物馆展览经费的不足，实现自我造血，也证明了博物馆的经济价值，为其可持续发展提供动力。

三、展览内容与设计思路

（一）基本陈列

常设展览是博物馆对外开放、服务公众之根本，立足于本馆使命宗旨，展现本馆的独特价值。36 家大运河国家文化公园博物馆中有 34 家综合地质类博物馆和历史文化类博物馆，以及考古遗址类博物馆、艺术类博物馆各 1 家。这些博物馆常设展览的主题广泛，大致上包括地域文化通史、运河文化、自然历史、非遗技艺等，尤以前两者最为突出。在展陈设计方面，越来越多的展览通过展品的并置与对比、展品与数字化技术的巧妙结合、空间场景的营造以及互动体验装置等手段，形成多元化的阐释，使展览更具吸引力与影响力。

1. 地域文化通史

2021 年 9 月开馆的苏州博物馆西馆，其常设展览“纯粹江南 技忆苏州——苏州博物馆西馆基本陈列”以一万年苏州历史和一千年的苏作工艺为主题，二者相辅相成，共同讲述苏州故事，展示苏作匠心，全面深入地解读这座江南核心城市。“纯粹江南——苏州历史陈列”通过抓取苏州历史发展过程的特点和亮点，从“城、史、人”三个维度出发，以时间为序，系统展示苏州的历史发展、文脉传承和人文精神。展览用 1200 余件(套)文物展示了苏州从三山岛旧石器时代到 1911 年辛亥革命爆发前后一万年的历史，分为先秦、汉唐、宋元、明清四个部分，通过对吴王夫差剑、黑松林大墓出土文物、平江图等核心展项的提炼，在讲好文物故事的同时，生动展现了苏州历史底蕴及鲜明的人文个性。展览还利用背景、灯光、辅助装置等营造氛围，让观众想象不同时期的苏州，感受苏州气质[8]。“技忆苏州——苏作工艺陈列”分为“雕玲珑”“琢绮丽”“绣华彩”三个部分，通过 800 余件（套）从宋至当代的手工艺作品展现苏作工艺的精、细、雅、洁。展览以苏州工艺为媒介连接苏州人、苏式生活和苏式文化，既展示过去，也收藏当下[9]。

2023 年，浙江省博物馆之江馆推出全新常设展览“浙江一万年——浙江历史文化陈列”。该展览以时间轴为经，构成叙事主线，在各部分之下采用主题组团方式，用政治、经济、文化三个历史面向为纬，构建经纬结合、重点突出的浙江历史系统阐述逻辑。在策划过程中，策展团队运用“大历史观”提升展览站位、突出浙江特色，努力让陈列成为融会知识的空间，并希望以浙江万年文明史为圆点，实现透视中国、放眼世界的阐释目标。为了让展览内容更加丰富、展品阐释主题的能力更强、展品组合更加有效，浙江省博物馆除了用好本馆藏品，还通过借展的方式获取大量新展品以弥补常设展览的不足，如考古机构的新发现和新成果、其他文博机构的藏品等[10]。

2. 运河文化

2022 年开馆的隋唐大运河文化博物馆，推出了“国运泱泱——隋唐大运河文化展”基本陈列。该展览强调“隋唐意象”，精选 800 余件（套）隋唐至明清时期多种门类的文物，运用文物的“再情景化”来烘托叙事性，以序厅为开端，串联起六大部分。展览聚焦隋唐大运河所蕴含和承载的多种文化，包括薪火相传、匠心独具的技艺文化，方正择中、四方辐辏的都城文化，仓储天下、粮稳国安的农本文化，以及水陆交汇、南北贯通的枢纽文化，体现中华民族兼容并蓄、海纳百川的开放精神和革故鼎新、通时达变的精神品格。

2023 年初，聊城中国运河文化博物馆改造升级后的“大运风华——运河文化陈列”向公众开放。展览由“历史变迁”“水工科技”“制度管理”“城镇经济”“运河风情”“现当代运河”六部分组成，融合数字科技、文物展示、微缩景观、展板图片等展示手段，全方位、跨时空、立体化讲述和展示了大运河的历史变迁、水工科技、人文风情，成为弘扬运河文化、推动文旅融合发展的重要载体[11]。

---

8 苏州博物馆西馆 . 通史陈列馆 [EB/OL].（2021-09-18）[2024-05-23]. https://www.szmuseum.com/News/Details/ab8cd127-33e2-4385-8a3a-f2ccc87d4e90.

9 苏州博物馆西馆 . 苏作工艺馆 [EB/OL].（2021-09-18）[2024-05-23]. https://www.szmuseum.com/News/Details/3063aec5-1cbc-44d3-bdd1-e95b4a02af8a.

10 魏峻 . “旧瓶”与“新酒”——浙江一万年：浙江历史文化陈列内容文本优化的思路 [EB/OL].（2024-04-16）[2024-05-23]. http://mp.weixin.qq.com/s?__biz=MzkyNTEzMTYxMQ==&mid=2247539792&idx=1&sn=ee638caf3d26947b3e15fd63ddd8e94e&chksm=c1c92a64f6bea372c45d44906ac4f4102eca3fefe295addf4e1c256e2f4582778ced03f8ce45#rd.

11 聊城中国运河文化博物馆 . 聊城中国运河文化博物馆试运行开放公告 [EB/OL].（2023-01-19）[2024-05-23]. http://mp.weixin.qq.com/s?__biz=MzI2ODQ1OTI5Nw==&mid=2247493090&idx=1&sn=8fffea76bd30b15607ba44c0828bc805&chksm=eaede9acdd9a60ba5c5804815fa64ef562df5a98a13bd1435f834db522068490941db8f6ba70#rd.

（二）临时展览

与常设展览相比，临时展览往往更体现原创性、创新性、时代性和多元化，主题和展品选择更加灵活丰富，形式设计也更为多变且充满创意，是博物馆顺应时代潮流、拓展影响力的重要途径，能帮助博物馆满足观众参观的多样化需求，吸引他们反复来馆参观。2022—2023 年，大运河国家文化公园博物馆共举办各类临时展览 1140 个，其中地域文化、非遗传承、红色文化、传统文化等主题展览占据了相当大的比例。

1. 地域文化

总体来看，大运河国家文化公园博物馆举办的地域文化主题展览最为丰富，内容涵盖地区历史、古代艺术、工艺习俗、地区名人等。

常州博物馆的“三星眩耀——金坛三星村遗址特展”聚焦被评为“1998 年全国十大考古新发现”的金坛三星村遗址，展出了常州市金坛区博物馆藏三星村出土文物 300 余件，展览的三个单元“融合 · 多元”“文明 · 寻踪”“启程 · 溯源”，从文化交汇下的独特性、文明发展中的创新性、历史进程中的关键性等方面，诠释三星村遗址在地域文明探源中的重要地位[12]。

宁波博物院的“庆元 · 元代的宁波”依托翔实的史籍方志、精美的文化遗存和丰硕的研究成果，揭示了在元代鼓励对外贸易、重视海上交通的背景下，庆元因其通江达海的区位优势，成为当时全国重要港口的历史特点与发展成就，展现了海上丝绸之路鼎盛时期中外文明的交流与互鉴[13]。

无锡博物院的“来试人间第二泉——惠山茶会人文主题特展”（图 3）重点描绘发生于无锡的“惠山茶会”这一文化事件，从人文地理学出发，强调“景与物”“人与事”之间的内容联系与空间叙事，按照“山中有盛名”“名山聚名士”“归山煮新茶”“新茶引风尚”的叙事逻辑，说明惠山茶会对宫廷和文人茶事的影响，突出无锡在引领明清饮茶风尚中的重要作用。

此外，多家博物馆纷纷推出展示地域文化特色的展览。例如，徐州博物馆的“汉风华采——徐州北洞山楚王墓出土彩绘陶俑展”以修复带动策展，展示具有鲜明时代印记和地域特色的北洞山楚王墓随葬陶俑；南京市博物馆的“洪武时代——明代南京历史文化遗产特展”汇集南京地区考古遗存与历史文献，讲述明初立都南京对中华文明的历史影响；洛阳博物馆的“其宁惟永——北魏洛阳永宁寺特展”通过考古发掘和历史文献所呈现的双重“现场”，

---

12 常州博物馆 . 三星眩耀—— 金坛三星村遗址特展 [EB/OL].[2024-05-23]. http://www.czmuseum.com/newsListgb/exhibition?id=756450416484421632&cid=15&tname=zlhg&isDetial=true&isSpecialOrdinary=true.

13 宁波博物院 . 庆元 · 元代的宁波 [EB/OL]. [2024-05-23]. https://www.nbmuseum.cn/art/2023/7/6/art_461_4928.html#ad-image-0.

图 3 “来试人间第二泉——惠山茶会人文主题特展”展厅（图片来源：无锡博物院官网）

揭示永宁寺在北魏洛阳城、北魏历史、中国建筑史和佛教中国化中的重要价值；无锡市鸿山遗址博物馆的“世家望族 佳器天成——无锡前房桥明代钱氏家族精品金银器展”让观众感受明代无锡世家望族的处世之道；扬州博物馆的“三绝诗书画 一官归去来——郑板桥诞辰330周年书画艺术特展”回顾“扬州八怪”中最具影响力的书画家郑板桥的一生，展示其人生经历、艺术造诣及精神品质；镇江博物馆的“凤鸣高冈——吕凤子艺术·教育·人生专题展”以镇江丹阳著名教育家、画家吕凤子的书画艺术为载体，体现吕凤子与祖国同命运、为民族复兴执着坚守的大爱情怀，讲述镇江故事。

2. 非遗传承

非物质文化遗产展示不仅有助于学术梳理，更可借此推动非物质文化遗产活化利用与传承发展。吴文化博物馆举办的“抟泥化真——潘声煦泥塑展”借由“非遗”传承人潘声煦手作的苏州泥人，带领观众找回儿时的乐趣，体悟苏州泥塑之绚丽巧妙及精神内涵。该馆举办的“天堂里——工艺的苏州与杭州”展览则是在“上有天堂，下有苏杭”的启发下，聚焦“天堂”主题，通过“古时”和“今日”的对比，以文物回望古时精致高雅的生活追求，以工艺讲述今日守正创新的故事。展览还在丝织、木版年画、绸伞、油纸伞、红木雕刻、明式家具的展区设置了互动体验活动，帮助观众更好地了解工艺背后的制作过程。中国大运河博物馆的“源远流长江山秀——大运河百米长卷刻纸展”，用传统非遗展现运河沿线的美好生活。苏州博物馆的“向美而生·长三角非遗系列”首

图 4 “山河安澜——淠史杭灌区主题展”海报（图片来源：安徽博物院官网）

展“黄罕勇 海派玉雕艺术展”展示了黄罕勇博采众长的玉雕作品，传播一种勇于创新的艺术态度。此外，“朱炳仁熔铜艺术展”在中国大运河博物馆和苏州博物馆相继展出，展现了熔铜之美，让观众感受融汇古今的独特创造，观照铜与人、非遗与时代的相互成就。

3. 红色文化

红色文化主题展览汇聚了中国人民对于红色精神、历史使命的共同记忆，能够唤起人们的情感共鸣，增强文化认同。安徽博物院的“山河安澜——淠史杭灌区主题展”（图 4）通过“千年夙愿”“百年伟业”“精神丰碑”“时代华章”四个部分，围绕新中国成立后建成的第一个千万亩级灌区——淠史杭工程展开。通过不同时期的图表、照片，不同类型的文物展品，20 余件艺术品，以及复原场景、多媒体视频、沉浸式体验，展览全方位、立体式展现了淠史杭灌区修建的历史背景、工程规模、伟大历程以及建成之后带来的巨大效益，旨在传承和弘扬“自力更生、顽强拼搏、牺牲奉献、科学求实”的精神[14]。

淮北市博物馆举办的“家国天下 烽火情缘——纪念抗美援朝战争胜利 70 周年暨中国记者战地摄影图片展”通过快门定格下的时间，带领观众重新走进抗美援朝的纷飞战火，感受战士们誓死捍卫和平正义的决心与必胜的信念。

常州博物馆承办的“匠心筑梦——新苏作的历史记忆”遴选了 50 余件“新苏作”，以此回溯中国共产党成立以来的历史图景。河北博物院的“历史见证 工业之光——河北省工业遗产档案展”再现了河北工业的辉煌记忆，“人格的力量——中国共产党人的家国情怀”图片展展现了中国共产党党员在不同历史时期所怀揣的梦想和追求、情怀和担当，鼓励人们弘扬光荣传统、赓续红色血脉。

---

14 安徽博物院．新展丨山河安澜——淠史杭灌区主题展 [EB/OL].（2023-11-22）[2024-05-23]. https://www.ahm.cn/News/Details/wkt?nid=13559.

图 5 “照见天地心：中国书房的意与象”展览中乾隆“香雪”书房复原展示（图片来源：故宫博物院官网）

图 6 观众观看“礼合中国——商周礼乐文明”展览（图片来源：河南博物院官网）

4. 传统文化

传承中华传统文化、弘扬中华传统美德也是大运河国家文化公园博物馆策划临时展览时所重视的主题。文化从传统中发展而来，滋养当代，也将绽放于未来。2022 年，故宫博物院推出的“照见天地心：中国书房的意与象”展览（图 5），以中国书房的意涵与物象为主题，探讨和阐释中国书房的文化内核，以及如何赋予“书房”这一意象以时代精神的问题。展览从三个维度展开：“委怀琴书”单元突出书房不仅仅是一个看书、写作、藏书的空间，也是一种情怀和传承；“正谊明道”单元展示家国情怀，突出书房背后蕴含的人文精神；“结契霜雪”单元从具象转为抽象，突出书房促进人与天地的交流这一功能。展览充分发挥空间情景的优势，通过独立而又相互连接的展品陈设方式，突出书房、物件与人之间的依赖与联结。同时，“结契霜雪”单元入口以还原“香雪”书房意境为初衷而设计的沉浸式体验展示，成为公众了解紫禁城原状空间的新方式[15]。

故宫博物院还联合国内外 30 家考古文博单位，共同举办了“茶・世界——茶文化特展”。展览以“茶出中国”“茶道尚和”“茶路万里”“茶韵绵长”四个单元切入中国茶文化，立体地展现中华文明以茶为媒、交融互鉴的发展历程，体现了茶文化正以更加丰富多样的形式活跃于世界人民的生活中。

除此之外，河南博物院推出的“礼合中国——商周礼乐文明”展（图 6），带领观众感受中华传统文化的核心——“礼”在时代变革中内涵的升华，以及在中国人道德观中的内化。浙江省博物馆的“一一风荷举——荷文化与杭州西湖”，邀请观众在夏日的西子湖畔并赏荷花与荷花主题文物，感受景色的烂漫与情意的风雅。首都博物馆的“四时风物岁

15 王子林．读“照见天地心：中国书房的意与象”[EB/OL]. [2024-05-23].https://www.dpm.org.cn/research_talk/258064.html.

华中”系列之“‘日下春和’——北京岁时节令文化系列展”从“燕京岁华”启幕，向观众展示春日里北京独特的岁时文化。安徽博物院的“吾心安处——古琴文化空间”，以文物筑空间，以空间见活动，以活动感精神，多层次展示中国古琴文化，传递一种平和优雅的生活方式，也为观众在世俗喧嚣中打造一个精致优美的心灵栖息地。绍兴博物馆的“饕餮盛砚——一二居珍藏古砚特展”展出浓缩了历代文人智慧与风雅的砚台，诠释各时代的审美思想和生活情趣。苏州博物馆的“天下惟宁——汉代文明的四张面孔”以“面孔”为各单元的阐释核心，分别展示了宫廷内诸侯甘食美服、沙场上将士执锐披坚、市井间百姓作巧成器、神仙世界里海兽山灵栖居的汉代社会生活图景。

四、主要特点与存在问题

（一）主要特点

回顾 2022—2023 年大运河国家文化公园博物馆改造升级后的基本陈列和与时俱新的临时展览，发现其展览主要存在以下特点。

第一，展览主题多元化。大运河国家文化公园博物馆类型多样，地区分布广泛，展览主题涉及地域文化、非遗文化、红色文化、传统文化、时代议题及运河文化等多个方面。这些展览不仅凸显了博物馆的在地性，关注历史文化的演变与发展，而且强调了博物馆的社会价值，与公众的日常生活建立联结。与此同时，部分博物馆也逐渐尝试举办当代艺术类展览，由此形成的古今对照、中西对话等效果，拓展了大运河国家文化公园博物馆展览的策划与阐释空间。

第二，展览叙述故事化。叙事是当代博物馆展览的重要转向[16]，讲好中国故事也无疑是当下我国博物馆展览的普遍追求。大运河国家文化公园博物馆展览以强烈的叙事特色，讲述了运河及其周边地区从古至今的动人故事。例如，“江河辉映——中原与江南青铜时代考古文物展”描绘了吴、越、楚和中原诸侯国之间的政治文化融合故事；“美人姓董：古代董氏女性文物特展”以历史上的董氏女性为典型，映照中国古代女性的共同特质；“曌——武则天和她的时代”讲述了女皇武则天的传奇人生。不论是宏观事件，还是群体特质，或者个体经历，大运河国家文化公园博物馆展览在不断挖掘和讲述各类故事的过程中，透物见人、见精神、见文化，创造了独特的意义与价值。

第三，展览体验沉浸化。2022—2023 年，部分大运河国家文化公园博物馆新馆开放后进行了展览提升，多种多样的数字化技术走进展厅，如全域投影实时渲染、VR、AR、MR、360° 环幕 IMAX 投影、裸眼 3D、5G 直播技术等，智慧博物馆建设正如火如荼地进行。中国大运河博物馆以运河遗产等展览内容为核心，围绕“水”“城”“人”等打造了沉浸式体验环境，文本与技术相辅相成，打破了时间与空间、实体与虚拟之间的局限，为观众

---

16 张婉真．当代博物馆展览的叙事转向 [M]. 台北：远流出版公司，2014：8.

带去更美妙、更具互动性、更沉浸式的互动体验。

第四，线上展览日常化。近两年线上展览迅猛发展，不少博物馆也积极为公众提供了更加丰富的在线观展服务。两年来，线上展览逐渐成为大运河国家文化公园博物馆的常态化服务内容，共计 581 个，博物馆逐步实现线上线下展览相互联动和同步更新。以浙江省博物馆“丽人行”系列展览为代表，一些博物馆还在努力探究线上展览独特的发展模式，以实现线上云展览与线下实体展览的转换。

第五，展览视野国际化。大运河国家文化公园博物馆在发展过程中不断增强对外交流与合作，入境展几乎成为展览中不可或缺的一部分。特别是在 2023 年，大运河国家文化公园博物馆回归正常开放状态，不仅国家级、省级博物馆引入了国外精品展，常州博物馆等地市级博物馆也尝试与国外合作，满足公众“观世界”的期待和多样化的需求，让展览成为中外交流对话的重要窗口。

（二）存在问题

大运河国家文化公园博物馆在两年间取得了突出成就，但其展览在以下四个方面仍然存在问题。

第一，展览聚焦度不够，大多数大运河国家文化公园博物馆对大运河国家文化公园主题的关注度不高。总的来看，大运河国家文化公园博物馆举办的展览普遍倾向于宏大命题，如弘扬中华传统文化、唤起民族记忆等，因此偏爱举办“青铜时代”“礼乐文明”“历代绘画”“古都历史”等类型的展览，而微观视角较为少见，对于运河文化的梳理与阐释仍有很大的拓展空间。除了运河专题博物馆，综合性博物馆举办运河主题的临时展览数量十分有限，很多博物馆尚未将弘扬和传播运河文化视为自身的使命与宗旨。

第二，展览设计创新度较低，空间叙事能力较弱。虽然展览主题丰富多样，但大运河国家文化公园博物馆在展陈设计方面缺乏创新，较多依赖数字媒介带来的沉浸式体验，而未充分发挥展览空间本身的叙事潜力。鲜有展厅能够形成二维文本与三维空间的共振，或借由空间变化推动展览节奏，或借由空间复原和情景再造增强展览阐释，抑或通过多重感官促进观众的具身体验。从这个角度而言，大运河国家文化公园博物馆在展陈设计上还有较大的创新潜能。

第三，展览的自我输出能力有待提升。一方面，受专业水平、科研能力、人力资源等限制，2022—2023 年，大运河国家文化公园博物馆的原创展览未及临时展览总数的一半，独立策划展览能力仍有待提升。另一方面，大多数博物馆向外输出展览较少，出境展览更为稀缺。两年间，大运河国家文化公园博物馆仅输出 42 个出境展，其中故宫博物院和中国大运河博物馆分别输出 18 个和 12 个展览，这 30 个出境展在总数中占比高达 71%。大运河国家文化公园博物馆目前有限的输出能力既不利于拓展海外影响力，也不利于向世界讲述运河故事、传播中国优秀文化。

第四，馆际差异大，展览质量参差不齐。36 家大运河国家文化公园博物馆中既有国家级博物馆，也有未定级博物馆。这导致各馆举办展览的数量不一、质量良莠不齐。有些博物馆的展览获得全国博物馆十大陈列展览精品荣誉，有些博物馆却难以策划原创展览，仅能简单地进行文物陈列。这一现状提示我们，在未来的发展中，大运河国家文化公园博物馆需充分发挥“大馆带小馆”的协同优势，提供研究、藏品、人员等方面的帮助，促进各馆之间的均衡发展和协调进步。

五、总结与趋势

2022 年和 2023 年是大运河国家文化公园博物馆在困境中寻求机遇的两年，其展览实践顺应时代发展潮流和社会需求，始终保持活力与创造力，坚持守正创新，在展示主题、内容阐释、数字体验、运营管理等维度实现了较大的突破，提升了展览的科学性、审美性、休闲性、参与性与独特性。大运河国家文化公园博物馆也在馆际合作与国际交流中不断拓宽交际圈，合作互助，协调运河沿线展览、文创、教育资源，促进文化的传播与融合，深化大运河文化品牌的影响力。在这些层面上，大运河国家文化公园博物馆走在了全国前列，其取得的突出成就对全国博物馆展览都具有不可忽视的启示意义。

面对当前的突出问题，结合我国博物馆高质量发展需求与展览实践现状，大运河国家文化公园博物馆展览的未来发展或许可以参考以下趋势：其一，以藏品为基，创造视角新颖、阐释独特的主题展览。藏品是博物馆的根本，通过物件讲故事，探究物与物、物与人、物与地域、物与文化之间的相互关系[17]。对于大运河国家文化公园博物馆而言，其未来还需更多聚焦运河遗产及其延伸主题，深入挖掘运河遗产如何体现运河对运河周边城市、商贸往来、人类生活、艺术创造的影响，持续探究运河文化与运河精神，并与当下相连接，展现运河遗产的当代价值。其二，展览设计与展览内容共振，数字技术服务于展览需求。形式设计应与内容策划相辅相成，博物馆可尝试通过富有创意性、阐释性的设计放大空间和环境的媒介作用，进一步强化展品和文字所编码的故事，并为观众解码提供文本以外的另一把“钥匙”。而技术的运用是为了全面阐释展览内容，深化观众的认知，不仅使他们身心愉悦，还能为他们构建知识体系、激发情感共鸣，以及使他们产生思考和反思。因此，数字化媒介应始终服务于展览内容，结合展览要素与信息，充分考虑观众的体验效果，体现人文精神。其三，重视分众化教育与体验，为不同年龄、类型、动机的观众提供力所能及的展览服务，鼓励其自主构建意义。其四，坚持运营管理创新，提升展览效率与效益。一方面，展览的策划与实施需要规范的制度保障，不论是传统的部门制还是策展人负责制，博物馆内部人员都需形成合力，有力、高效地推进展览流程。另一方面，在遵循博物馆伦理的基础上，博物馆可适度尝试展览市场化运营，举办收费展览或引入社会力量参与以促进博物馆可持续发展。其五，持续构建博物馆展览体系，多维度打造博物馆品牌。这既可

---

17 龚良. 博物馆展览的未来畅想 [J]. 科学教育与博物馆，2021（6）：483.

以通过时间的延续，实现博物馆展览之间的有机联系，形成系列化展览，又可以通过多馆联合形成与其他博物馆展览之间的有机联系，在同一时段内举办相似主题的展览，向观众呈现理解该主题的不同视角，引发社会对相关主题的深入讨论与思考。

| 作 者 简 介 |

穆祉潼，复旦大学文物与博物馆学系博士研究生，研究方向为博物馆传播、展览评估。

第二节　博物馆教育活动研究报告

在当前文旅融合深入发展的背景下，大运河国家文化公园博物馆高度重视博物馆教育功能的发挥。2022—2023 年，各家博物馆依托自身馆藏文物、展教资源，创新理念和方式，策划并开展了多样化、特色化的社教活动，取得了亮眼的成果，让教育活动成为公众了解博物馆的切入点，架起公众与博物馆、与历史文化之间的沟通桥梁。

一、教育活动概述

（一）发展概况

大运河国家文化公园博物馆认真践行习近平总书记“一个博物院就是一所大学校”的重要指示，对博物馆教育工作开展了一系列的积极探索。2022—2023 年，36 家大运河国家文化公园博物馆共策划了约 2.8 万场教育活动，覆盖观众 3100 万余人次。与 2022 年相比，2023 年各馆的教育活动场次及受众数量均有显著提升。例如，苏州博物馆在 2022 年举办了 1113 场线下社教活动，参与观众达 2.3 万人次，而到了 2023 年，这两项数据分别上升至 1658 场和 2.8 万人次。举办教育活动场次最少的通州区博物馆，也在 2023 年实现了活动场次及受众数量从无到有的突破。同时，部分博物馆的教育空间面积也有所增加。北京大运河博物馆（首都博物馆东馆）于 2023 年 12 月 27 日开馆后，其教育空间在原有基础上增加了 1.5 万平方米[1]。而河北博物院和中国大运河博物馆经内部调整，教育空间面积分别增加了 9.3% 和 64.7%。2020—2022 年，大运河国家文化公园博物馆经历过闭馆或者限流的挑战，但不少博物馆借助数字技术积极开展线上教育活动。截至 2023 年，各馆已基本建立了具有自身特色的线上教育模式，让博物馆教育走出“馆舍天地”。这一举措既扩大了博物馆教育的受众范围，也提升了博物馆教育活动的影响力。

---

1 国家文物局 .“运河之舟”扬帆启航——北京大运河博物馆正式对公众开放 [EB/OL].（2024-01-02）[2024-05-23]. http://www.ncha.gov.cn/art/2024/1/2/art_ 723_186341.html.

（二）主要特色

大运河国家文化公园博物馆将博物馆教育与美育、红色教育结合，组织了一系列精彩纷呈的活动，形成了自身特色。

一是特色化、品牌化的常态教育活动体系逐步形成，如苏州博物馆的“@ 苏博”系列教育品牌、绍兴博物馆的“绍博学堂”和“小小非遗角”、北京艺术博物馆的“中华好家风”和“物上记忆”等。以苏州博物馆“@ 苏博”系列教育品牌为例，自 2008 年创立以来，苏博策划了 12 个不同板块的品牌教育活动，有以讲座、音乐会等视听结合形式，讲述悠久历史和展览背后故事的“聆听 @ 苏博”，也有结合中国传统节日和重要庆典节日，从吃、喝、玩、学多个方面带领观众体验传统节日习俗的“节日 @ 苏博”等[2]，充分满足不同年龄层、不同类型观众的精神需求，在发挥品牌化效应的同时，有力地提升了博物馆教育认知度。

二是教育活动的形式及与公众的互动方式更加多样化。大运河国家文化公园博物馆的教育活动不仅涵盖馆内的学术讲座、对话沙龙、主题游戏、非遗展演、艺术体验等，而且将研学和馆外活动作为拓展的方向。自 2020 年 10 月教育部和国家文物局联合印发《关于利用博物馆资源开展中小学教育教学的意见》以来，尤其是 2021 年“双减”政策出台后，各博物馆都着力构建馆校合作长效机制，加强与学校合作研发主题课程的力度，进一步丰富了博物馆的教育覆盖面与活动类型。济宁市博物馆在 2023 年与任城实验小学合作研发了“我的家乡古迹多”“运河上的济宁州”等校本课程，让学生通过课程学习进一步了解自己的家乡，了解运河文化[3]。南京博物院也为幼儿园组至高中组各年龄段的学生持续开发相应的馆校合作课程。例如，南京博物院在 2022 年与南京市建邺区实验幼儿园、南京市海英小学分别开发了“幼识文物漫游记”和“长江文化”系列课程，带领学生走进长江文物、传承长江文化。除了开发馆校合作课程，南京博物院还在 2022 年推出了“双师云学堂”系列视频教学案例，结合双师授课与展厅沉浸式教学，为博物馆资源的多学科开发提供了新思路[4]。

三是博物馆分众化教育持续深化。南京博物院在 2022 年配合常设展览开设面向不同年龄段观众的教育体验活动，包括服务幼小衔接的“幼识文物漫游记——品质初养成”“博物・能力入学总动员”，为小学生群体开发的“长江文化系列课程”“文物的品格”“古代服饰文化”，以及面向成年观众的“美的历程”“我们的节日”等。该馆还面向特殊

---

2 谢晓婷 . 学习型社会中博物馆教育的贡献与思考——以苏州博物馆“博物馆学校”为例 [J]. 中国博物馆，2022（3）：93-96.

3 济宁市博物馆 . 2023 年度济宁市博物馆政务公开 [EB/OL].（2024-03-01）[2024-05-23]. https://www.jiningmuseum.com/list/article_details.do?articleId=7359.

4 南博社会服务部 . 南京博物院社会服务 2022 年报 [EB/OL].（2023-01-05）[2024-05-23]. https://mp.weixin.qq.com/s/GakiZ6H45EMUtOJ4mQrHEg.

图 1　安徽博物院“文博讲堂”海报（图片来源：安徽博物院微博）

学校推出夏令营活动，重视并满足特殊群体的需求，通过丰富多彩的课程和互动项目，让来自南京市聋人学校的学生观众沉浸式感受博物馆的文化魅力。

四是尝试引入社会力量助力教育活动的落地与推广。例如，苏州博物馆与餐饮企业合作推出研学活动；中国大运河博物馆与携程合作进行研学推广；扬州博物馆与春天公益服务社合作推出“博物知旅——大运河红色主题研学游”[5]；安徽博物院携手新华网对“文博讲堂”进行全程录播（图 1）。博物馆在教育活动的开展中借助社会力量，既丰富了活动内涵，也拓宽了传播渠道。2023 年 7 月，苏州博物馆与江苏扬城一味餐饮管理有限公司推出了志愿者研学扬州行活动，参与者参观了中国大运河博物馆、扬州汉广陵王墓博物馆、扬州双博馆等地，并在参观结束后体验了扬州特色早茶和地道淮扬菜。在这一活动中，博物馆与企业实现了优势互补、资源整合，透过研学这一形式给不同受众带来了全新的体验[6]。

二、博物馆教育创新实践

2022—2023 年，大运河国家文化公园博物馆充分发挥博物馆“大学校”角色作用，探索博物馆教育新方式、新方法。其创新举措主要表现在以下四个方面。

（一）立足自身特色，创新教育理念

大运河国家文化公园博物馆所处地域不同，体量不同，类型各异，既有综合性地志博物馆，又有专题性博物馆，各博物馆充分依托自身馆藏、展览和研究资源，挖掘自身文化内涵，创新教育理念。

一是在教育活动的开发中将弘扬传统文化、展示地方文化和红色文化与大运河文化相融合，推出各具特色的教育及美育活动，以满足公众日益增长的精神文化需求。中国大运

5 扬州博物馆 . 扬州博物馆 2022 年工作报告 [EB/OL].（2023-01-10）[2024-05-23]. https://www.yzmuseum.com/html/Article/show/671.html.

6 澎湃新闻 . 江苏扬州：暑期研学掀起“博物馆 + 美食”新风潮，带青少年“品味”世界美食之都 [EB/OL].（2023-07-23）[2024-05-23]. https://www.thepaper.cn/newsDetail_forward_23957637.

河博物馆结合运河沿线非物质文化遗产，开展了“运河古韵　皮影绘梦”“非遗手作脸谱艺术”等系列非遗主题社教活动，向公众展示传统文化的魅力。徐州博物馆自 2020 年启动“徐州运河史话”教育项目，已推出了涵盖 16 个主题、30 余课时的“徐州运河史话”系列课程，讲述了运河在自身发展变革中对徐州历史发展的影响，以及运河沿线的红色故事和革命英烈。扬州博物馆则挖掘运河与革命文物的关联，推出“博物知旅——大运河红色主题研学游”和“悦·读”红色故事会等活动。

二是博物馆在分众教育理念的基础上，创新引入 STEM 教育、PBL 项目式开发理念，突破博物馆传统的单一文物知识教育和“讲授式”教育方式，强调跨学科、探究式的学习互动方式，多维度发挥博物馆的教育功能。STEM 是科学（Science）、技术（Technology）、工程（Engineering）、数学（Mathematics）四门学科英文首字母缩写，是“基于科学与工程实践的跨学科探究式学习”[7]。STEM 教育在 20 世纪 80 年代末诞生于美国大学校园，我国博物馆自 21 世纪初开始在科技类博物馆中应用此概念，而随着博物馆教育事业的发展，越来越多博物馆将其应用于教育活动开发。2023 年，中国大运河博物馆针对 6—12 岁青少年群体打造了全新的探究式、体验式的大运河主题研学空间（图 2），综合历史、水工、科技和人文的 STEM 特色教育，将场景化展示与沉浸式探索有机结合，带领青少年开启“穿越千年时空”的运河文化之旅。PBL 即项目式学习（Project-Based Learning），是一种以问题为导向的教学方法，是基于现实世界的以学生为中心的教育方式，被广泛应用于博物馆研学之中[8]。常州博物馆于 2023 年 10—12 月联合常州信息职业技术学院数字创意学院开展了“古迹寻遗韵探美三星村”馆校合作研究性学习项目。该项目采用项目式学习理念，通过校内课程学习、“三星眩耀——金坛三

图 2　中国大运河博物馆研学空间（图源：中国大运河博物馆官网）

7 朱幼文 . 基于科学与工程实践的跨学科探究式学习——科技馆 STEM 教育相关重要概念的探讨 [J]. 自然科学博物馆研究，2017（1）：5-14.

8 孙羽，李维薇 . PBL 模式下的研学课程探索与实践——以昆明动物博物馆动物主题探究课程为例 [J]. 科学教育与博物馆，2020，6（3）：198-202.

星村遗址特展”专题导览、对话策展人、考古工地实地参观、自主探索创新等内容，引导学生从形式美的角度探寻考古与美的天然联系，让传统文化融入日常生活[9]。

（二）搭建社教体系，打造特色品牌

大运河国家文化公园博物馆从自身定位出发，在梳理自身资源和充分考量观众诉求的基础上，构建符合博物馆要求的社教体系，旨在更好地满足观众多样化的文化需求。同时，注重发挥品牌效应，逐步建立各自的优质教育品牌，扩大博物馆教育社会影响力。

博物馆的社教体系因其性质和体量的差异，包含多样化的活动形式。以中国大运河博物馆为例，该馆在开馆后经过两年摸索，逐步形成了较为系统的社教体系，包括常态社教、特展社教、馆校合作社教、研学活动、传统节假日和重大纪念日专场社教、非遗展演、其他社教等几大类别，每个类别下又有诸多分项。北京郭守敬纪念馆作为中小型博物馆，其社教体系主要由系列科普讲座和纪念活动构成。活动系列化是各馆社教体系的发展方向，有利于教育功能的持续性发挥。

品牌是由品牌的创立者主动创建，拥有其核心文化，能够与特定商品或者服务相融合的系统化的辨识体系，是客户和潜在客户对品牌所属的商品和服务的全部体验[10]。近年来，各大博物馆均通过打造自己的教育品牌来提升公众对博物馆的亲近感和忠诚度，以“品牌战略”发挥博物馆教育的辐射功能。大运河国家文化公园博物馆也纷纷整合自身资源，开发优质教育品牌，如苏州博物馆的“@ 苏博”系列教育品牌。2022 年，历经五年修缮重新开放的北京艺术博物馆，推出“物上记忆”社教品牌，以锦绣坊、斫木堂非遗体验工坊为载体，以馆藏文物为基础，提取文化传承与文化记忆元素，形成非遗体验课程，深受观众喜爱，取得了良好的社会效益。

（三）创新社教形式，推出优质产品

多样化的教育形式是博物馆教育区别于学校教育的重要体现，大运河国家文化公园博物馆在讲座、互动体验等传统活动形式上不断创新，推出内容新颖、行之有效的教育活动形式。

一是探索展教合一新模式，推出教育性展览。浙江省博物馆在 2022 年策划实施了“宋韵千年——百馆联动展”，公众在展览现场即可参与互动体验活动，沉浸式感受宋人生活[11]（图 3）。山东博物馆在同年推出了集“学”“娱”“游”为一体的科普展览——“粒程——

---

9 常州信息职业技术学院数字创意学院．“古迹寻遗韵探美三星村”研究性学习成果汇报展示活动在我校展开 [EB/OL].（2024-01-02）[2024-05-23]. https://www.ccit.js.cn/info/1057/25982.htm.

10 陈曾路．体系和品牌——博物馆未成年人教育的一些思考与实践 [J]. 中国博物馆，2017（4）：23–27.

11 浙江省文物局．浙江：“宋韵千年——百馆联动展”首站在南宋官窑馆启幕 [EB/OL].（2022-08-08）[2024-05-23]. http://wwj.zj.gov.cn/art/2022/8/8/art_1639083_58881437.html.

图 3　观众参与“宋韵千年”展互动体验（图片来源：浙江省博物馆官网）

林草种质资源科普展”，并在展览现场开展“‘标’记——植物腊叶标本制作”教育活动，带领儿童探索种子的生命“粒”程[12]。展教一体的教育形式丰富了观众的观展体验，强化了展览的教育传播功能。

二是深化文旅融合，推出特色研学活动。自 2016 年教育部、国家发展改革委等 11 部门印发《关于推进中小学研学旅行的意见》以来，博物馆积极响应，掀起“研学”活动的热潮。大运河国家文化公园博物馆将“游”“研”“学”有机融合，基于展览、馆藏，并通过馆际联动开展了多场主题研学活动。浙江省博物馆配合“宋韵千年——百馆联动展”，研发了三条宋韵精品研学路线“荡荡儿（逛市井）”“耍子儿（游山水）”“拷会儿（去约会）”，串联杭州范围内的宋代文物、历史文化资源。山东博物馆的“陶于河滨”黄河文化主题研学活动，通过沉浸式场景研学方式，让文物讲述黄河文化故事[13]。聊城中国运河文化博物馆举办的“我眼中的大运河”主题研学活动，带领观众前往临清、阳谷、聊城古城区，探访运河古今人文[14]。

三是推进课程建设，打造云上课堂。随着馆校合作日趋深入，博物馆利用自身文化资源，联合学校开展特色课程，并借助数字媒体技术推出线上课堂。常州博物馆结合常州历史文化和馆藏文物，推出“云听常博”“小夌课堂”系列短视频课程。镇江博物馆开发了“画中探景云观《京江二十四景》”系列线上课程。天津博物馆自 2017 年推出“慕课课程”以来，不断对其进行丰富和完善，2022 年实现了“文博讲堂”与“慕课”的有机结合。河南博物院推出历史教室“最美声音”文物故事线上系列课程。这些都是推动博物馆教育走向“无边界”时代的体现。

（四）创新合作模式，资源共建共享

国际博协 2022 年公布的博物馆新定义强调了博物馆的可及性和包容性，并指出博物

---

12 山东博物馆 . 山东博物馆 2022 年度报告 [EB/OL].（2023-01-10）[2024-05-23]. https://www.sdmuseum.com/art/2023/1/10/art_270328_9347.html.

13 山东博物馆 . 山东博物馆 2022 年度报告 [EB/OL].（2023-01-10）[2024-05-23]. https://www.sdmuseum.com/art/2023/1/10/art_270328_9347.html.

14 聊城中国运河文化博物馆 . 聊城中国运河文化博物馆 2022 年度工作报告 [EB/OL].（2023-01-03）[2024-05-23]. https://www.yunhebowuguan.cn/article/990/1.html.

馆应重视社区的参与，这一理念给博物馆对外广泛合作提供了新思路。在馆校合作相对成熟的基础上，博物馆在教育工作中开始尝试与企业及商业机构合作，创新合作模式，实现资源共建共享。

一是与社区合作开展活动。南京博物院在 2022 年携手江苏省成人教育协会，推出“博物馆 + 社区”共同体项目，多方位、多层次、多角度、多形式地将博物馆文化送进社区，丰富社区居民精神文化生活，其中的“探索南京博物院镇院之宝”课程被纳入江苏省终身教育学分银行成果服务范畴，能够更好地满足全民终身学习需求。

二是与商业机构合作开发课程。吴文化博物馆的核心课程面向学龄前、小学、初中、成人四个受众群体，博物馆围绕馆藏精品文物、吴地文化、自然遗产开发了一系列美育素质拓展课程。除了馆方教育工作人员、学校教师，外部商业机构也参与了课程的开发项目，如 2022 年“文明的纽带——丝绸之路”等课程便是博物馆与外部机构合作开发而成。

三是与媒体合作进行教育推广。2022 年，山东博物馆参与了中国文物报社发起的“博物馆里过新年”抖音直播活动，在线导赏精品展览、展示非遗技艺，活动观看量近 20 万。同年，安徽博物院与安徽广播电视台、新华网、安徽卫视等媒体平台合作，推出“红色馆藏”“我家乡的文物古迹”“文物真有趣”等一系列教育视频。借力媒体平台，博物馆力求实现教育资源传播范围最大化。

三、当前存在问题

2022—2023 年，大运河国家文化公园博物馆高度重视博物馆教育，创新教育活动理念、形式和方法，教育事业取得了显著发展，但综合来看仍存在一些不足，主要表现在以下四个方面。

（一）博物馆教育资源发展不均衡

36 家大运河国家文化公园博物馆横跨 6 个省份和 2 个直辖市，受博物馆成立时间早晚、规模大小、人才建设程度等多重因素的影响，区域内甚至同一省市博物馆的教育活动数量和影响力也存在较大差异。以江苏省为例，2022—2023 年，江苏省内 13 家博物馆共举办社教活动 10 810 场，其中苏州博物馆和南京博物院分别举办了 2796 场和 1626 场，两馆举办社教活动场次约占全省总场次的 41%，覆盖观众 881 万余人次。值得一提的是，南京博物院“博物馆 + 社区”共同体建设项目和苏州博物馆“@ 苏博”系列教育品牌还入选“第二届全国文博社教优秀案例”名单。相比之下，众多中小型博物馆无论在教育活动场次和受众数量上，还是在活动品牌构建及项目影响力上都仍有较大的提升空间。

（二）博物馆教育资源受众不均衡

尽管分众教育理念已深入博物馆教育实践，但大运河国家文化公园博物馆教育活动的受众群体重心仍聚焦青少年观众，教育资源受众分布不均衡。近年来，随着《博物馆事业中长期发展规划纲要（2011—2020 年）》《关于加强文教结合、完善博物馆青少年教育功能的指导意见》等政策文件先后出台，大运河国家文化公园博物馆积极探索青少年教育的新方式、新方法，通过课程、主题活动、沉浸式研学等多种形式，将博物馆青少年教育与学校教育有效衔接，充分满足了青少年群体的文化教育需求。然而，随着博物馆事业的发展，博物馆观众结构也悄然发生着变化，吴文化博物馆 2023 年的观众调查数据显示，26—45 岁的观众占比将近五成，成为最大的观众群体[15]。此外，随着我国人口老龄化程度加深，老年人群体也成为博物馆教育的重要受众对象。博物馆作为终身教育机构，应优化教育资源配置，避免教育资源向单一群体倾斜。

（三）运河文化内涵发掘力度不足

大运河国家文化公园博物馆是展示大运河作为文物保护单位和世界文化遗产的重要窗口，也是传承运河文明、讲好运河故事、传播运河文化的有效平台。将运河文化与博物馆特色文化相结合，一方面可以丰富博物馆教育内涵，另一方面可以满足观众的多元文化需求，提升教育活动影响力。例如，徐州博物馆开展的“徐州运河史话”项目，将运河文化与两汉文化、运河沿岸红色文化有机融合，通过短视频、线上线下课程，带领观众了解中国大运河的变迁，认识运河给徐州带来的珍品文物，感受徐州运河沿岸的风俗民俗，了解红色故事和革命英烈，取得了良好的社会反响。

然而，总览大运河国家文化公园博物馆的教育活动情况，不难发现多数博物馆挖掘运河文化内涵的力度不足，除了中国大运河博物馆、聊城中国运河文化博物馆等运河专题博物馆和极个别综合馆（如徐州博物馆），少有博物馆围绕运河主题开展品牌活动，且对运河文化内涵的挖掘较为碎片化，未形成系统化、体系化的文化阐释模式。

（四）区域内博物馆教育联动效应发挥不足

大运河国家文化公园博物馆的优势教育资源各异，应在各自创新的基础上，实现信息“互通”、资源“互换”和机制“互联”，打破地缘阻隔，促进文物资源合理利用[16]。相较于展览方面频繁的馆际合作，区域内博物馆在社会教育方面联动较少。镇江博物馆举办“探秘大运河之旅”活动，与中国大运河博物馆、六朝博物馆等合作开展研学，便是区域内博物馆联动开展教育活动的一次有益尝试。随着文旅融合的深入发展，社会公众对文化赋能旅游的需求日益迫切，大运河国家文化公园博物馆应加强在教育资源开发和推广上的

15 吴文化博物馆 .2022.6~2023.6 吴文化博物馆年度报告 [EB/OL].（2023-06-28）[2024-05-23]. https://mp.weixin.qq.com/s/ITfi8RoETrHkfzjhugz1Gw.

16 中国大运河博物馆 .“大运河博物馆联盟”正式成立 [EB/OL].（2021-06-10）[2024-05-23]. https://canalmuseum.net/yunbogonggao/213.html.

合作，优势互补、共建共享，围绕运河文化开发更多精品社教活动，方能协同提升区域内博物馆教育影响力。

四、总结与趋势

总的来看，2022—2023 年，大运河国家文化公园博物馆高度重视博物馆教育事业发展，立足自身资源，深入挖掘文物背后的内涵，推出符合博物馆定位、特色鲜明的教育活动，充分发挥了博物馆的教育功能，有效提升博物馆的社会影响力，让博物馆成为串联社会公众与优秀历史文化的纽带。随着我国博物馆事业进入高质量发展阶段，且在新技术、新媒介日新月异的背景下，大运河国家文化公园博物馆教育活动呈现以下几个发展趋势。

一是博物馆教育品牌化程度加深。品牌化战略是博物馆教育高质量发展的最佳表达，各博物馆在丰富教育实践积累的基础上，将社教活动系列化，朝着打造优质教育品牌的方向努力。两家“年轻”博物馆——2020 年开馆的吴文化博物馆和 2021 年开馆的中国大运河博物馆，在开发教育活动的同时，都注重打造特色教育品牌，如中国大运河博物馆的“运博讲堂”“双城记”研学游，吴文化博物馆的“非遗传习”“吴文化研学”等。

二是借力数字媒体技术，使博物馆教育突破空间和时间限制。数字媒体包括电视、手机等主要数字媒体设备，微博、抖音等允许人们跨时空交流的移动应用，以及 VR、AR 等被广泛用于增强现实的数字媒体技术。博物馆教育引入数字媒体技术，催生了新的教育形式，如河南博物院“最美声音”文物故事线上系列课程，以及新的教育内容，如故宫博物院的数字文物库等[17]。借助数字媒体技术，博物馆教育逐步迈入“无边界”时代。

三是馆校合作纵深发展，博物馆真正成为“第二课堂”。在大运河国家文化公园博物馆的教育活动中，馆校合作趋势日益明显，也取得了显著的成果，多数博物馆与学校在课程研发、人才培养等方面建立长效合作机制。中国大运河博物馆充分利用既有馆舍建筑、馆藏文物资源，先后与南京市宁海中学、扬州育才实验学校建立战略合作伙伴关系，共建协调创新教育实践研学基地，发挥博物馆文化资源优势和高校科研创新优势。此外，中国大运河博物馆与南京师范大学签署战略合作协议，打造运河文化遗产合作研究平台，共建科学研究和教育实践基地，使博物馆真正成为校园之外的“第二课堂”。

四是文旅深度融合，研学活动持续升温。文化和旅游部发布的《“十四五”文化和旅游发展规划》提出，要坚持以文塑旅、以旅彰文，推动文化和旅游深度融合，要培育文化和旅游融合发展新业态，促进文教结合、旅教结合，培育研学旅行项目[18]。在国家政策支持、

17 王倩 . 数字媒体语境下的博物馆教育研究——以故宫博物院为例 [J]. 文物鉴定与鉴赏，2022(24): 55-58.

18 文化和旅游部 . 文化和旅游部发布《“十四五”文化和旅游发展规划》[EB/OL].（2021-06-04）[2024-05-23]. https://www.gov.cn/xinwen/2021-06/04/content_5615466.htm.

社会需求度高，以及大运河这一线性文化遗产的多重优势因素影响下，研学这一将旅行体验和研究性学习结合的教育形式，将成为博物馆践行文旅融合政策的主要发展方向。河南博物院的“行走河南 · 读懂中国”研学活动，以及中国大运河博物馆联合苏州博物馆、吴文化博物馆推出的“双城记”文化项目，均为这一教育形式的典型案例。

五是“参与式”博物馆教育模式初具雏形。受“参与式文化”影响，即公众利用网络或其他媒介手段参与文化的创造、分享和传播，博物馆迈入“参与式博物馆”阶段[19]。在博物馆教育活动的策划实施过程中，公众作为传播（教育）的主体，参与内容创造、分享和传播的教育活动应运而生[20]。2023 年，吴文化博物馆演绎社与碧波中学凌波戏剧社团联合推出《寻槎记》活动，碧波中学的学生在博物馆原创戏剧中融入教育元素，与博物馆一同完成戏剧演绎，在这一过程中，观众不仅是教育活动的被动接收者，而且直接参与其中，与馆方共同成为创造者。随着网络技术的发展，以及博物馆与公众互动关系的加深，“参与式教育”模式将成为各馆未来着力的方向。

大运河是流动的文化遗产，大运河国家文化公园博物馆是保存运河沿线文化遗产、讲好运河文化故事、弘扬运河文化的关键载体，博物馆教育是阐释、传承与传播大运河文化的重要手段。未来，大运河国家文化公园博物馆将以创新为引擎，以融合为方向，在促进文化理解、为公众提供多元文化体验等方面持续贡献力量。

| 作 者 简 介 |

刘晓婷，中国证券博物馆馆员，研究方向为博物馆教育活动、专题博物馆等。

19 妮娜 · 西蒙，喻翔 . 参与式文化与博物馆的第三次革命——《参与式博物馆：迈入博物馆 2.0 时代》译者序 [J]. 中国博物馆，2018（4）：67-73.

20 刘哲，贾清 . 博物馆教育活动中的“公众参与”[J]. 科学教育与博物馆，2021（3）：233-237.

第三节　博物馆开放服务研究报告

中国博物馆管理运营理念经历了由“物”到“人”的深刻转变。这让博物馆认识到了自身的公共属性，愈加关注开放服务的能力建设与水平提升，以充分履行作为公共文化机构的职责。广义上的博物馆开放服务是指博物馆在开放时间和开放区域内为观众提供的票务、咨询、展览、教育、安全、保洁、经营等活动或保障[1]，主要涉及直接与观众接触的相关业务，是博物馆面向观众的重要窗口。然而，由于展览、教育等博物馆核心业务由专门部门分管，狭义上的博物馆开放服务主要指与博物馆开放服务部门直接相关的业务，即票务、咨询、讲解、志愿服务等活动。本文主要关注狭义上的博物馆开放服务，围绕大运河国家文化公园博物馆的开放服务工作实践展开讨论，梳理其总体发展状况及各馆的创新实践，以期帮助这些博物馆实现优势互补、创新融合，并寻找发展中的瓶颈问题，为其面向观众并提供高质量开放服务夯实基础。

一、博物馆开放服务概述

自 2008 年我国推行博物馆免费开放政策后，面对观众的大量涌入和社会的日益关注，很多博物馆都将提高开放服务水平、建立更高效的开放服务管理体系作为自己的重要发展目标。2011 年，国家文物局下发《博物馆事业中长期发展规划纲要（2011—2020 年）》的通知，强调目前我国博物馆的社会服务整体水平不高，仍需加强建设[2]，并于 2012 年立项中国博物馆开放服务相关研究课题，三年后推出研究成果《中国博物馆开放服务指南》[3]，对博物馆开放服务的业务范围、管理体系、实践情况进行了规范。与此同时，国内一些地区也尝试制定地方的博物馆公共服务规范，如《北京地区博物馆接待服务标准及工作流程

1 国家文物局 . 博物馆开放服务规范：GB/T 36721—2018[S]. 北京：中国标准出版社，2018.

2 博物馆与社会文物司 . 关于印发《博物馆事业中长期发展规划纲要（2011—2020 年）》的通知 [EB/OL].（2012-02-02）[2024-05-24]. http://www.ncha.gov.cn/art/2012/2/2/art_2237_42262.html.

3 中国博物馆协会 .《中国博物馆开放服务指南》新书发布 [EB/OL].（2019-10-29）[2024-05-24] https://www.chinamuseum.org.cn/detail.html?id=12&contentId=8678.

（试行）》[4]《江苏省公共文化馆服务规范》[5] 等，虽然都包含博物馆开放服务中的票务、咨询、讲解、安全、保洁等服务内容，但各地区标准仍存在一定差异。2018 年 9 月，《博物馆开放服务规范》[6] 正式发布、实施，为全国博物馆的开放服务建立了可供参考的最低标准。

近年来，博物馆成了热门出游目的地，参观人数在 2023 年创下新高。2022 年，大运河国家文化公园博物馆观众总数为 2161.69 万，2023 年增长至 6556.85 万，增幅高达 203.32%。其中，故宫博物院年度观众总数突破 1000 万人次大关，南京博物院、苏州博物馆和中国大运河博物馆的参观量也都突破 400 万人次。36 家大运河国家文化公园博物馆中，近三分之二的博物馆在 2023 年的日均观众数较 2022 年同期增幅超 100%，尤其是聊城中国运河文化博物馆及无锡市鸿山遗址博物馆，增幅超 500%。

观众数量增加的同时，一些博物馆的观众结构也悄然发生了变化。2022 年，大运河国家文化公园博物馆本地观众总数为 994.77 万，占观众总数的 46.02%；而 2023 年本地观众总数为 1887.86 万，占观众总数的 28.79%（图 1），超三分之二的博物馆本

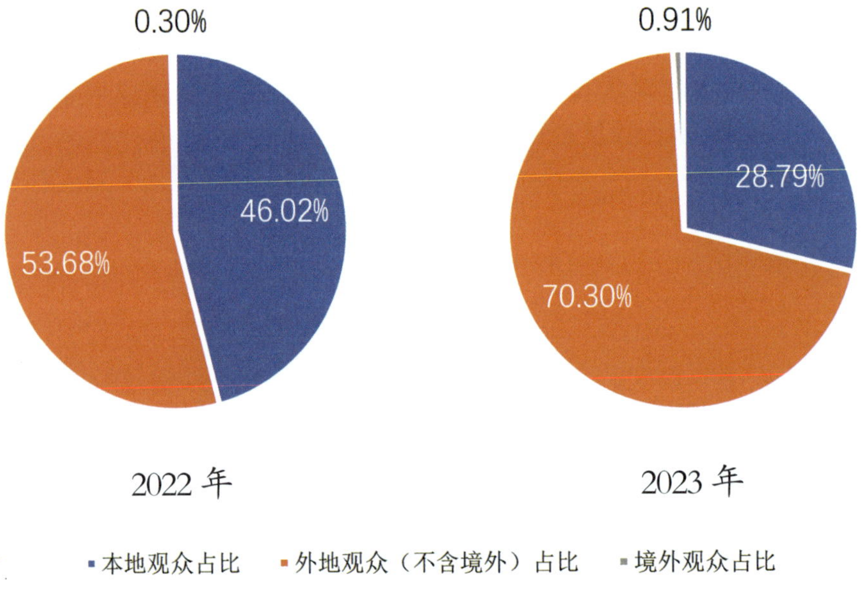

图 1　2022—2023 年大运河国家文化公园博物馆本地、外地、境外观众占比

---

4 北京市文物局．北京地区博物馆接待服务标准及工作流程（试行）[EB/OL].（2018-01-24）[2024-05-24]. https://wwj.beijing.gov.cn/bjww/362760/362767/556574/556580/bwgggwhfw/556815/index.html.

5 连云港市人民政府．江苏省公共文化馆服务规范 [EB/OL].（2018-11-29）[2024-05-24]. https://www.lyg.gov.cn/zglygzfmhwz/gysy/content/zsk_4e5cfab06a654f05aca4a91a474a1579.html.

6 国家文物局．博物馆开放服务规范：GB/T 36721—2018[S]. 北京：中国标准出版社，2018.

地观众占比降低。据 2023 年各馆的本地及外地观众占比情况可知，19 家博物馆外地观众比例超半数，说明这些馆已逐渐成为当地的地标性文化设施和重要的旅游目的地。特别是故宫博物院、苏州博物馆、浙江省博物馆、河南博物院，吸引了大量外地游客，外地观众占比超过了 90%，而且境外观众占比也在逐步增加。当然，也有 17 家博物馆以服务当地居民精神文化需求为主要任务，观众中本地观众占比较大。其中，无锡博物院的本地观众比例甚至接近 100%。2022—2023 年，大运河国家文化公园博物馆还凭借自身丰富的文化资源和创新的服务，成功吸引了大量未成年观众前来参观。2022 年，大运河国家文化公园博物馆现场服务未成年（18 岁及以下）观众约 521.79 万，到了 2023 年，这一数字大幅提高至 1361.09 万。大运河国家文化公园博物馆不仅为青少年提供了直观感受历史、了解文化的窗口，更成为他们探索知识、培养兴趣的最佳场所之一。

在观众数量井喷式增长、观众结构和类型多元化、观众对开放服务质量要求更高的环境下，博物馆的开放服务面临着新一轮的严峻考验，需要相关博物馆不断创新，探索适应新形势的服务方式。

在票务服务方面，36 家大运河国家文化公园博物馆中的 33 家向公众免费开放，仅故宫博物院、北京艺术博物馆、南京市博物总馆 3 家博物馆因场馆的古建属性而收取门票费用。不过，这些馆对老人（60 岁以上）、未成年人、军人等特殊群体实行了减免门票等优惠政策。同时，几乎所有大运河国家文化公园博物馆都建成了线上购票或预约入馆平台，根据个人及团队参观的不同需求可分开预约，针对部分收费特展，博物馆也在同一平台上设立了专门的购票及预约界面。在检票入馆时，部分热门博物馆设有排队区域并安排志愿者协助维持秩序。中国大运河博物馆等更是引入身份证验证及人脸识别技术，增设收费展览专属入馆通道，为观众提供更加便捷、高效的参观体验。

在咨询服务方面，大运河国家文化公园博物馆均在官网、微信公众号等线上平台提供了博物馆的开放信息及相关公告，线下则在馆内设置咨询台，为观众答疑解惑，并提供轮椅、雨伞、拐杖等辅助设备。

在讲解服务方面，大运河国家文化公园博物馆基本配备了自助导览器及定期定时的人工讲解服务。同时，在馆内设置导向图标，让观众可以更好地了解馆内的各类展览和活动。

在志愿服务方面，大运河国家文化公园博物馆面向社会积极招募志愿者，开放诸如讲解、教育活动、新媒体等多个志愿服务岗位，并且定期开展志愿者培训，提升志愿服务质量。通过开展志愿服务，大运河国家文化公园博物馆与公众建立了更紧密的联系，共同传承和弘扬运河文化。

二、开放服务创新实践

为适应时代的发展和满足公众的需求，各博物馆在开放服务的开放模式、导览方式、公共空间设置等方面进行探索并实施了一系列创新实践，这些实践不仅提升了博物馆的开放服务水平，也为博物馆的可持续发展注入了新的活力。

（一）收费博物馆的免费开放日实践

2023 年以来，故宫博物院尝试为不同人群设置主题免费开放日。截至目前，已相继组织了教师和高校学生、环卫工人、医务人员和志愿者、公安民警、公共交通司乘人员的主题开放日。这一举措打破了传统的观众收费参观模式，为平时较少有机会走进博物馆的特定人群提供了近距离感受中华优秀传统文化的机会，以此方式向为城市发展、社会和谐默默奉献的人群表达敬意。

（二）手语导览和口述影像的开发

为了满足残障人士在文化学习和知识获取方面的需求，大运河国家文化公园博物馆积极寻求新的无障碍服务方式。故宫博物院联合北京手语研究会于 2023 年推出数字化手语导览项目，通过专题页面提供手语导览地图和 50 个讲解视频，内容涵盖故宫博物院的 30 个建筑空间以及陶瓷馆、钟表馆和珍宝馆的 15 件文物展品。听障观众实地参观时，可通过线下扫码观看手语讲解视频，从而获得更加直观、生动的参观体验[7]。南京博物院博爱馆无障碍服务团队在 2023 年推出非遗昆曲的口述影像线上系列，打造线上助盲服务[8]。这些面向公众推出的新型线上导览方式和知识传播方式，让残障群体尽可能平等地享有参观博物馆和体验高品质精神文化生活的权利。

（三）博物馆公共服务空间的有效利用

公共服务空间的配置是博物馆开放服务的重要一环。传统的博物馆公共服务空间往往仅限于观众休息区、过道等，功能相对单一，难以充分满足观众多样化的需求。近年来，大运河国家文化公园博物馆积极探索公共服务空间的创新利用。例如，镇江博物馆结合历史文化名人资源，在馆内开发“镇江三千年”浮雕墙激光投影动画系统，利用激光投影技术，让馆内观众在参观展览之余，在博物馆公共服务空间中轻松获取有关镇江历史文化名人的知识；隋唐大运河文化博物馆根据观众调查结果，在展区配置“阶梯阅览区”，为公众提供休闲阅读空间。这些举措不仅丰富了博物馆公共服务空间的功能，还为观众提供了更加便捷、深入的学习机会，增强了博物馆体验效果。

---

7 故宫博物院 . 无障碍 · 共美好——故宫博物院举办手语服务发布与残健融合体验活动 [EB/OL].（2023-05-18）[2024-05-24]. https://www.dpm.org.cn/classify_detail/259758.html.

8 南京博物院 . 我院助盲新举措 为视障人士解锁非遗昆曲之美 [EB/OL].（2023-12-07）[2024-05-24]. https://www.njmuseum.com/zh/newsDetails?id=375438.

三、主要特点与存在问题

（一）主要特点

1. 延时开放普及化

2019 年 8 月，国务院办公厅发布《关于进一步激发文化和旅游消费潜力的意见》，提出要“发展夜间文旅经济，鼓励有条件的旅游景区在保证安全、避免扰民的情况下开展夜间游览服务”[9]。大运河国家文化公园博物馆对此政策积极响应，至 2023 年延时开放及夜间开放服务已较为普及，这为广大群众提供了更加灵活的参观选择。

为应对节假日观众参观博物馆的“高峰流量”，大运河国家文化公园博物馆根据各自的资源及能力采取延时开放策略。例如，中国大运河博物馆在 2023 年 8 月间延长开放 1 小时；苏州博物馆在节假日期间将本馆与西馆的开放时间延长至 20：00；宿迁市博物馆在暑假期间的每周五和周六延时开放 4 小时，在延时开放的 16 天里共吸引游客达 1 万人次；无锡市鸿山遗址博物馆在 2022 下半年恢复开放以来，多次根据馆内情况和观众情况调整开放时间，从最初的周一闭馆，逐步调整为周一下午开放，并最终实现周一至周日全天开放；隋唐大运河文化博物馆甚至将部分节假日的开放时间延长至 22：00。除了延长开放时间，大运河国家文化公园博物馆还配合延时开放策略推出了多种夜间活动，如直播采访、文艺演出、艺术装置、手工活动等，以拓展夜间博物馆公共服务的多样性和趣味性。

2. 导览服务多样化、专业化

导览是博物馆开放服务的主要内容之一，能让观众深入了解展览内容和学习相关知识。2022 年以来，大运河国家文化公园博物馆在此方面也进行了新的尝试。

在自助导览方面，科技手段的运用极大地推动了导览手段的升级迭代。导览器、移动应用、机器人、VR/AR 设备等多样化的导览工具让观众的参观体验更加生动有趣。2022 年，徐州博物馆联合苏州云观博数字科技有限公司合作开发了 VR 导览眼镜。淮北市博物馆投放了智能导览服务机器人，为观众提供展厅讲解、展馆物品识别与定位、语音交互、咨询引导等服务。

在人工导览方面，大运河国家文化公园博物馆都设置了服务台、服务专员，并提供讲解员及志愿者的免费讲解服务。在开展特定活动时，策展人和馆长也会亲自参与导览，如山东博物馆设立的“馆长讲解日”，便是由馆领导为观众提供专业讲解的活动。为提升人工导览的服务质量，各博物馆积极开展各类讲解培训，提高讲解人员素质。例如，苏州博物馆在 2022 年就通过组织全体讲解员统一学习、参加全国讲解员讲习班和在古籍图书馆自主阅读的方式来提升其讲解员的专业素养。

---

9 新华社 . 国务院办公厅印发《关于进一步激发文化和旅游消费潜力的意见》[EB/OL]. [2019-08-23] [2024-05-24]. https://www.gov.cn/zhengce/content/2019-08/23/content_5423809.htm.

同时，部分大运河国家文化公园博物馆还推出了直播导览服务。常州博物馆开发了“讲解员+”的直播导览形式，讲解员联合主持人、志愿者、策展人、青少年学生、非遗传承人共同开展展厅的直播导览。这种新型的导览方式打破了地域限制，让更多公众感受博物馆的魅力。

3. 无障碍服务全面化

残障人士及老年群体作为博物馆开放服务受众的组成部分，其需求与体验也应被大运河国家文化公园博物馆重视。国内很多博物馆的无障碍服务仍停留在提供轮椅和基础药物、对收费博物馆实行免费参观等基本措施，大运河国家文化公园博物馆则在此基础上进行了一些新的尝试。北京艺术博物馆与美团、恒达等公司合作，引入了老年证现场核验系统，显著提高了老年群体的进馆效率和便利性。宁波博物院在2023年推出了新的无障碍改造项目，包括无障碍停车位、无障碍电梯、无障碍卫生间、无障碍标识等建设内容。常州博物馆、聊城中国运河文化博物馆、宁波博物院等为残障人士提供了助听器、手写板、手语翻译器等辅助设备，让他们在博物馆中便利行动的同时，也能获得良好的学习体验。

在优化老年群体参观感受方面，苏州博物馆开展了聚焦适老化无障碍建设的“文藤花开　博爱夕阳”老年友好博物馆服务项目。目前，该项目已针对老年观众群体进行了专项调研工作，通过问卷和访谈相结合的方式对老年群体的需求进行了深度了解，形成了完整的书面调研报告，为项目的进一步推进提供了科学的数据参考与理论指导。为了给予残障人士更多的关怀，一些大运河国家文化公园博物馆建起了无障碍志愿服务队。故宫博物院于2023年招募并培训了首批手语服务志愿者[10]。天津博物馆承办了天津市文旅系统手语导览志愿服务手语推广培训班，为天津市各景区及文博单位培训了48名手语讲解人员，为残障人士提供了更加专业、贴心的服务[11]。

大运河国家文化公园博物馆致力于构建全面的无障碍服务体系，通过不断优化与创新，为残障人士和老年群体提供了更为便捷、舒适的博物馆参观体验。

（二）存在问题

1. 观众需求调研不足，尚未标准化

随着时代发展和观众群体变化，开放服务也需要与时俱进，有针对性地进行自我提升，从而不断适应观众的需求，实现提升观众参观体验的目标[12]。作为洞察观众需求、评估开放服务质量的关键途径，观众调查已然成为博物馆运营不可或缺的一环。然而，目前大运

---

10 故宫博物院．无障碍·共美好——故宫博物院举办手语服务发布与残健融合体验活动[EB/OL].（2023-05-18）[2024-05-24]. https://www.dpm.org.cn/classify_detail/259758.html.

11 天津博物馆．“天津市文旅系统手语导览志愿服务手语推广培训班”圆满结束[EB/OL].（2023-09-27）[2024-05-24]. https://whly.tj.gov.cn/XWDTYXWZX6562/gzdtnew/202309/t20230926_6416702.html.

12 战恒彬．从观众群体变化角度浅谈博物馆开放服务提升——以故宫博物院为例[J]. 中国文物科学研究，2023（4）：24-27.

河国家文化公园博物馆在观众调研方面存在调查方式各异、内容侧重不一、问卷回收数量较少等问题。

首先，各博物馆在实施观众调查时采取的方法多种多样，如苏州博物馆采用线上问卷、常州博物馆委托第三方进行满意度调查、南京博物院追踪大众点评观众评价、镇江博物馆以投诉电话作为依据等。这些多样化的方法固然反映了各馆的创新和特色，但也可能导致调查结果具有片面性和不准确性，比如依赖社交媒体评论或投诉电话可能无法全面收集所有观众的反馈，而线上问卷可能因技术门槛而遗漏部分老年观众的意见。

其次，调查内容的侧重点不一，也反映了标准化的缺失。不同博物馆根据自身特色和关注点，对参观环境、人员服务、展览讲解、社教研学等方面进行观众满意度调研。这种差异化虽然有助于展现各馆的特色，但因缺乏一套统一、全面的调查体系，限制了调查结果的可比性和参考价值。

再者，与博物馆庞大的观众量相比，部分博物馆的有效问卷数量较少，这不仅降低了调查结果的可靠性，也难以全面反映观众的真实需求和意见。提高问卷的回收率和扩大样本量，是博物馆亟须解决的问题。

2. 参观环境舒适度欠缺，软硬件设施仍需改善

参观环境的建设和维护是博物馆开放服务的重要一环，也是观众参观体验的主要影响因素之一。长时间的博物馆参观极易让观众感到生理上的疲惫，而良好的参观环境能够极大减轻观众这种不适，使观众得到充分的放松和享受。但是根据大运河国家文化公园博物馆近两年的观众反馈，博物馆软件及硬件设施仍未满足大部分观众的需求，参观环境仍需进一步改善。

在硬件设施方面，增加休息座椅、空调、自动售货机等设备是当务之急。苏州博物馆 2023 年观众调查结果显示，有 36.56% 的观众希望可以增设更多的自动售货机，另外部分观众则对展厅空调温度、休息设施提出了调整意见。北京艺术博物馆的问卷调查也显示，大多数观众对服务设施建设提出了意见。而隋唐大运河文化博物馆根据观众调查的结果增设了自动贩卖机等馆内硬件设备。博物馆在硬件设施方面应充分考虑观众的生理需求，根据观众的反馈意见及时调整设施配置，确保设施的实用性和便捷性。

在软件设施方面，噪声管理和秩序维护成为博物馆发展的当务之急。大众点评体验跟踪的结果显示，南京博物院的负面评论主要集中于环境嘈杂。河北博物院的观众也提出博物馆应加强对公共区域的管理与秩序维护。此外，博物馆导视标识的开发完善未能达到观众期望的标准，如苏州博物馆的很多观众希望能够增加导视标识的数量和信息量。随着观众参观动机的多样化，越来越多的观众抱着社交、放松、娱乐的目的参观博物馆，博物馆的休闲属性愈加凸显，观众对博物馆的软件服务也提出了更高的要求。例如，宁波博物院和苏州博物馆的观众希望增加餐饮项目及场所，无锡博物院的观众希望改善交通拥堵及停车困难问题。

3. 服务分众化程度较低，仍需进一步精细化

虽然大运河国家文化公园博物馆已针对日益复杂的观众结构，对开放服务做出各类调整，但是目前博物馆的分众化服务实践仍有不足，需要进一步细化服务以满足不同观众群体的需求。

在博物馆进场检票环节，目前普遍存在的问题是检票通道较为单一。大部分博物馆只设置一个检票入口，仅有少数博物馆为特殊群体提供快速通道。为加快观众进场速度、优化观众体验，博物馆应增设多样化的检票通道，如为特殊人群、家庭观众、团体观众和收费特展观众设置专用通道，从而优化各类观众的入馆流程。此外，在导览手册的提供方面，许多博物馆仅提供中文版的通用手册，这在一定程度上限制了境外游客、儿童及家庭观众的参观体验。博物馆应针对不同观众群体制作多样化的导览手册，增强导览手册的针对性和趣味性。

在游览路线的规划上，多数大运河国家文化公园博物馆仅提供一条通用的全馆参观路线，对于空间较大、展品丰富的场馆而言，这可能不足以满足观众个性化的需求。博物馆应根据观众的兴趣、时间和需求，设计多种游览路线方案，并在开放信息中明确标示。例如，大英博物馆在官网上为观众提供了不同方案的游览路线，按照参观时间、主题、受众类型进行了不同的分类，让观众在参观前就能选择心仪的路线，使他们不再在展厅内盲目徘徊，提升其参观效率及满意度。

四、志愿者管理

随着博物馆日益融入社会生活，志愿者队伍已成为博物馆开放服务中不可或缺的力量。大运河国家文化公园博物馆针对志愿者管理进行了深入探索，形成了一套有借鉴价值的管理体系。

（一）制度创新与平台建设

博物馆志愿者管理涵盖了招募、培训、上岗及日常管理等多个环节。大运河国家文化公园博物馆普遍建立了完善的志愿者管理流程。常州博物馆采用分平台招募策略，精准定位各类志愿者资源，并通过系统化培训，使志愿者经历审核—面试—培训—见习—初级志愿者—高级志愿者—资深志愿者的全流程，逐步从新手成长为资深服务者。

博物馆志愿者管理属于长周期、动态化的管理模式，流程颇为繁杂。为提升管理效率，各博物馆纷纷采用线上平台系统进行志愿者管理。故宫博物院利用智能签到系统[13]。常州博物馆在 2020 年就已开发微信小程序，通过微信公众号综合管理志愿者，采集志愿者的

13 李小洁 . 博物馆志愿者考勤制度的思考——以故宫博物院为例 [J]. 文物鉴定与鉴赏，2019（24）：100–103.

服务时长、工作情况信息，形成志愿者档案，实现对志愿者的精细化管理[14]。无锡博物院于 2023 年与无锡市人社局达成战略合作，针对无锡博物院志愿者团队的具体需求共同研发志愿者“时间银行”管理平台。

为实现志愿者与馆方的平等合作关系，越来越多的博物馆鼓励志愿者团体进行自主管理。大运河国家文化公园博物馆中较早开展此类实践的是故宫博物院和苏州博物馆。2013 年，故宫博物院就明确提出设立故宫志愿者委员会，倡导志愿者团队实现自我管理[15]。苏州博物馆志愿者的管理工作主要由苏州博物馆志愿社管理委员会负责，志愿者的挑选、培训和考核工作都由志愿社主导[16]。

（二）培训与服务内容多元化

志愿者培训的目的不仅在于增加志愿者文博相关的专业知识储备，提升他们处理各类事务的能力，也在于增进志愿者对博物馆的了解。天津博物馆志愿者培训课程包含了志愿者团队概述及工作安排、讲解语言与形体训练、分类讲解及紧急情况处理、展览内容的业务知识储备等内容，同时注重培养志愿者实际的工作能力和拓展志愿者应变能力、专业知识。传统的培训之外，大运河国家文化公园博物馆还组织了丰富的实践类培训，如淮北市博物馆组织志愿者前往考古遗址进行实地观摩，安徽博物院组织志愿者团队前往安庆博物馆、陈独秀纪念馆、赵朴初故居陈列馆等地进行交流学习[17]（图 2）。这些活动拓宽了志

图 2　安徽博物院志愿者团队在安庆市参观交流（图片来源：安徽博物院官网）

14 刘朝东 . 浅析“互联网 +”视域下的博物馆志愿者管理——以常州博物馆为例 [J]. 常州文博论丛，2020（1）：16–20.

15 故宫博物院 .《故宫博物院规章制度汇编》[M]. 北京：故宫出版社 . 2013：400.

16 陈敏，李喆 . 博物馆志愿者自主管理机制探索——以苏州博物馆为例 [J]. 经济与社会发展，2016（4）：91–93.

17 安徽博物院 . 安徽博物院组织志愿者团队前往安庆市参观交流 [EB/OL].（2023-07-05）[2024-05-24]. https://www.ahm.cn/News/Details/zyzdt?nid=13766.

愿者的视野，也促进了馆际合作。

部分大运河国家文化公园博物馆已将志愿者的工作范围从讲解和开放服务中的引导、维护安全等职责，拓展到博物馆业务的各个方面。无锡博物院于 2022 年招募志愿者参与新媒体运营，发布博物馆推文，同时设立社会教育岗位志愿者，支持志愿者团体的内部转岗。苏州博物馆设置了讲解、引导、调度、社会教育、古籍整理等多个志愿者服务岗位，针对各岗位设置了不同的出勤要求。隋唐大运河文化博物馆在“文明讲解显关怀”志愿服务活动中招募了 5 名外语专业的志愿服务人员（包含外籍讲解员），为来洛外宾提供服务。志愿者服务岗位的拓展兼顾了志愿者的个人兴趣和博物馆的工作需求，而灵活设置的出勤要求也让志愿者能够根据个人时间协调志愿工作。

（三）激励机制建设

志愿服务的“无偿”特点使得志愿者在服务过程中获得的精神回报显得更为重要，当志愿者在工作及团队中感受到幸福感、价值感、认同感，才能鼓励他们长期从事志愿服务。因此，博物馆会针对志愿者设立一些激励机制，增强志愿者对博物馆的兴趣，提升团队的归属感、荣誉感与使命感。这些激励的方式包括但不限于保障志愿者的基本权益、给予志愿者表彰嘉奖、组织志愿者内部活动等。

图 3　无锡博物院志愿者万里行活动（图片来源：无锡博物院官网）

无锡博物院除了每年评选“十佳志愿者”称号，还开展志愿者万里行活动，邀请近两年的锡博十佳志愿者前往扬州参观学习（图 3）。苏州博物馆志愿社在 2023 年重新组建并成立了各类兴趣小组，还开展了参观苏州刺绣研究所、观摩出土文物标本等主题活动。这些举措不仅对志愿者给予认可和赞扬，也让他们享受了博物馆的文化资源回馈，从而丰富志愿者的精神世界，并激发他们持续参与志愿服务的热情。部分大运河国家文化公园博物馆还鼓励志愿者自主建设博物馆相关课程及活动，提高志愿者的自主性与参与感，也进一步丰富了博物馆服务的文化内涵。2022 年，徐州博物馆志愿者团队策划了“徐博大运河史话”课程项目，通过实地调研、影像拍摄、资料收集，制成完整的社教课程在若干学校进行推广[18]，获得了较好的社会评价。

五、总结与趋势

作为支持大运河国家文化公园建设的关键力量，大运河国家文化公园博物馆充分发挥了博物馆体系在文化传播和教育普及等方面的优势。2022—2023 年，大运河国家文化公园博物馆观众数量实现了飞速增长，观众结构也呈现明显的多样性，外地、境外及未成年观众的比例均有显著提升。面对日益增长的博物馆参观需求，大运河国家文化公园博物馆不断优化和创新开放服务，致力于为观众提供更高质量的服务体验。

大运河国家文化公园博物馆不仅通过实施延时开放策略，为观众提供了更加灵活的参观时间选择，导览服务也愈加多样化和专业化，进一步切合了不同年龄层和知识水平观众的需求。更全面的无障碍服务，体现了博物馆对各类群体的包容性，确保了不同需求的观众都能平等地获得尊重和高质量的参观体验。这些措施的综合实施，显著优化了观众的整体参观体验，同时也显著增强了大运河国家文化公园博物馆的吸引力及其在公共文化服务领域的影响力。同时，大运河国家文化公园博物馆也致力于进行开放服务创新实践，通过实施不同人群主题的免费开放日、开发手语导览与口述影像服务，以及有效利用公共服务空间等措施，进一步丰富了观众的参观体验，提升了博物馆的社会参与度和教育普及效果。另外，大运河国家文化公园博物馆借助志愿者力量开展开放服务，建立了成熟的志愿者招募制度和登录平台，实现了培训与服务内容的多元化，构建了有效的激励机制。这些措施不仅为志愿者提供了良好的发展机会，也极大地提高了志愿者服务的质量和效率，为博物馆的开放服务提供了有力的支持。

尽管如此，大运河国家文化公园博物馆在快速发展中也面临挑战。首先，对观众需求的调研尚显不足，这在一定程度上制约了服务的进一步优化。其次，参观环境的舒适度仍有待提高，软硬件设施的改善是提升观众体验的关键。最后，尽管大运河国家文化公园博物馆在分众化服务方面做出了一定努力，但精细化程度仍需加强，以满足更多观众群体的个性化需求。

面对这些挑战，大运河国家文化公园博物馆应在未来的发展中积极寻求解决方案。首先，推动内部经验交流，建立一套标准化的观众调查体系，为各馆提供统一的调查框架和指导原则，扩大问卷发放渠道，线上线下相结合，增加参与调查的观众人数和多样性，以更准确地了解观众需求。其次，加大对软硬件设施的投入力度，提升参观环境的舒适度，通过增设自动售货机、休息座椅等硬件设施，改善公共休息区环境；同时加强场馆秩序管理，营造安静的参观环境；完善导视标识系统，提高标识的覆盖率和内容完善度；增加餐

---

18 中国江苏网．徐州这对师生为徐博“代言” 不断刷新博物馆的新“玩法”[EB/OL].（2022-03-10）[2024-05-24]. https://baijiahao.baidu.com/s?id=1726928976457586948.

饮项目及场所，改善博物馆周边交通便利性。最后，进一步深化分众化服务，针对不同观众群体提供个性化服务，如优化入馆流程，设立多元化的检票通道；定制个性化的导览手册；依据观众需求设计多样化的游览路线方案等。

未来，大运河国家文化公园博物馆首先应继续保持开放与创新的姿态，不断探索新的服务模式和手段，借助大数据统计、数据可视化平台、人工智能等先进技术手段，更深入地了解观众需求，了解馆内观众实时情况，提供更精准、更智能的服务。其次，各博物馆应进一步加强跨地域的合作与交流，通过资源共享和优势互补，形成更加紧密的协作网络，促进经验交流，推动公共文化服务的均衡发展，缩小地区间的差距。同时，大运河国家文化公园博物馆应持续推动开放服务的标准化体系建设，确保服务的质量和效率，通过建立统一的服务标准和评价体系，为各馆开放服务的自我监督与检查提供基准线。最后，大运河国家文化公园博物馆应重视开放服务相关人才的培养，加大开放服务工作人员的培训力度，提升各岗位工作人员的专业能力，通过专业人才的引领，推动博物馆服务的创新与优化。

大运河国家文化公园博物馆应对标国际，以创新为动力，推动博物馆开放服务的传统模式向现代化、多元化方向发展，促进开放服务水平向更高层次迈进，为实现“十四五”提高公共文化服务总体质量、提高公众对公共文化服务的参与度和满意度[19]的目标添砖加瓦。

| 作 者 简 介 |

龚逸婷，复旦大学文物与博物馆学系硕士研究生，研究方向为博物馆运营管理、博物馆展览。

19 文化和旅游部．文化和旅游部关于印发《“十四五”公共文化服务体系建设规划》的通知 [EB/OL].（2021-06-10）[2024-05-24]. https://www.gov.cn/zhengce/zhengceku/2021-06/23/content_5620456.htm.

第四节　博物馆数字化研究报告

博物馆数字化是指将实体博物馆资源进行数字形式的采集、保存、管理、利用和传播，涉及藏品数字化及其管理、藏品信息数字化及其管理、数字展示平台建设、办公信息自动化建设等多个方面[1]。受到社会公众文化需求层次提高、全球信息技术发展重塑等多方面影响，我国博物馆数字化建设步入了高速发展阶段，已成为博物馆打造优质文化产品、实现全方位高质量发展的重要内容。在博物馆数字化建设中，立足于数字化资源，融合大数据、云计算等前沿技术的智慧博物馆，则是当今博物馆共通共建、面向未来的全新形态，国内已有不少博物馆开展相关实践。因此，系统梳理博物馆数字化发展现状及其给博物馆业务、服务带来的变革，将有助于大运河国家文化公园博物馆适应时代要求、实现高质量发展目标。

一、数字化发展概述

近年来，国家陆续出台支持博物馆数字化发展的政策文件，将数字化建设引领至新高度。2022 年 5 月，中共中央办公厅、国务院办公厅在《关于推进实施国家文化数字化战略的意见》中指出，要推动我国博物馆加强公共数字文化资源建设，增强公共文化数字内容的供给能力[2]。2023 年 2 月，中共中央、国务院印发了《数字中国建设整体布局规划》，提出要推进文化数字化发展，提升数字文化服务能力，打造若干综合性数字文化展示平台[3]。受国家政策和自身发展需求推动，大运河国家文化公园博物馆开展了不同层次的数字化建设，以藏品数字化采集为基本任务，涉及平台运营、展陈方式、社会教育、开放服务、科研培养等多个领域，总体实现了博物馆数字化建设全覆盖，并有效推动数字化纵深化升级

1 郑霞．数字博物馆研究 [M]. 杭州：浙江大学出版社，2016：26-27.

2 新华社．中共中央办公厅　国务院办公厅印发《关于推进实施国家文化数字化战略的意见》[EB/OL].（2022-05-22）[2024-05-09]. https://www.gov.cn/zhengce/2022-05/22/content_5691759.htm.

3 新华社．中共中央　国务院印发《数字中国建设整体布局规划》[EB/OL].（2023-02-27）[2024-05-09]. https://www.gov.cn/zhengce/2023-02/27/content_5743484.htm.

与智慧化转型。

平台运营层面，除了中国京杭大运河博物院（暂名，筹建），大运河国家文化公园博物馆均开设媒体平台账号并积极拓展多样化渠道，涉及 21 种不同平台，其中微信公众号、官方网站、微博与抖音已发展成博物馆宣传的重要阵地，主要开设媒体平台情况如图 1 所示。2022—2023 年，大运河国家文化公园博物馆各馆官网总体浏览量超过 2.3 亿人次，新媒体访问量超过 58 亿人次，累计发布图文、视频、音频等信息 3.58 万条。截至 2023 年底，各平台关注粉丝总数接近 5960 万，服务覆盖面极广。显而易见，利用数字平台已成为大运河国家文化公园博物馆发布最新讯息、沟通公众的主流方式，并直接关联博物馆的影响力。

展陈方式受数字化发展影响最为明显，大运河国家文化公园博物馆均基于官网、微信公众号等平台提供虚拟参观服务。其中，通过采集实体陈列展览数据而构建的全景展览有 420 余场，通过在线图文、H5 页面打造的线上展览为 80 余场，以故宫博物院“抖来云逛馆”为例的直播观展活动开展了 260 余场，极大满足了观众足不出户的参观需求。此外，南京博物院、无锡博物院、聊城中国运河文化博物馆等近十家博物馆针对线下展览开展了不同程度的数字化改陈工作，增加了触控交互、全息投影、巨幕影院等多种技术手段，以丰富观众的参观体验。

社会教育方面，博物馆利用制作课程资源包、“直播云课堂”等形式，共推出线上资源 680 余条，开展线上教育活动 5400 余场。其中，南京博物院馆校合作的“双师云课堂”、安徽博物院“微党课”等项目均引发了较好的社会反响。中国大运河博物馆打造了国内首创的 OMO 博物馆教学平台，运用云端智能优势，植入游戏型教育，为青少年量身定制“板

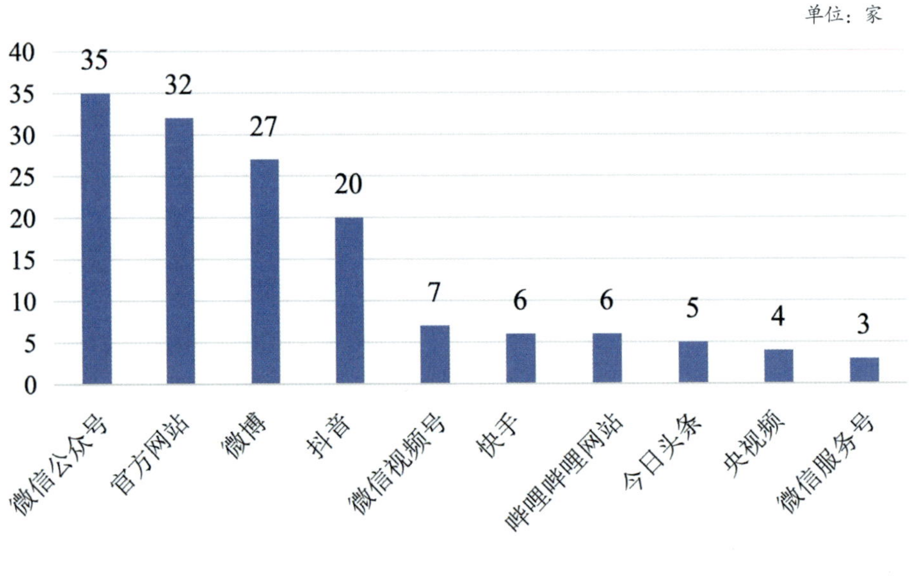

图 1　大运河国家文化公园博物馆开设媒体平台情况（数据来源：作者依据各博物馆年报自行搜集统计）

块式教学”模式。AR 等技术也被应用于博物馆的线下教学，如无锡博物院研发的 AR 系列课堂，为知识传递注入新的活力。

藏品的数字化采集是数字化建设的核心环节。2022—2023 年，大运河国家文化公园博物馆新采集 9.83 万件（套）文物基础影像，同时加大文物数据资源开放力度，向社会公开 19.17 万件（套）藏品信息。南京市博物总馆、河北博物院、吴文化博物馆等 8 家博物馆依托数字资源，与技术公司合作研发了 38 件数字藏品文创。为提高文物数据采集能力，故宫博物院携手腾讯企业、开封博物馆与河南大学，共同构建实验室项目，进一步提升了获取和保护数据信息的能力。

开放服务方面，线上渠道查询信息、预约购票等已成为各博物馆的基础服务，通过线上渠道，各博物馆基本实现对售票、检票的自动化、网络化综合管理。南京博物院等大型博物馆还搭建了公众数字服务平台，方便观众享受包括参观、研学、文创在内的全流程、多样化的数字化综合服务，开启了文博数字服务的新阶段。科技也为导览服务的全纳和便捷赋能，如天津博物馆与南京博物院推出 AR 智慧眼镜和手语导览服务、中国大运河博物馆配置中英文双语种和成人儿童双版本的数字导览设备等，这些举措推动了文化服务的包容与智慧化发展。

科学研究方面，博物馆数字化主题也逐渐受到重视。2022—2023 年，大运河国家文化公园博物馆共完成数字化相关科研项目 11 项，新申请或承担项目 18 项，数字化成了大多数课题申报的主题。为探索数字创新形式、强化数字研究力量，故宫博物院、山东博物馆、济宁市博物馆等 10 余家博物馆与腾讯云、钉钉、字节跳动等科技企业合作，融合外界力量推动服务数据存储、云端办公场景、藏品共享平台等项目的建设，明显提高了数字化建设的专业化水平。总体而言，数字化建设既是博物馆全方位业务转型的关键动力，也是未来发展的重要方向。虽然馆际情况不同，但各馆均在巩固之前成果的基础上，根据自身实力积极接纳新技术、融合跨界力量，以实现多个领域的延伸与创新。

二、数字化展示与传播分析

数字化展示是指以数字信息为基础，基于互联网技术和数字媒体展示技术，在实体或虚拟空间进行展览展示的方式。实体空间维度包括实体展览的辅助型展示和具有叙事主题的衍生型展示；虚拟空间维度包括基于全景采集的孪生型展示和脱离现实限制的独立型展示[4-5]，而数字化传播则是指依托手机、电脑等终端，通过互联网等渠道来传递信息的传播方式[6]。近年来，应用数字技术进行展示与传播的案例已屡见不鲜，为博物馆的策展方式

4 赵卓．“互联网 +”时代博物馆展览形态的创新发展 [J]. 中国博物馆，2020（4）：55–60.

5 古花开．博物馆数字化展示的叙事逻辑研究 [J]. 东南文化，2023（5）：151–158.

6 姚国章．数字化传播的概念框架与发展之道 [J]. 科技传播，2021（21）：133–136

与观众体验带来颠覆性改变。

（一）数字化展示分析

目前，大运河国家文化公园博物馆均采用了数字化展示技术，其中以多媒体、全息投影等辅助型展示形式最为常见。例如，无锡市鸿山遗址博物馆在原基本陈列中增加了知识图谱展示系统，以大屏触控方式向公众讲述吴越文化；南京博物院将场景式投影成像技术运用于民国馆老汽车的展示；嘉兴船文化博物馆结合计算机成像与环幕投影技术搭建“模拟驾驶”展厅。此外，河北博物院、苏州博物馆、常州博物馆等也都相继研发配套 AR 眼镜的智慧导览，延伸补充了固有视觉信息，为观众带来立体化体验。

衍生型展示往往立足于一定历史信息，依据叙事逻辑构建整个线下展示体系。以中国大运河博物馆的“运河上的舟楫”展为例，该展览结合了传统船模展陈与沉浸式数字展览，让观众在沙飞船模型上体验历史上的大运河（图 2），在场景中融入多条故事线以呈现展览主题。聊城中国运河文化博物馆推出了“飞阅大运河”VR 影院，依托裸眼 3D 技术以沉浸式全景视野穿越京杭大运河。此外，部分博物馆也致力于数字馆的建设与完善。例如，安徽博物院新馆以“安小博游历记”为主线，推出线下数字体验馆；南京博物院、洛阳博物馆也都开展了数字馆的维护更新工作。

基于 VR 技术的孪生型展示是近年来新兴的数字化手段，该技术通过 720° 图像采集与拼接构建实现对线下展览的复刻。截至 2023 年底，绝大部分博物馆已提供基本陈列的全景影像资源，并有超过半数的博物馆能够及时配套采集临时展览影像资源。沧州

图 2　沙飞船沉浸式数字展项（图片来源：中国大运河博物馆）

博物馆、吴文化博物馆虽是首次进行此类采集工作，却展现了中小型博物馆顺应数字化潮流的正向态度。另外，部分大型博物馆突破展厅限制，实现整体区域的云端畅游，如故宫博物院的“全景故宫”已覆盖所有开放区域、天津博物馆重磅上线“VR天博”，打造“第二个天津博物馆”等。

图 3　“南宋人的一天”虚拟展览截图（图片引自胡慧媚：《基于观众体验的博物馆云展览构建——以浙江省博物馆“南宋人的一天”云展览为例》，《博物馆管理》2023 年第 3 期）

独立型展示既包括页面形式的二维图文展，也包括模拟空间的三维虚拟展。前者类似于较为简易的网页层级设计，北京艺术博物馆、河南博物院、安徽博物院等均有尝试；而后者往往需要 WebGL、3D 渲染引擎等尖端技术[7]，研发门槛更高，少有博物馆能够投入建设。浙江省博物馆的“南宋人的一天”虚拟展览在这类展览中具有代表性（图 3），其兼具知识性与趣味性的浏览体验赢得广泛好评；该馆“丽人行——虚拟微策展大赛”的举办为数字化展示赋予新的意义，标志着博物馆展览逐渐成为展现不同声音和视角的平台。

（二）数字化传播分析

新媒体的飞速发展极大地丰富了博物馆的数字化传播方式，逐渐构成以官方网站、微信公众号为主，微博、抖音等直播平台为辅的传播格局。

已有 32 家大运河国家文化公园博物馆开通官方网站，网站上均设有最新动态、通知公告、参观信息等基础栏目，并链接多种数字资源。徐州博物馆为满足公众的更高期望，上线了新版官网。新版网站采用个性化分屏布局并糅合汉文化元素，致力于呈现新面貌。微信公众号是各博物馆平台运营的主要阵地，提供的服务内容也更为多元，包括图文推送、预约购票、参观导览、游览线上展览等。宁波博物院、绍兴博物馆等都加大了微信平台的建设力度，沧州博物馆则于 2023 年启用微信小程序，实现线上展览从无到有的跨越。

延续特殊时期云观展的模式，博物馆依托微博、抖音、快手等平台开展的直播活动依旧如火如荼，并发展出云讲解、云讲座、云授课等多种形式。故宫博物院、南京博物院等大型博物馆是开展直播的主力军，天津博物院更是通过直播连麦开拓了观众互动新模式。北京郭守敬纪念馆为庆祝 2022 年 5·18 国际博物馆日，邀请淮北市博物馆、通州区博物馆、隋唐大运河文化博物馆等 6 家运河沿线博物馆，举办多场直播接力活动，有效助力运河联

7 毛若寒，郑宽，程小芳 . 博物馆云展览的内涵阐释与发展建议 [J]. 中国博物馆，2023（1）：38-44.

盟发挥共同体效益。

此外，拍摄发行纪录片、宣传片等也是提升展示传播水平、塑造优质博物馆形象的重要举措。除了故宫博物院独立出品的系列纪录片《我们的清明上河图》，其他博物馆普遍采取与媒体机构合作的模式。例如，河北博物院与河北广播电视台联合摄制的《王厝时代》纪录片，成为国家文物局 2023 年度中华文物新媒体传播精品推介入围项目；浙江省博物馆联合浙江卫视策划的《国宝搬家记》节目，吸引了超 360 万观众观看，引发了社会的广泛关注和讨论。与人民网、央视频、地方电视台等合作开展融媒体宣传，是博物馆扩大传播覆盖面、深度讲述内在文化的新路径。

综合来看，各博物馆数字化展示与传播意识显著增强，呈现大型博物馆带头、中小型博物馆跟随的情况。全息投影、全景采集等技术形塑了展览线下与线上的双重维度，并逐渐成为博物馆的基础手段。图文推送、直播互动、电视播出等融媒体宣传活动，明显增进了博物馆与观众的良性沟通，有效提升了宣传效果，同时也为多主体合作、多平台联动带来了契机。

三、智慧博物馆建设

智慧博物馆是指充分利用物联网、云计算等新技术，以全面透彻的感知、宽带泛在的互联、智能融合的应用为特征的新型博物馆形态[8]。它强调“物、人、数据”三者间的信息互通，涉及智慧服务、智慧保护、智慧管理等方面[9]。中宣部等 9 部委印发的《关于推进博物馆改革发展的指导意见》提出，以业务需求为核心、以现代科学技术为支撑，大力发展智慧博物馆[10]，为文博事业发展提供风向标。目前，部分大型博物馆与新建博物馆基于数字化成果，着手开展更为健全深入的智慧建设，而多数博物馆仍处于数字化建设基础阶段。

（一）智慧保护

智慧保护是指综合应用实时数据采集技术、海量数据处理技术等，实现从“内”到“外”精准检测文物状态的透彻感知，从而以更加智慧的方法提高文物预防性保护力度[11]。其建设涉及三个方面：一是建立文物修复管理系统。目前开展相关工作的博物馆较少，可考资

8 中国博物馆协会登记著录专业委员会，智慧文博研究院 . 中国智慧博物馆蓝皮书 2022[M]. 北京：文物出版社，2023：1-2.

9 宋新潮 . 关于智慧博物馆体系建设的思考 [J]. 中国博物馆，2015（2）：12-15+41.

10 中央宣传部，国家发展改革委，教育部等 . 关于推进博物馆改革发展的指导意见 [EB/OL].（2021-05-24）[2024-05-12].http://www.ncha.gov.cn/art/2021/5/24/art_722_168090.html.

11 段勇 . 智慧博物馆理论与实务 [M]. 上海：上海大学出版社，2021：155.

料仅见苏州博物馆曾开设了包括基础修复材料管理、修复方法及过程管理、修复结果查询分析等功能板块在内的文物保护修复系统 [12]。

二是建立库房与环境检测系统，实现实时监控文物保存环境参数，同时联动环境控制设备，第一时间发出警示并采取相应保护措施。超过半数的博物馆已完成温湿度等环境数据监控工作，但距离全面交互、智能分析仍有一定差距。优秀案例可见中国大运河博物馆的智慧库房建设，其通过对库房内部空间进行可视化数字孪生构建，集成文物管理、环境监测、安全监控、能耗等信息，实现基于“一张图”的全方位综合管控。同时，将监控数据整合成环境参数历史数据库，为制定文物保护措施提供科学依据。山东博物馆的“馆藏文物保存环境测控云平台”也具有较好的示范作用。

三是文物藏品数字化保护，基于高清摄影、三维激光扫描等技术完整、真实地记录现存文物，确保其承载信息与价值得以保存和传承。当前绝大多数博物馆已经开展文物档案信息化管理与二维影像采集，正逐步建设三维数据采集中。例如，南京博物院在 2022—2023 年为支持图书出版、展览展示等，拍摄院藏文物 2112 件（套）；苏州博物馆于 2022 年启动馆藏文物三维数据化项目，目前已采集 1011 件（套）文物的三维数据。此外，故宫博物院于 2023 年发起“故宫 · 腾讯联合创新实验室”项目，建成初步具备三维文物数据、虚实融合视音频采集等多维数据一体化采集能力的实验室。基于“数字孪生智慧管理平台”（图 4），文物数据采集环境得到了更加精细化的管控，为文博领域提供了高标准、高质

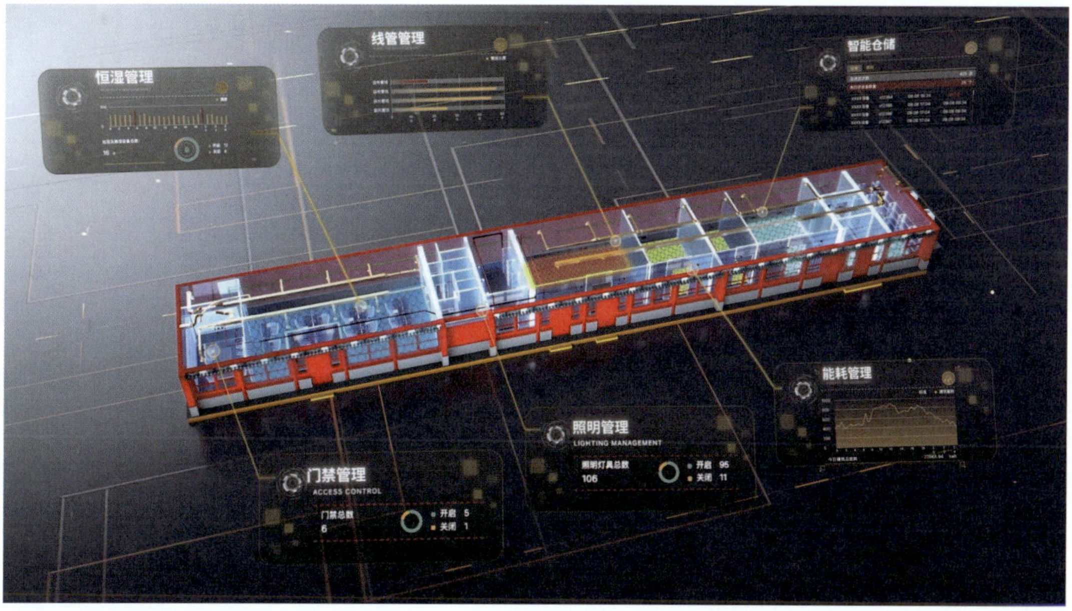

图 4　故宫博物院“数字孪生智慧管理平台”（图片来源：故宫博物院官网）

12 文物保护领域物联网建设技术创新联盟 . 智慧博物馆案例（第一辑）[M]. 北京：文物出版社，2017：167.

量的采集技术模板。

（二）智慧服务

智慧服务主要针对公众需求，以多维展现互动形式为公众提供无处不在的服务，包括展示、教育、传播等领域[13]。在原功能基础上，故宫博物院、南京博物院等开始探索集成式、多对接、独立化的综合服务产品，努力为公众带来便捷交互的一站式体验。故宫博物院正式发布《紫禁城 365》App，该应用集成了故宫美景图片、答题学习板块、沉浸游览全景建筑等功能，贴合当下公众移动阅读习惯，多角度诠释了紫禁城建筑文化（图 5）。配合此前推出的《每日故宫》《故宫展览》两款应用，故宫博物院实现了囊括故宫藏品、建筑和展览三大主题的数字化资源供给。南京博物院实施人脸比对核验入馆，提供更加高效、公平的门票预约与进馆体验，并与腾讯云携手打造公众数字服务平台，方便观众享受参观、研学、文创等全流程服务，打造南博的数字化“新名片”。

与此同时，博物馆服务与其他平台的业务对接与数据同步得到进一步加强。例如，河北博物院完成与河北省文旅厅“乐游冀”平台的全面联通，开通多平台票务预约渠道；安徽博物院开展支付宝、微信小程序与海康停车系统的对接工作；浙江省博物馆配合运营微信公众号“浙江文博圈”，每周推广一次全省的文博机构展览资讯。

此外，AR 智慧导览发展了新的互动方式。洛阳博物馆基于支付宝 AR 技术、LBS 定位技术，发起“国宝 AR 发弹幕”活动，观众可打卡线下文物并与其他打卡观众隔空交流，让参观更具有趣味性与吸引力，创新了场馆寻宝体验模式。

（三）智慧管理

智慧管理是借助智能控制技术与大规模数据处理，实现博物馆日常事务管理的科学化、精细化与智慧化的工作机制，可分为内部管理和外部管理两个部分[14]。据已知数据显示，多数大运河国家文化公园博物馆已应用办公 OA 系统，基本打通各业务部门间协同壁垒，并实现线上运营管理，彰显消除信息孤岛的智慧特性。

内部管理通常围绕藏品资源、财产资源与人力资源进行智能化管理运作。故宫博物院携手钉钉打造全新的专属工作台，覆盖行政审批、人力资源管理、组织文化宣传等日常工作，并将院内部分实体会议室改造成软硬件一体的“云会议室”。苏州博物馆、南京博物院等建设数据可视化中心，整合藏品管理与保护监测、公众服务管理、教育活动、展览数字资源等各部门数据（图 6），并自动识别观众行为模式，为高效办公、科学决策提供数智支撑。值得一提的是，北京大运河博物馆作为首都博物馆东馆，探索了“一馆多址”的一体化综

---

13 段勇 . 智慧博物馆理论与实务 [M]. 上海：上海大学出版社，2021：178.

14 段勇，梅海涛 . 以智慧博物馆建设为抓手推动博物馆强国建设 [J]. 中国博物馆，2021（4）：89–93.

合办公体系，实现专线共享、管控同步的智慧管理实践[15]。

图 5 《紫禁城 365》App 答题关卡界面（图片来源：故宫博物院官网）

图 6 南京博物院数据可视化平台（图片来源：南京博物院官网）

外部管理往往面向博物馆的利益相关者，通过加强联系以促进自身水平提升。这里的相关者一方面指向观众。例如，苏州博物馆精细化控制、统计人流密度，形成观众画像作为决策依据；中国大运河博物馆实现建筑楼宇智能化管理，配合建筑、照明和能耗监测管理系统，有效保障展厅内观众参观时的安全和舒适度。另一方面指向其他博物馆。例如，浙江省博物馆开发了“浙江博物馆藏品数字资源管理平台”，面向全省文博单位提供信息查询、数据导出、图形统计、业务流程等系统功能，推动共享单位藏品标准化建设。

综上可知，智慧博物馆建设主要集中在综合运营实力强、资金支持力度大的几家知名博物馆，一些新近建立的博物馆借助后发优势从建造之始便融入智慧化设计，快速拉近与先进水平的距离。以物、人、场馆的大数据处理交换为核心，智慧博物馆对数字化建设提出了更高要求，这也是各馆步入高质量发展阶段的必经之路。

四、主要特点与存在问题

回顾 2022—2023 年大运河国家文化公园博物馆的数字化建设，我们发现大运河国家文化公园博物馆已经积累了一定的理论经验与实践成果，并将其视为顺应时代变革、融入行业潮流的重要任务。在各馆纷纷火热投入建设之际，归纳发展特征并指出存在问题，将为各馆未来发展提供思考的锚点和改进的方向。

---

15 孙芮英．“一馆多址”的博物馆信息化建设思考——以北京大运河博物馆为例 [J]. 首都博物馆论丛，2023（1）：28-33.

（一）主要特点

一是依托数字技术，全面革新业务内容。博物馆运用数字技术不是目的，依托技术全面提升履职能力才是关键[16]。数字化作为一种优化运营与服务模式的工具，几乎涵盖了博物馆所有业务领域。例如，山东博物馆的环境调控系统使藏品保护更为科学有效；洛阳博物馆采用全息投影等技术，使展陈设计更具沉浸感；南京博物院通过集成小程序，为公众提供更加便捷和全面的服务；北京大运河博物馆的办公系统，极大提升了内部管理的效率与标准化水平。当下少有博物馆利用数字化单独建设某一领域，更多的是依靠其实现日常多个业务的全面革新。

二是融合多方力量，积极开展跨界合作。数字化建设并非凭借博物馆一己之力能够完成，博物馆需要与技术研发企业、媒体宣传平台及其他文化、文旅主体达成合作，借助外界力量补充自身短板，发挥联动协同效应。不论是与移动办公企业共同打造管理系统，还是与电视台联合拍摄纪录片，抑或是与技术服务公司合作研发 AR 设备，数字化建设都需要借鉴其他行业的知识与落地实施经验。例如，河南博物院、开封博物馆等联手百度百科，打造国内首个省级文物地图，综合运用百度地图精准定位技术，实现数字化赋能河南文博机构升级。博物馆不再是一座信息孤岛，而是通过数字信息实现跨界互联，不断拓展公众可及边界的网络中心。

三是重视体系建设，大馆发挥示范作用。若着眼于顶层设计，博物馆数字化建设本质上是数字化转型战略的实施环节。老馆改陈是自下而上的完善补充，新馆建设则是自上而下的统筹规划。二者虽然起步水平不同、着手领域各异，但均致力于构建从顶层出发、层层落实的完整数字化体系。故宫博物院、南京博物院等大型博物馆已将数字体系构建纳入发展定位之中，初步形成宏观指引、微观发力的全面建设格局，具有极强的带头作用与示范意义。

四是正值迭代时机，数字智慧并轨发展。信息化、数字化、智慧化是三个层层包容、接续发展的阶段，如今我们已经跨越博物馆信息化时期，迎来数字化向智慧化迭代交替、二者同时并轨发展的契机。在数字化建设尚未彻底完成的情况下，部分大型博物馆在持续原业务的同时已经迈开智慧博物馆建设的步伐，描绘开放兼容、高效有序的蓬勃图景。而北京大运河博物馆、中国大运河博物馆等选择同时建设二者，试图以弯道超越的方式快速提高数智水平，步入探索前沿的头部队伍。

（二）存在问题

一是建设水平两极化，馆际协同效应不佳。在追求更高水平的数字化建设过程中，往往存在诸多无形门槛。这既是大型博物馆飞速发展的宝贵机遇，也是中小型博物馆竭力追赶的难言痛点。当故宫博物院已在智慧博物馆道路上行之甚远时，部分馆才刚刚启动官网

16 沈业成 . 关于博物馆数字化转型的思考 [J]. 中国博物馆，2022（2）：19-24.

建设。显然，大运河国家文化公园博物馆内部的数字化建设水平两极分化严重，缺乏对口帮扶机制建设，馆际协同效应未能得到良好发挥。

二是建设要求难度大，缺乏专项资金和人才。相较于其他工作，数字化建设科技含量高、资源需求大，对资金支持与人才培养提出的要求更为严苛。而总体来看，缺少专项经费又是各博物馆普遍遇到的问题。有限的资金不仅难以直接作用于数字化发展，还限制了人才激励的灵活性，导致高素质技术人才引进难、留不住，削弱了博物馆自主建设的能力，缺乏持续推进建设的有效保障。

三是建设投入周期长，运营持续能力不足。数字化建设并非一朝一夕能够完成的阶段性任务，平台运营、信息更新、设备维护等都需要持续的关注。目前，部分中小型博物馆未能将其视为日常运作方式，数字化发展在井喷式更新建设后便陷入停滞，出现官网与微信公众号长期没有发布讯息、临时展览缺少配套影像采集、数字资源链接失效等问题。为数字化而数字化，是部分馆建设理念的最大误区。

五、总结与趋势

在当前时代语境下，数字化建设既是满足大众文化消费升级的必要投入，也是博物馆面临生存、发展的关键议题。其蕴藏的向外拓展延伸边界、向内革新流程机制的巨大力量已为诸多博物馆所知，并成为实现高质量发展的首要步骤。两年间，大运河国家文化公园博物馆实现了数字化水平的大幅度提升，并初步勾勒智慧博物馆的总体框架。博物馆在吸纳数据采集、云计算、虚拟现实等技术后，构建了展陈线上线下融汇、宣传媒体平台融合、业务流程对接融洽、服务板块数据融通的动态网络体系。这些改变所衍生的是更沉浸愉悦的观展经历、更全面丰富的信息获取、更快捷及时的对话反馈与更简易舒心的交互感受，所有这一切的最终目的是提升观众的体验。显然，数字化建设不是推崇唯技术论，而是重回以“人”为核心的起点。虽然大运河国家文化公园博物馆建设力量不均、实际成效不同，但均在原有基础上实现了管理模式、运营模式及服务模式等方面的创新，带来文化生产、传播与消费全方位的焕新体验。根据自身特征与资源情况，各馆基本做到建设内容重点突出，建设规划按需决策，形成中小型博物馆侧重于展示、服务或办公等方面，大型博物馆注重整体并进提升的差异化发展格局。

未来，数字化建设与其他媒介的界限趋于模糊，博物馆将借此更为自然地融入大众社会生活，并真正打造物理与虚拟并存的双重公共空间维度。为加快数字化建设进程、提高数字化建设水平，我们或可从以下几方面为其注入新的动力：一是博物馆内部制定落实专人专管、常态化开展数字化建设规定，制定合理的中长期数字化发展规划，确保经费、人员与工作任务同步明确，将数字化整合为日常运作思维方式；二是内部完善“大馆带小馆”的对口帮扶制度与资源共享机制，密切关注中小型博物馆的数字化发展情况，探索联盟内合作的多样化模式，考虑“大馆先行探索，小馆后发跟进”的实践路径；三是社会内部联动多方主体构建合作生态圈，跨出行业限制，积极扩大交际圈，接纳社会多元力量共同参与博物馆数字化建设，通过借力达到事半功倍的效果。站在变革的十字路口，数字化助推博物馆走上创新、集约、开放之路，同时也孕育着智慧博物馆的诞生，它强调了人在数据处理中的主导性、主体性与享用性，这或许就是人本理念在未来博物馆话语形塑下的具象表现。

| 作者简介 |

焦越涵，复旦大学文物与博物馆学系硕士研究生，研究方向为博物馆学。

第五节　博物馆文创开发研究报告

博物馆文化创意产品是指博物馆依托自身丰富的文物和文化资源，利用各种载体与手段，对文化元素再创作而形成的兼具文化内涵和市场价值的产品[1]。近年来，随着文化创意产业的蓬勃发展和消费者对文化产品需求的提升，博物馆文创产品开发已成为博物馆文化传承创新与提升品牌影响力的重要手段之一。这不仅助力实现"让文物活起来"的愿景，而且让观众能够"把博物馆带回家"。

本报告对2022—2023年36家大运河国家文化公园博物馆的文创产品开发与经营情况进行了梳理分析，探讨了这些博物馆文创产品的现状、特点、创新实践以及未来发展方向，以期为我国博物馆文创产业的未来发展提供参考。

一、文创开发概述

近年来，随着博物馆文创产业的繁荣发展，国家和地方相继出台各类政策文件，不仅将博物馆文创开发融入了国家产业发展战略规划中，助推文创事业发展，还印发了专门的博物馆文创工作实施意见，规范了文创开发的制度与流程。在国家层面，中共中央、国务院于2022年印发了《扩大内需战略规划纲要（2022—2035年）》，提出推动中华优秀传统文化创造性转化、创新性发展，鼓励文化文物单位依托馆藏文化资源，开发各类文化创意产品，扩大优质文化产品和服务供给[2]。在地方层面，各地积极响应国家政策，纷纷将博物馆文创产业发展纳入文化改革发展、旅游业发展等"十四五"规划之中。例如，北京市出台了《北京市文物局关于进一步推动局属博物馆文博文创工作的实施意见》[3]，健全

1 刘辉，朱晓云，李峰，等．"文旅融合下博物馆文创的探索与实践"学人笔谈[J]. 东南文化，2021（6）：135-149+190-192.

2 中华人民共和国中央人民政府．中共中央　国务院印发《扩大内需战略规划纲要（2022—2035年）》[EB/OL].（2022-12-14）[2024-5-24]. https://www.gov.cn/zhengce/2022-12/14/content_5732067.htm.

3 北京市人民政府．北京市文物局印发《北京市文物局关于进一步推动局属博物馆文博文创工作的实施意见》的通知[EB/OL].（2022-03-25）[2024-5-24]. https://www.beijing.gov.cn/zhengce/zhengcefagui/202203/t20220328_2640541.html.

规范博物馆文创开发与经营的制度措施。

在政策助推与市场需求的共同作用下，大运河国家文化公园博物馆整合文化资源，立足馆方特色，推出了丰富多元的文创产品。2022—2023 年，36 家大运河国家文化公园博物馆开发的文创产品总数超过 1.1 万种，创历史新高，且在品类和特色上均有所创新，满足了更为广泛的消费者群体的需求，促进了博物馆文化的传播。不少特色产品深受顾客喜爱，甚至实现了“火爆出圈”，带来了显著的社会效益和经济效益。在文创产品设计制作、营销推广方面，博物馆也不断创新，积极开展 IP 授权、跨界合作，为博物馆文化传播注入了新活力，拓展了博物馆与公众互动的新渠道。

（一）文创产品数量

2022 年，大运河国家文化公园博物馆共计开发文创产品 3795 种，平均每馆 105 种；2023 年，大运河国家文化公园博物馆共计开发文创产品 7254 种，平均每馆的数量猛增至 202 种。截至 2023 年底，在文创产品种类数量排名中，位列前五的博物馆分别是山东博物馆、故宫博物院、天津博物馆、中国大运河博物馆、河北博物院（图 1）。

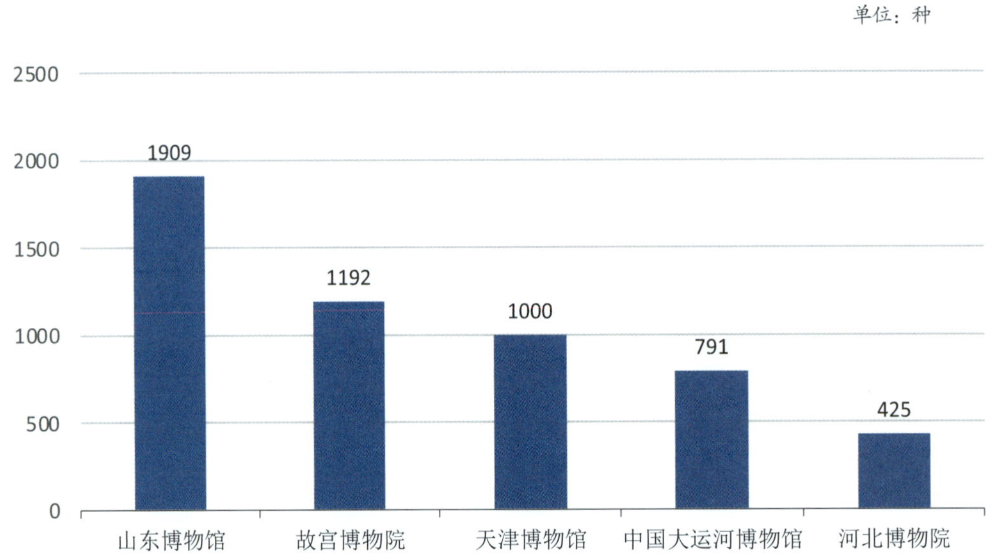

图 1　2022—2023 年文创产品种类数量排名前五的大运河国家文化公园博物馆 [数据来源：根据 2022—2023 年全国博物馆年度报告信息系统（nb.ncha.gov.cn）数据整理]

（二）文创产品类别

在文创产品类别方面，大运河国家文化公园博物馆并非仅限于推出单一品类，而是不断推陈出新、丰富文创产品类别。这些文创产品涵盖了生活用品、学习用品、配饰、食品等多个领域。博物馆推出的家居生活用品和学习用品兼具实用性与设计感，充满历史气息和文化内涵的冰箱贴、摆件、小夜灯等物件成为人们日常生活中的小点缀，如南京博物院的“芙蓉石蟠螭耳炉”冰箱贴、苏州博物馆的“水仙清供”香氛摆件，将古代文人长物雅玩之趣融入了当代生活美学。配饰类文创兼具设计感和时尚感，各类文创丝巾、背包、项链、耳环等成为个性化搭配中必不可少的亮点，如故宫博物院的“千里江山”文创丝巾、浙江省博物馆的“丽人行”系列剖丝团扇和紫藤花胸针，都成为博物馆文创的畅销单品。博物馆将文化元素融入食物之中，以馆藏文物或建筑为原型的甜品、雪糕、咖啡等，如河南博物院的“遇见九千年——贾湖骨笛款”文创咖啡、安徽博物院的“独占鳌头”文创雪糕，一经推出就成为博物馆观众争相购买的“爆款”，让人们在品尝美食的同时感受博物馆的文化氛围。

近年来，各类新兴文创产品也开始涌现，热度持续攀升：数字文创 NFT 成为年轻人喜爱的电子收藏品，文创盲盒持续受到追捧，集章活动成为参观博物馆时的新风潮等。顺应这一时代潮流，大运河国家文化公园博物馆也把握机遇，尝试在这些方面进行全面布局。多家博物馆联合各大数字文创平台，依托馆藏资源开发数字文创 NFT。同时，开发各类新型文创，如“剧本杀”，并根据展览或季节开发各类文创印章，吸引观众持续到馆。以上做法均取得了良好成效。

（三）文创产品销售额

文创销售为博物馆带来了良好的经济收益，也是博物馆重要的收入来源之一。2022—2023 年，36 家大运河国家文化公园博物馆的文创产品销售收入合计达 4.72 亿元，平均每家博物馆的销售额约为 1311.11 万元。其中，苏州博物馆凭借其独特的创意、优质的产品、精准的营销，在两年内实现了 1.36 亿元的文创销售额，位居榜首。紧随其后的分别是故宫博物院、南京博物院、河南博物院、山东博物馆（图 2）。

（四）文创产品获奖情况

由于文创开发水平高，设计创意突出，大运河国家文化公园博物馆在各类文创产品大赛与推介活动中都取得了优异的成绩。

在 2023 年第二届全国文化创意产品推介活动中，大运河国家文化公园博物馆中有 4 家博物馆的文创产品获得了“十佳文创产品”的称号，几乎占据了获奖名额的一半，充分展现了大运河国家文化公园博物馆在全国博物馆文创产品开发领域的领先地位和深厚实力。获奖文创分别是苏州博物馆的“花语江南”香氛纸花、故宫博物院的“古建营造系列——中和殿”积木搭建文具、安徽博物院的“铸客来了——文物冶铸”盲盒和河南博物院的“玉佩”棒棒糖。此外，还有 4 家博物馆的 6 款文创产品获得了“优胜文创产品”称号，分别是故宫博物院的“松鹤延年”创意升降水果签和“兰亭”系列文创产品、河南博物院的“绢舞飞天”非遗娃娃和“雕刻的宝物 · 传拓”盲盒、山东博物馆的“花鸟”系列折扇、安徽

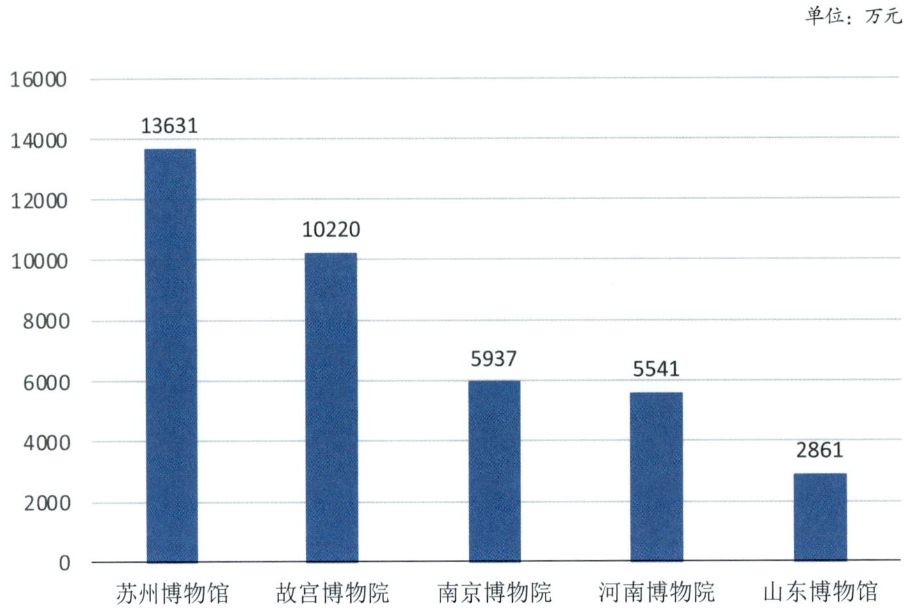

图 2　2022—2023 年文创产品销售额前五的大运河国家文化公园博物馆 [数据来源：根据 2022—2023 年全国博物馆年度报告信息系统（nb.ncha.gov.cn）数据整理]

博物院的“安博小神兽”系列香牌。

这些获奖产品巧妙地融合了文物元素与现代设计，不仅具有丰富的文化内涵，还在实用性、趣味性和教育性上做出了新的探索，极具互动性和体验感，有效促进了博物馆文化的广泛传播。此外，在 2023 中国旅游商品大赛、各类省级文创产品大赛中，浙江省博物馆、安徽博物院、绍兴博物馆等博物馆也表现突出，斩获金奖、优秀展示奖等各类奖项，在业内收获了良好的口碑。

二、文创开发创新实践

（一）产品创新

产品创新是博物馆文创开发的核心，创意化的内容才能激发观众的兴趣和购买欲望，从而进一步扩大博物馆本身的文化影响力。在深入挖掘文物信息与实现创意转化的道路上，大运河国家文化公园博物馆各馆始终秉持开拓创新的精神，将历史文化与当代审美、日常生活相结合，实现创意年轻化，设计出具有独特性和吸引力的文创产品。产品创新的具体做法和案例可归纳为以下几点。

第一，提取文物元素，还原审美体验。对于艺术价值较高的馆藏文物或“明星藏品”，通过提取其图案、色彩、造型等方面的元素，进行创意设计，还原其美学精髓。这类文创产品不仅是对馆藏文物的精华提炼，更是对其内涵的生活化阐释，有助于文物文化价值的

图 3　南京博物院"芙蓉石蟠螭耳炉"冰箱贴（图片来源：南京博物院微信小程序）

广泛传播。2023 年，南京博物院的"芙蓉石蟠螭耳炉"冰箱贴一经推出便在社交媒体上掀起热潮，成为争相抢购的"爆款"。该冰箱贴的原型是南京博物院的馆藏文物清乾隆芙蓉石蟠螭耳盖炉，人们亲切地称它为"小粉炉"（图 3）。文创产品还原了其古朴的造型和温润的色泽、触感，隐含灵秀之气，将其美学价值发挥得淋漓尽致，成功地激发了观众对文物的兴趣和热爱，契合了人们想购买相关文创作为纪念的心理需求。

第二，创意年轻化，打造"反差萌"。大运河国家文化公园博物馆通过年轻化的创意思维，将充满历史厚重感的文物以贴近大众的可爱形象呈现，在讲述文物蕴含的历史文化的同时，为消费者提供附加情绪价值。2023 年，苏州博物馆推出了"吴王夫差剑"毛绒玩具，锋利的"吴钩"变身"胖剑"，萌气十足（图 4）。这一创意产品在抖音平台上迅速走红，网友们亲切地称之为"胖宝剑"，不仅吸引了大批粉丝，更成了年轻人喜爱的社交话题，产品销量持续增长。这款文创产品精准捕捉了年轻群体的心理需求，"毛绒剑"的可爱形象和解压玩法能够为人们的日常生活带来欢乐，同时传达了一种积极向上的生活态度，赋予了文物新的生命力。

图 4　苏州博物馆"吴王夫差剑"毛绒玩具（图片来源：苏州博物馆淘宝店）

第三，创新文创形式，提供多元体验。在文创的表达形式上，大运河国家文化公园博物馆进行了大量创新尝试。从传统的纪念品形式到融入情感元素的设计，再到动手参与、多感官互动、数字化体验的形式，博物馆致力于让文创更富有趣味性和互动性。

河南博物院推出的"考古盲盒"、苏州博物馆推出的"文衡山先生手植藤种子"因其独有的文化内涵、新型的体验形式，成为各馆的招牌文创产品之一，至今热度不减。许多博物馆也纷纷推出了各具特色的主题盲盒、体验类产品等，受到广大消费者的青睐。例如，山东博物馆围绕"黄河文化"主题开发的"黄河粮仓"主题盲盒（图 5），是以大汶口文化代表器物云雷纹彩陶釜为原型设计的盲盒种植容器，以黄河土为栽培基质，并将黄河流域主流作物小麦、黄豆、黑豆等作物种子作为盲盒的随机元素。这款产品为观众提供了可感知、可参与、可互动的情景式沉浸式体验，让他们在直观感受大汶口文化彩陶之美的同时，体验亲手栽培种植的乐趣，搭建起一座连接历史文化与现代生活的桥梁。

在数字技术运用方面，许多博物馆开始将数字技术融入文创产品设计，扩展文创产品的形式与种类，为观众提供更多元的参观体验。不少博物馆利用数字技术，对传统文创产

图 5　山东博物馆“黄河粮仓”主题盲盒（图片来源：“鲁博手礼”微博）

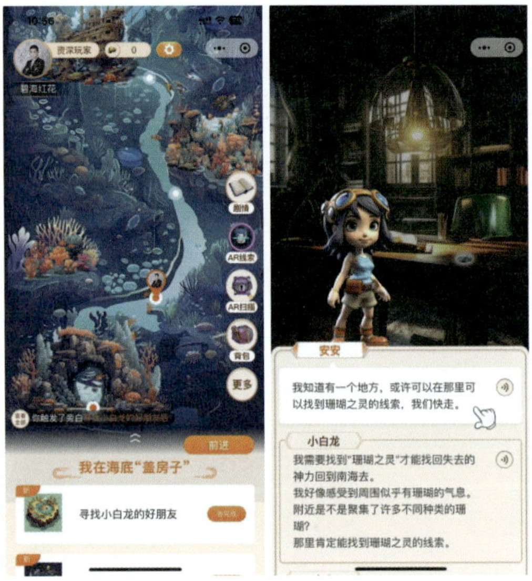

图 6　安徽博物院《南海奇遇记》微信小程序页面（图片来源：安徽博物院 2023 年报）

品进行升级，观众只需扫描产品上的二维码，便可观看相关的动画和视频、参与互动游戏等。这种新颖的互动方式不仅为文创产品增添了趣味性，也提升了其教育价值。例如，淮北市博物馆推出的《博物馆里看淮北》青少年 AR 系列绘本，通过主题情景对话的方式、生动有趣的画面和互动性较强的游戏，为青少年提供更丰富的学习体验。有些大运河国家文化公园博物馆还开发了数字解谜 App 等线上数字文创产品。例如，安徽博物院推出了《南海奇遇记》实景科普剧本游（图 6），观众在剧情故事的引导下，进入展厅，一步步解谜闯关，AR 技术的加入使得解谜过程更具沉浸性。

近年来，随着区块链等新兴技术的发展，数字文创 NFT 作为一种新型的数字产品开始崭露头角，并迅速成为年轻一代追捧的热点。在这一趋势背景下，大运河国家文化公园博物馆也跟上时代的步伐，积极参与其中。河北博物院、安徽博物院、无锡博物院、苏州博物馆、徐州博物馆、镇江博物馆等纷纷与支付宝“鲸探”、天猫等数字文创平台携手合作，依托馆内丰富的文物资源，精心打造了多款数字文创产品（图 7）。这些产品上线后，引发了热烈反响，很多产品迅速售罄。这不仅为博物馆带来了经济效益，更让博物馆突破了自身传播的局限性，进一步提升了博物馆的影响力。

第四，提升观众服务质量，关注打卡需求。博物馆文创纪念章已成为文化发展的新潮流，精美的印章成为博物馆打卡不可或缺的一环。基于此，大运河国家文化公园博物馆纷纷推出多种多样的印章及集章手册，形成各具特色的产品线。南京博物院不仅针对馆藏文物开发了“坤舆万国全图”系列印章、“竹林七贤”系列印章，还针对特定展览和特殊节日、纪念日开发了限定纪念章，如“不止于艺”展览系列印章、90 周年院庆印章、龙年特制印章等。首都博物馆打造了文创新概念“首博印吧”，通过在卷轴、团扇等不同载体上打卡盖章，以及现场制作特色印章文创产品的形式，为文物古迹注入新鲜活力与传播动

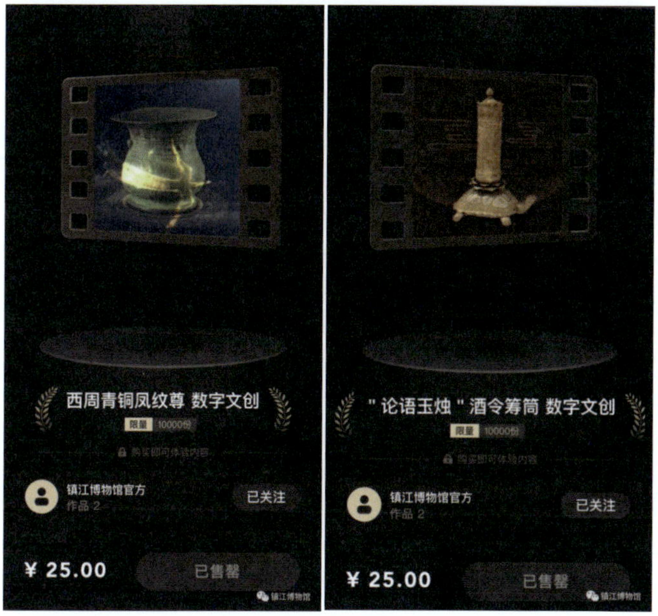

图 7　镇江博物馆的数字文创（图片来源：镇江博物馆微信公众号）

图 8　河北博物院的印章收集卡（图片来源：河北博物院微博）

力。中国大运河博物馆、河北博物院、淮北市博物馆等结合文创印章推出博物馆护照、印章收藏明信片等（图 8），并在展厅中设置多个盖章点，鼓励观众开启集章之旅，从而增强参观和探索的体验。

此外，博物馆也积极推进文创食品的研发，打造“舌尖上的博物馆”。这些独具匠心的文创美食不仅以口味和造型吸引游客，还满足了观众在参观之余的休闲打卡与餐饮需求。例如，安徽博物院开发了旗袍造型饼干、“独占鳌头”雪糕，南京博物院开发了“万壑争流”抹茶拿破仑、“吞金福到”芒果小塔、“果熟来禽”草莓小塔等创意甜品，它们好吃、好看又充满艺术气息，为公众带来了古今碰撞的别样感受。

第五，全面配套开发，研发系列化和特色类产品。为了适应不同消费者的需求，大运河国家文化公园博物馆开始推出系列化、品牌化的文创产品，这些产品具有统一的文化主题和多元的呈现形式，通过产品组合的精心设计集中发力，扩大品牌宣传效益[4]。这些系列产品的种类多样，以馆藏珍贵文物为核心的有山东博物馆和安徽博物院的“镇馆之宝”系列、浙江省博物馆的“富春在望”系列等；以地域和馆方文化特色为核心的有安徽博物院的“徽派印象”系列、中国大运河博物馆的“丝路运河”系列等；以建筑造型为核心的有浙江省博物馆的“之江建筑造型”等；以创意卡通 IP 形象为核心的有安徽博物院的“萌宠小神兽”系列等。此外，大运河国家文化公园博物馆还针对专题展览，着力开发系列文创，让展览的影响力更为长远。例如，南京博物院配合“不止于艺：威廉·莫里斯与英国工艺美术运动”

---

4 易昀妡 . 中国博物馆文创产品的创新之路 [J]. 科学教育与博物馆，2022（6）：19-26.

展览，开发了自主拼装万年历、香薰蜡烛香氛礼盒、流沙杯垫等特色产品；配合“玉润中华——中国玉器的万年史诗图卷”展览设计开发了玉石饰品、手编挂件、玉器造型冰箱贴和摆件、适合小朋友操作体验的拼搭积木等；配合“九十年春华秋实——南京博物院的珍藏”展览，将院藏文物元素与传统手工艺和现代设计理念相结合，特别定制了院庆系列文创产品，受到观众一致好评。针对中国传统节日，大运河国家文化公园博物馆还尝试推出节日专属的文创产品。春节期间，南京博物院、安徽博物院等推出新春礼盒、生肖系列文创等；端午期间，苏州博物馆推出端午文创粽子礼盒、“粽子糖”零钱包等创意产品；中秋期间，无锡博物院、北京艺术博物馆、苏州博物馆等多家博物馆上架了联名文创中秋礼盒、文创月饼等。这些产品旨在更好地传承和弘扬节日的文化精髓，增强传统节日的仪式感。

（二）多渠道传播与推广

传播与推广是博物馆文创产品提升影响力的关键环节。通过有效的推广策略，博物馆能够将文创产品推向更广泛的受众，让更多人领略博物馆文化的魅力。如今，大运河国家文化公园博物馆纷纷采用线上线下相结合的经营方式，通过社交平台、实体店、网上商城等多渠道对文创商品进行推广和售卖，成效显著。在实体店建设和改造方面，不少博物馆对于文创商店进行了改造提升，重新布局文创空间，增加经营面积与经营种类，为顾客提供更好的服务。常州博物馆对商店进行了全面改造，扩大了营业面积，增设了休闲区并提供桌椅，引入水吧服务，供应咖啡、蛋糕和饮料等，为游客提供多元化服务。北京大运河博物馆结合其空间结构及观众参观动线等实际情况，设计打造了 5 个不同主题的文创服务空间——运河风物（内含主题邮局）、运河小铺、运河书屋、码头小叙、运河食舫，为观众带来多元化的文创空间体验。

此外，许多博物馆还将销售点延伸至馆外，如地铁、机场、商场等，拓宽了博物馆文创线下展销渠道。中国大运河博物馆在扬州东站增设了新的销售点。安徽博物院在 2023 年全年累计在商场、景区、休闲街区设立了 17 处文创销售点，其中包括在合肥宜家、必胜客、罍街、万象城、之心城、六安百大等 9 个商场和休闲街区设置的文创展示专区，与中国（海南）南海博物馆、上海儿童博物馆、凌家滩国家考古遗址公园等 3 家单位开展的馆际代销合作，以及与合肥邻几便利店合作、在 5 个重要交通枢纽店设置的销售点。这些举措有效增加了产品的曝光度，并持续拓展文创受众覆盖面。

在线上销售渠道建设和宣传推广方面，越来越多的大运河国家文化公园博物馆与各大电商平台合作，开辟了线上销售渠道，在淘宝、天猫、京东、微信商城等线上平台销售，并参与电商营销推广。近两年来，南京博物院、中国大运河博物馆等首次开通了网上商城，有效延伸了博物馆文创服务空间，让文创购买更为便捷。

线上传播成了文创推广的重要渠道，博物馆通过微博、微信、抖音等社交平台进行产品推广已成为常态。博物馆定期发布文创产品的相关信息，通过文创推文、产品场景短视频等形式进行新媒体宣传推介，以此吸引粉丝关注和转发。以苏州博物馆为例，2023 年，苏州博物馆的小红书账号、“苏博文创”公众号和“苏州博物馆文创 Studio”微博号总阅读量累计 400 万余次。

此外，直播也成为文创产品推广的渠道之一。2023 年 5 · 18 国际博物馆日当天，故宫博物院、河南博物院等博物馆和多个文创机构均通过直播首发文创新品。此外，博物馆还积极参与“6 · 18”“双 11”等电商促销活动，苏州博物馆、吴文化博物馆等均开启了网上带货直播。

在文创品牌宣传和销售点拓展方面，大运河国家文化公园博物馆加强文创品牌推广，积极参与各类主题展会，充分展示博物馆文创最新成果，促进行业间交流合作。大运河国家文化公园博物馆成员参与了包括中国国际文化旅游博览会、香港国际授权展、CLE 中国授权展、中国旅游产业博览会、长三角国际文化产业博览会等在内的多个展会，有效提升了博物馆文创的知名度。

此外，大运河国家文化公园博物馆还通过举办展览、参与城市文化活动等方式推广文创产品。南京博物院开展的“天街博物志”文创巡展活动、河南博物院举办的“豫来遇潮 · 潮起华夏——河南博物院文化创意产品展”、苏州博物馆开发的“一平米博物馆”文创主题快闪等，走入不同城市、不同场所，增加了产品曝光度，为消费者提供了更多接触和购买这些产品的机会。

（三）IP 授权合作

博物馆 IP 授权即将博物馆的藏品、研究成果、品牌和商标等知识产权资产进行交易[5]。在这一方面，大运河国家文化公园博物馆积极探索与企业建立品牌联名的新模式，这不仅能够增加经济效益，还为更多的受众提供更为丰富的产品和服务，进一步推广和宣传博物馆的品牌形象。博物馆的历史文化与人们日常接触的各类品牌产生了“梦幻联动”，为消费者带来了层出不穷的“惊喜”， 成功地将博物馆文化推向了更广泛的受众群体。

图 9　安徽博物院 × 必胜客“文房四宝主题体验餐厅”（图片来源：安徽博物院 2023 年报）

大运河国家文化公园博物馆 IP 授权合作范围广泛，涵盖了众多品牌和企业，推出的产品内容亦丰富多彩。合作项目包括但不限于：与食品品牌的 IP 合作，如安徽博物院与必胜客联手打造的“文房四宝主题体验餐厅”（图 9）、

---

5 蒋菡，郁颖莹 . IP 授权模式下博物馆发展文化传播新业态的探索——以苏州博物馆为例 [J]. 博物院，2021（2）：47–51.

与兰多琳联名推出的“好事成兔”兔年新春礼盒，以及南京博物院与伊利联名推出的“须尽欢”文创雪糕；与运动品牌的 IP 合作，如苏州博物馆与安踏推出的联名款运动鞋；与服装品牌的 IP 合作，如苏州博物馆与十三余推出的联名款汉服；与母婴品牌的 IP 合作，如苏州博物馆与美赞臣联名推出的奶粉礼盒；与游戏品牌的 IP 合作，如浙江省博物馆与《未定事件簿》联合举办的“与君聆珍意”线下活动。此外，博物馆合作的对象还包括银行、邮政、书店等，如浙江省博物馆与浦发银行联名发行的“富春山居图”主题信用卡、徐州博物馆与中国邮政徐州分公司联合开发的“汉风瑰宝”系列明信片、吴文化博物馆与猫的天空之城共同开发的“江南喵景图”拼图等。

在 IP 授权制度方面，不少博物馆已形成了一套熟练的流程、制度规范。苏州博物馆于 2022 年正式发布了《苏州博物馆 IP 授权规范》，明确了授权的根本准则、内容、类型、形式、许可费、禁忌、合作洽谈、合作立项、协议签署、监修准则及规范、授权项目档案资料管理等内容，以便评估和监修授权许可项目。北京艺术博物馆修订完善了《北京艺术博物馆文创工作委托授权管理办法》，通过加强与合作企业沟通，规范文创空间委托授权、产品研发、产品销售、促销活动、退出机制等。中国大运河博物馆、河南博物院、河北博物院、徐州博物馆等陆续推进了文创产业版权工作，成立专门的版权工作小组，积极汇报优秀版权相关成果，并主动申报，确保版权得到合理和科学的保护。

三、主要特点与存在问题

两年来，大运河国家文化公园博物馆在文创开发方面成果斐然，不仅积累了相应的经验，取得了良好的社会效益，而且提升了公众对博物馆与文物的兴趣与认知水平。深入探讨其发展特点及存在问题，不仅能够增进博物馆对文创产业工作的核心优势和特色的认识，还能为其未来的发展方向和策略提供有价值的参考依据。

（一）主要特点

第一，文创品类丰富，不断推陈出新。在竞争激烈、瞬息万变且高度细分的文创市场中，大运河国家文化公园博物馆并未满足于少数明星文创产品，而是深入挖掘馆方特色资源，不断开发新产品，紧跟市场步伐。博物馆在开发文创产品时不仅注重多样性，还严格把控其品质，确保每一款产品都风格各异、独具特色，贴合人们的日常生活与心理需求。值得一提的是，部分博物馆开发文创产品的速度惊人，几乎每个季度乃至每个月都能推出系列新品，不断捕捉市场的新热点，满足消费者的新需求。

第二，全面打通线上线下渠道，形成多维度营销网络。博物馆传统线下商店与新兴线上平台深度融合，共同发力，以满足日益多样化的消费者需求。线下平台是文创产品的实体展示窗口，馆内文创商店通过精心设计的陈列与空间布局，让顾客直观感受文创的独特魅力；与此同时，线下销售点扩展至商场、机场、火车站等公共场所，出现在人们的日常生活场景中。博物馆线上商城建设和社交媒体推广等方式，则让文创消费服务更为快速、便捷，使得文创产品触及更广的人群。这种多元化的销售模式扩展了博物馆的销售辐射范围，为博物馆带来了更多的潜在受众。

第三，整合多方优势，开展跨界合作。大运河国家文化公园博物馆文创开始跨越行业界限，与各类企业、品牌携手合作，共同探索博物馆文创产品的新可能。这种跨界合作不仅推动了社会力量的广泛参与，也促进了文化资源的有效整合与共享，让博物馆文化触及更多的消费群体。通过与其他领域的合作，博物馆汲取了更多的创意灵感，创造更多具有时代感和市场吸引力的文创产品，形成“1+1>2”的影响效果。

（二）存在问题

大运河国家文化公园博物馆文创产品的开发，也存在一些问题和挑战。

第一，各馆文创开发水平差距较大。从2022—2023年各家大运河国家文化公园博物馆的文创数量和销售额占比来看，文创销售额中位数仅为95万元，远低于平均数的1349.56万元，且有9家博物馆尚未开发和售卖文创。由此可见，虽然大运河国家文化公园博物馆文创开发整体水平较高，但一些中小型博物馆在文创开发方面仍显落后，缺乏足够的文创开发能力和创新经营理念，导致其在文创市场中被动陷入边缘化的境地。

第二，针对大运河主题的文创产品开发尚显薄弱。尽管各馆的文创产品各具特色，但围绕大运河这一主题展开深度创作的文创较少，仅中国大运河博物馆等少数机构推出了系列相关文创产品。多数博物馆在文创设计上更侧重于自身藏品元素的呈现，而未能深入挖掘博物馆藏品与大运河的关联，未在文创产品中呈现大运河丰富的历史故事、文化象征、地理风貌等要素。这一现状导致大运河国家文化公园博物馆内部在文创领域的合作与协同效应不足，各馆的文创产品大多各自为营，缺乏统一且鲜明的大运河特色标识，难以形成强大的文化合力。

第三，博物馆的文创产品存在同质化问题，种类单一。在文创产品开发方面，依然有很大一部分博物馆对自身定位和机构理念认知不清晰，因此没能形成核心竞争力或品牌辨识度[6]，许多博物馆在文创开发方面缺乏深入的市场调研和独到的创意，导致产品往往陷入盲目模仿的困境，缺乏独特性和创新性，容易让大众产生审美疲劳，进而无法对消费者产生吸引力，降低其购买欲望。

第四，缺乏有效的监管和支持机制。在文创开发流程方面，许多博物馆缺乏相关制度措施，在合作机制、授权方法、定价策略等方面只能从头开始，不断“试错”，而无法借鉴规范化的方法。在知识产权保护方面，博物馆文创遭遇侵权、合作企业侵犯博物馆利益

---

6 易昀炘 . 中国博物馆文创产品的创新之路 [J]. 科学教育与博物馆，2022（6）：19-26.

等问题时有发生，亟待制定相关制度弥补漏洞。

四、总结与趋势

近年来，随着文化传承创新需求的日益增长，大运河国家文化公园博物馆积极响应时代号召，将文创开发作为弘扬优秀传统文化、激发文化活力的重要手段之一，取得了令人瞩目的成就：文创开发数量再创新高，品类与特色均有所突破，吸引了广泛受众，拓展了博物馆的文化传播渠道。多款特色产品热销，成功“破圈”，实现了社会效益与经济效益双丰收。通过产品创新、营销推广和 IP 合作等方式，博物馆成功地将文物和历史元素融入人们的日常生活，为消费者带来了丰富多彩的文化体验。

展望未来，博物馆文创开发将步入一个全新的发展阶段。

首先，产品研发的转型升级尤为关键。创意化和个性化将成为大运河国家文化公园博物馆文创产品的核心竞争力，这意味着博物馆将更加注重挖掘文物藏品背后的文化内涵，通过创意转化，打造一系列具有鲜明文化特色和高辨识度的文创产品。同时，科技手段的广泛应用也将为文创产品增添无限可能。例如，将 AR 技术融入传统文创，让消费者更身临其境地感受文物的魅力；或是通过大数据分析消费者偏好，实现文创产品的精准定位与个性化定制，进一步提升消费者的文化体验满意度等等。

其次，交流与合作将成为推动文创产品发展的重要动力。未来，博物馆文创开发将不再局限于单一机构的努力，而是更加注重开放合作与资源共享。大运河国家文化公园博物馆将充分发挥其平台优势，促进成员间的交流与合作，深入挖掘大运河的文化内涵，并将其融入各馆文创产品中，共同探索文创产品开发的新方法、新模式。此外，博物馆还将与社会各界进行广泛的文创开发合作，如与品牌商家、科技企业、设计师等建立战略伙伴关系，深入渗透时尚、旅游、教育等多个领域，实现博物馆资源的多元转化与价值最大化。这种开放共赢的模式，不仅有助于提升博物馆文创产品的市场竞争力，还能促进文化的广泛传播。

最后，为了保障文创产业的持续健康发展，健全的制度体系不可或缺。未来，大运河国家文化公园博物馆应致力于构建完善的文创设计、制作、授权、合作及评估体系，确保文创开发的每一个环节都有章可循、有据可依。通过规范化和制度化的管理，提升文创开发效率，保障产品质量，同时加强对知识产权的保护，激发创作者的积极性与创造力。此外，建立科学的评估机制，对文创产品的市场反馈、社会影响等进行全面评估，为文创开发的持续优化提供数据支撑与决策依据，推动博物馆文创产业向更高质量、更高水平迈进。

综上所述，大运河国家文化公园博物馆在文创产品开发领域的卓越成就，不仅以实际行动有效推动了中华优秀传统文化的创造性转化与创新性发展，更为文化创意产业的未来发展树立了标杆、引领了方向。在创意融合、开放合作与健全制度保障的趋势下，大运河国家文化公园博物馆将持续谱写文化传承与创新的新辉煌，让古老的运河文化遗产在时代浪潮中绽放新的光彩，焕发前所未有的生机与活力。

| 作 者 简 介 |

戴碧莹，上海世博会博物馆开放服务部社会教育与推广专员，研究方向为博物馆学、博物馆教育。

第六节　博物馆文化交流研究报告

一、文化交流概述

加强与国内外博物馆及相关组织机构的交流合作，是盘活博物馆资源、优化博物馆服务的坚实保障，是提升博物馆影响力、打造博物馆品牌的重要路径，更是博物馆讲好中国故事、增进文明交流互鉴的必要举措。大运河国家文化公园博物馆加强资源整合共享，积极开展交流合作，在助推运河沿线各馆协同发展，提升运河文化的品牌力、传播力和影响力，增进中外文明交流互信等方面发挥重要作用。

2022—2023 年，大运河国家文化公园博物馆的对外交流合作，涵盖国内交流与国际合作两个维度。在合作领域方面，涉及博物馆的藏品研究与保护、展览展示与教育传播、社会服务与文创开发等博物馆主要业务领域。在合作对象方面，既有与国内外博物馆同行之间的交流，也有博物馆与行业组织、科研院所、教育单位、商业机构、社会力量等的合作。在合作内容方面，既有聚焦大运河文化的主题联动，也有基于各馆特色资源的交流传播。在合作形式方面，既有依托实体馆舍的传统交流，也有借助新技术手段的全媒体传播。综合来看，大运河国家文化公园博物馆的对外交流合作，丰富多元且充满活力。

二、国内交流与合作

（一）展览“引进来”与“走出去”

大运河国家文化公园博物馆的国内交流合作以展览为主，2022—2023 年举办国内交流展览 198 个。各家博物馆积极开展对外交流合作，联合策划展教项目，极大丰富了自身的展教供给。中国大运河博物馆注重联合展览，以此为抓手推动交流合作。2022 年，中国大运河博物馆开启“运河城市”系列展览，与中国社会科学院考古研究所、龙门石窟研究院、洛阳博物馆、洛阳市文物考古研究院以及偃师商城博物馆合作，推出首展“中兹神州——绚烂的唐代洛阳城”（图 1）。该展览入选由国家文物局主办的“弘扬中华优秀传统文化、培育社会主义核心价值观”主题展览推介项目。2023 年，中国大运河博物馆与故宫博物院等 21 家文博单位合作推出的“大都——元代北京城”展览，入选全国及江苏省“弘扬中华

图 1　中国大运河博物馆“中兹神州——绚烂的唐代洛阳城”展览（图片来源：中国大运河博物馆官网）

优秀传统文化、培育社会主义核心价值观”主题展览推介项目。同年，中国大运河博物馆还与南京博物院、上海博物馆、天津博物馆、浙江省博物馆、苏州博物馆等合作推出“何止八怪——扬州绘画三百年”展览。其他大运河国家文化公园博物馆也积极开展展览交流合作。例如，2022 年，苏州博物馆分别联合浙江省博物馆和南京博物院，先后推出“江南佳丽——苏州博物馆藏仕女画展”和“终身不拟作忙人——南京博物院藏傅抱石作品展”。2023 年，河南博物院与天津博物馆共同举办“丹青奇韵——津豫博物馆藏扬州画派精品展”，故宫博物院与安徽博物院合作举办“当代博物馆人的文化自信——安徽博物院与故宫博物院职工艺术展”。大运河国家文化公园博物馆也积极共享展览资源，实现内部展览交流，如 2023 年天津博物馆引进河南博物院的“声动千年——中国古代音乐文物特展”，宿迁市博物馆引进由南京市博物馆策划的江苏省馆藏精品巡回展“郑和时代特别展”。

大运河国家文化公园博物馆还积极加强与国内不同地域、不同层级、不同属性、不同类型博物馆的展览交流合作，其交流范围涵盖东、中、西部的博物馆。例如，2023 年，故宫博物院与西藏自治区文物局合作推出“祥开万象——故宫与西藏文物联展”，展示了 2021—2023 年文化和旅游部援藏项目“基于故宫与西藏文物的中华民族共同体研究”的成果。此外，天津博物馆推出了“卓卓康巴　传奇昌都——昌都市文化旅游专题展览”（2023）、宁波博物院推出了“圣地撷珍——西藏文物珍品展”（2022—2023），这些都是与西藏相关单位交流合作的成果。安徽博物院携手新疆维吾尔自治区博物馆举办的

图 2　安徽博物院“锦绣西域——新疆丝路文物精品展”（图片来源：安徽博物院官网）

“锦绣西域——新疆丝路文物精品展”（图 2），入选《2022 年度丝绸之路文化遗产年报》十大展览榜单。

大运河国家文化公园博物馆的展览也积极走进西部地区博物馆。例如，首都博物馆的“读城——大美北京”展览、中国大运河博物馆的“《中国大运河史诗图卷》西藏巡展”项目（图 3），走进了西藏拉萨牦牛博物馆。2023 年，常州博物馆的原创展览“天工意匠——常州博物馆藏魏华邦版画精品展”在新疆维吾尔自治区伊犁哈萨克自治州昭苏县博物馆展出。徐州博物馆的“解忧公主的故乡——徐州汉代楚国文物精品展”作为 2023 年度江苏省博物馆纪念馆馆藏精品巡回展于 5 · 18 国际博物馆日在新疆伊犁州博物馆开幕。此类交流合作，贯彻落实了习近平总书记关于深化东西部协作和定点帮扶工作重要指示精神，加强了东西部地区之间的文化互动交流，为讲好多元一体的中华文明故事贡献了力量。

在合作交流单位的层级与属性上，既有与中央地方共建国家级重点博物馆的合作，也有中小型博物馆之间的展览交流。合作对象以文物系统国有博物馆为主，同时兼顾其他行业国有博物馆及非国有博物馆。在合作博物馆的类型上，既有文物系统博物馆，也有自然历史类博物馆（如 2022 年常州博物馆“虫虫世界——常州博物馆藏精品昆虫展”赴浙江自然博物院展出）、民族博物馆（2022 年徐州博物馆“饰美人生——苗族银饰展”赴贵州民族博物馆展出）等多样博物馆类型。

博物馆之外，大运河国家文化公园博物馆也积极开展与世界遗产地、文保单位、文化艺术机构的交流合作。依托中国大运河这一世界遗产，2023 年，中国大运河博物馆与全国重点文物保护单位永乐宫合作推出“文化遗产”系列首展“观妙入真——永乐宫的传世之美”特展，吴文化博物馆则联合云冈研究院和山西多家博物馆推出“经典与范式——平

图 3　“《中国大运河史诗图卷》西藏巡展”开幕式，2023 年 9 月 22 日（图片来源：中国江苏网）

城实力和云冈时代”展。隋唐大运河文化博物馆与龙门石窟研究院联合主办 2023—2024 跨年特展“近观龙门——龙门石窟百年发现与保护成果展”。此外，苏州博物馆、中国大运河博物馆等也与北京画院、木心美术馆等现当代艺术机构联合举办了一系列展览活动。

（二）教育宣传

展览之外，大运河国家文化公园博物馆积极开展教育活动的交流合作。2022 年，北京郭守敬纪念馆联合中国大运河博物馆、隋唐大运河文化博物馆、苏州博物馆、镇江博物馆、淮北市博物馆、沧州博物馆、通州区博物馆等多家运河沿线博物馆，共同推出“《大运河长卷》亲子共读计划”系列主题活动（图 4），带领全国的家长和小朋友们，通过阅读学习

图 4　北京郭守敬纪念馆“《大运河长卷》亲子共读计划”线下展览海报（图片来源：北京郭守敬纪念馆微信公众号）

中国大运河的遗产知识，通过阅读感受中国大运河的文化魅力。2022 年 5 月 21 日，北京郭守敬纪念馆、隋唐大运河文化博物馆合作举办了“共揽‘隋唐大运河’千年风韵”直播。此外，中国大运河博物馆联合携程集团，创新实现了“博物馆 + 运河文化遗产 + 旅游”的品牌研学路径，推出了“双城记”研学夏令营，带领观众走进多家运河沿线博物馆，实现馆际教育宣传联动合作。

大运河国家文化公园博物馆也积极与教育机构和科研院所合作，提升自己科研能力，拓展展教与公共服务。值得一提的是，开封博物馆与开封市特殊教育学校签署了结对共建协议，为视障和听障学生提供定制的研学课程。无锡博物院邀请职业艺术家治疗师为无锡的观众带来疗愈艺术体验，从绘画、音乐、气味等多个维度，让观众进一步体会传统绘画艺术，并在自我创作中表达情绪、释放压力，重塑积极的人生观。这些合作，不仅丰富了博物馆的展教服务，深化了馆校合作，也极大地体现了博物馆的社会价值与责任意识。

大运河国家文化公园博物馆还积极宣传推广自己的展教服务和文创产品。例如，中国大运河博物馆参加了第九届中国博物馆及相关产品技术博览会、第十届澳门国际旅游（产业）博览会、“水韵江苏 · 有你会更美”文旅消费推广第三季活动、2023 香港国际授权展等。

由此可见，在常规馆校合作基础上，大运河国家文化公园博物馆积极适应与响应社会多样文化需求，大胆尝试新的传播手段和路径，探索联盟内文化资源共享，拓展馆外社会合作空间，为阐释和传播大运河文化内涵、提升博物馆社会影响力做出了有益贡献。

（三）科研与行业交流

大运河国家文化公园博物馆同样重视在学术研究与文物保护方面的交流合作，举办了多场学术会议。2023 年 3 月，“铸就文化新辉煌——国家文化公园内博物馆建设”学术研讨会暨大运河博物馆联盟代表大会在中国大运河博物馆举办。11 月，大运河博物馆联盟 2023 年度代表大会暨“拓界 · 创新——文旅融合中的运河城市博物馆”学术研讨会在隋唐大运河文化博物馆召开（图 5）。此外，大运河国家文化公园博物馆举办了多场大运河主题学术会议，如 2023 世界运河城市论坛——大运河文化遗产保护分论坛、“运河 · 城市 · 再现——博物馆城市主题展览策展研讨会”、“2023 大运河沿线文物保护论坛”等。2023 年 12 月，聊城中国运河文化博物馆承办了由全国水利博物馆联盟主办的全国水利博物馆联盟年会暨学术研讨会。这些运河主题的学术会议，极大地推动了大运河国家文化公园博物馆对大运河文化的学术交流与研究阐释。

此外，大运河国家文化公园博物馆与中国博物馆协会及其他行业组织协调配合，承办多场学术会议，推动联盟内外馆际学术交流。例如，2022 年 11 月，浙江省博物馆承办了 2022 年中国博物馆协会博物馆学专业委员会 2022 年年会暨“提升中小博物馆质量 盘活基层博物馆资源”学术研讨会。2023 年 5 月，中国大运河博物馆与浙江省博物馆承办

图 5 大运河博物馆联盟 2023 年度代表大会暨“拓界·创新——文旅融合中的运河城市博物馆”学术研讨会（图片来源：中国大运河博物馆官网）

了 2023 年“博物馆新定义与中国博物馆高质量发展”学术研讨会。另有山东博物馆主办 2022 年第一届（总第八届）石刻论坛，开封博物馆举办 2022 年第十六届中国收藏文化（开封）论坛暨首届繁塔论坛、2023 年第二届繁塔论坛。

在大运河博物馆联盟框架下，部分成员单位进一步开展深度、全面和常规化的馆际交流合作，签订战略合作协议。例如，2022 年，苏州博物馆与洛阳博物馆签署结对共建协议。2023 年，由上海市历史博物馆（上海革命历史博物馆）、安徽博物院、南京博物院、浙江省博物馆共同举办的“百川汇海——江浙沪皖海派绘画名家精品联展”开幕，四馆签订战略合作协议。此外，中国京杭大运河博物馆与宁波中国港口博物馆、淮北市博物馆等签订战略合作协议。

在馆际协议之外，成员单位背靠大运河博物馆联盟，也积极融入其他平台，更大限度地拓展影响力。如宁波博物院、绍兴博物馆加入 2023 年成立的环杭州湾博物馆联盟，旨在深化沿杭州湾城市间的互动交流，促进文博事业高质量发展，助力“上海湾区”城市品牌打造。无锡博物院、常州博物馆则加入了 2023 年成立的上海大都市圈“1+8”城市博物馆联盟。

三、国际交流与合作

2022—2023 年，中国博物馆国际交流合作逐渐恢复，大运河国家文化公园博物馆贡献了重要力量。在各项交流活动中，展览交流尤为频繁，共举办入境展览 32 个、出境展览 42 个，合作范围覆盖亚洲、欧洲、北美洲、南美洲，包括日本、韩国、乌兹别克斯坦、哈萨克斯坦、阿联酋、意大利、英国、法国、加拿大等国家和地区，为对外讲好中国故事、推动中外文明交流互鉴做出了重要贡献。

在展览“引进来”方面，2023 年，故宫博物院先后举办“譬若香山：犍陀罗艺术展”“五洲四海——‘一带一路’文物考古合作展”（图 6）两场国际合作展览。前者由故宫博物院和巴基斯坦国家遗产与文化署考古与博物馆局合作举办，是迄今为止在中国境内举办的最大规模的犍陀罗艺术展。此项目于 2022 年 2 月 6 日和 11 月 2 日两次被列入《中华人民共和国和巴基斯坦伊斯兰共和国联合声明》，得到了两国领导人的肯定。后者则汇集了来自乌兹别克斯坦、哈萨克斯坦、阿联酋的 4 家文博机构，以及中国 10 个省区市 13 家博物馆的 84 件（组）精美文物，共同讲述古代丝绸之路的悠久历史，弘扬和平合作、开放包容、互学互鉴、互利共赢的时代精神。

图 6　故宫博物院“五洲四海——‘一带一路’文物考古合作展”（图片来源：故宫博物院官网）

在意大利驻上海总领事馆及总领事馆文化处的支持下，吴文化博物馆分别于 2022 年和 2023 年举办“伊特鲁里亚人——古代意大利的贵族”展览和“艺术的帝国——那不勒斯国家考古博物馆古罗马文物精品”展览。此外，在大韩民国驻上海总领事馆（驻上海韩国文化院）的支持下，2023 年，吴文化博物馆还成功承办了“和 · 合——中韩民间绘画交流展”。中国大运河博物馆携手意大利罗马国立现当代美术馆、伊玛格艺术馆以及乔瓦纳尔迪收藏，于 2023 年推出年度艺术大展“乔治 · 莫兰迪”，这也是该馆首个收费展。宁波博物院联合意大利 4 家博物馆及国内 13 家文博单位，推出了“大河文明”展。这些展览的举办，在推动“一带一路”沿线国家文明交流互鉴方面发挥了重要作用。

除此之外，大运河国家文化公园博物馆积极引进世界文明与艺术展览，为观众提供了丰富多元的文化服务，为推动文旅融合发展、提升城市软实力做出重要贡献。其中较有代表性的是，2023 年安徽博物院与英国利物浦国家博物馆合作主办的“从透纳到莱顿——英国绘画的黄金时代”展览，这是安徽省举办的首个大型西方油画真迹展。2023 年，中国大运河博物馆引进的“重回安第斯——印加人和帝国四方之地”展览，也是该馆“世界文明”系列首展。此外，山东博物馆也在 2023 年举办了“珍宝：从文艺复兴到维多利亚——英国 V&A 博物馆藏吉尔伯特精品展”。特别值得关注的是，苏州博物馆与大英博物馆合作，先后引进“罗马：城市与帝国——大英博物馆藏古罗马文物特展”（2021—2022）、“古希腊人：运动员——大英博物馆藏古希腊文物特展”（2022—2023）两个展览，开启“世界文明史”系列展览（图 7）。2024 年双方还继续合作推出第三个展览“亚述之王：亚述巴尼拔——大英博物馆藏亚述文物珍品展”。这种长期的展览交流合作，更有助于增进中外文化的深度理解与互信[1]。

图 7　苏州博物馆“罗马：城市与帝国——大英博物馆藏古罗马文物特展”（图片来源：苏州博物馆官网）

在展览“走出去”方面，安徽博物院“吾心安处——古琴文化空间”获评“扬帆出海：中华文明国际展示推介活动”重点推介项目。同时，山东博物馆承办的“万世师表——孔子文化主题展”在西班牙马德里中国文化中心开幕（图 8）。徐州博物馆、开封博物馆等也积极组织文物参与海外的中国文化展览。

在国际学术交流方面，2022—2023 年度大运河国家文化公园博物馆共计开展 33 个国

1 杨莹，深琳 . 跨境实体展览国际合作新模式探讨——以苏州博物馆西馆“罗马：城市与帝国”展为例 [J]. 文物鉴定与鉴赏，2022（20）：52–55.

图 8　马德里中国文化中心“万世师表——孔子文化主题展”（图片来源：文化和旅游部官网）

际合作项目，244 人次参与国际交流，举办国际学术活动 34 场。2022 年 11 月 18 日，由浙江省博物馆和复旦大学文物与博物馆学系联合主办，浙江省博物馆博物馆学研究所、浙江国际文博交流中心、《国际博物馆》全球中文版编辑部、联合国教科文组织活态遗产与社区发展教席、复旦大学国土与文化资源研究中心共同承办的“博物馆与地方发展”国际学术研讨会在浙江省博物馆举办。2023 年，“中法文化交流基地”落地吴文化博物馆。山东博物馆则与哈萨克斯坦国家博物馆、乌兹别克斯坦美术馆等建立了合作关系。一系列人员互访与合作机制的建立，有利于推动中外博物馆深度交流互鉴。

四、主要特色与存在问题

大运河国家文化公园博物馆依托大运河文化这一共享主题，以及各馆馆藏资源和地域特色文化，积极开展对外交流合作，形成了百花齐放的局面。主要特色包括：

首先，运河文化为大运河国家文化公园博物馆对外交流合作提供了充足养分。各博物馆以大运河文化为题，积极组织专题展教、文创和服务项目，也积极参与和支持大运河国家文化公园博物馆内部兄弟单位对运河文化的展览展示和传播推广。例如，淮北市博物馆为杭州工艺美术博物馆（杭州中国刀剪剑、扇业、伞业博物馆）的“千里长河——中国大运河文化主题展”，借展运河文物 45 件（套）。依托大运河国家文化公园平台，各博物馆在大运河文化的阐释传播中发挥了重要作用。

其次，积极服务国家发展战略。建设大运河国家文化公园是党中央、国务院作出的重要决策部署，是国家推进实施的重大文化工程，是传承中华文明的历史文化标识、凝聚中国力量的共同精神家园、提升人民生活品质的文化体验空间[2]。大运河国家文化公园博物馆，在讲好大运河文化故事的基础上，更能积极贯彻落实习近平总书记关于深化东西部协作和定点帮扶工作重要指示精神，加强东西部地区的文化互动交流，以及与“一带一路”沿线国家的交流合作，推动中外文明交流互鉴。

再者，主动融入区域协调发展。在国家战略框架下，大运河国家文化公园博物馆结合区域发展规划，深挖地方文化资源，为区域协同发展做出贡献。同时，有效利用区域博物馆合作框架，进一步提升博物馆的区域影响力。例如，宁波博物院、绍兴博物馆加入了2023 年成立的环杭州湾博物馆联盟，无锡博物院、常州博物馆加入了上海大都市圈“1+8”城市博物馆联盟。此外，多家大运河国家文化公园博物馆为中国博物馆协会专委会主任委员单位或挂靠单位，如浙江省博物馆为博物馆学专业委员会的挂靠单位、南京博物院为博物馆数智化专业委员会的挂靠单位、河北博物院为博物馆图文典籍与金石拓片专业委员会的挂靠单位等。大运河国家文化公园博物馆与中国博物馆协会专委会及其他行业组织平台相互配合、深化交流合作，为传播运河文化、激发博物馆行业活力，做出了重要贡献。

2022—2023 年，大运河国家文化公园博物馆取得如此丰富的交流成果，并形成了一定的品牌效应，这些成绩非常值得肯定。为促进联盟进一步发展，博物馆也要认真总结问题，学习同行经验。综合来说，大运河国家文化公园博物馆在对外交流合作方面主要存在以下问题：

第一，围绕大运河文化，各博物馆之间的合作交流与阐释广度和深度，还有待提升。尽管大运河国家文化公园博物馆内外交流合作相对活跃，但许多交流合作并不以阐释、传播大运河文化为核心，而是更集中于各馆的综合规划、藏品特色与展教活动。特别是在国际交流合作方面，尚未形成有效的运河文化出境展教品牌项目，在对外讲好大运河故事、增进中外运河文明交流互鉴中，还没有发挥应有的影响力。

第二，亟待丰富拓展展览以外的交流合作形式。北京郭守敬纪念馆、隋唐大运河文化博物馆成功举办“共揽‘隋唐大运河’千年风韵”直播，以及中国大运河博物馆联合携程集团推出的“博物馆 + 运河文化遗产 + 旅游”品牌研学路径，均为博物馆与社会力量及新媒体在宣教合作上的有益尝试。但整体来说，目前大运河国家文化公园博物馆的交流合作仍以展览项目为主，联合考古发掘、藏品研究保护、人员学术交流等关键合作领域尚待进一步拓展，而这些方面的合作，恰恰是博物馆阐释与传播大运河文化内涵、增强集群影响力的基本内功所在。

第三，大运河国家文化公园博物馆的对外交流合作，存在大型博物馆十分活跃、中小型博物馆相对失语的现象。整体来说，各博物馆在发展定位、专业资源、能力与影响力方

---

2 新华社 . 坚持保护优先　增强文化自信　高质量推进大运河文化保护传承利用——国家文化公园建设工作领导小组办公室负责人就《大运河国家文化公园建设保护规划》答记者问 [EB/OL].（2021-10-27）[2024-6-30]. https://www.gov.cn/zhengce/2021-10/27/content_5647092.htm.

面差异很大，导致对外交流的活跃程度、方式方法和效果影响方面参差不齐。南京博物院、浙江省博物馆、河南博物院等省级大型博物馆，在整合省内资源、推动博物馆交流合作方面，发挥了一定带头作用。苏州博物馆、吴文化博物馆、宁波博物院等一级博物馆，在各项业务的对外交流合作中表现活跃、成绩亮眼。中国大运河博物馆作为大运河博物馆联盟秘书处单位，除自身对外合作活跃外，也努力推动联盟内外交流。然而，大运河国家文化公园博物馆的对外交流合作在一定程度上还存在着“单打独斗”的现象，倾向于在省内、同类型或传统合作伙伴间进行交流，资源整合与共享能力仍有待提升。2022 年 7 月，中国博物馆协会启动以长城国家文化公园建设为背景的“长城沿线博物馆、纪念馆、乡村博物馆建设与展览数字化传播”调研项目[3]。其经验值得大运河国家文化公园博物馆学习思考。诸如中国水利博物馆等专题博物馆，大运河文化带建设研究院等科研机构，这些与大运河文化直接或间接相关的博物馆行业内外的多元主体，都可以为大运河国家文化公园博物馆发展及大运河文化阐释传播提供支撑，理应成为大运河国家文化公园博物馆对外交流合作乃至未来扩容发展的重要对象。

五、总结与趋势

2019 年 7 月 24 日，中共中央总书记、国家主席、中央军委主席习近平主持召开中央全面深化改革委员会会议，审议通过了《长城、大运河、长征国家文化公园建设方案》（以下简称《方案》）。《方案》强调以长城、大运河、长征沿线一系列主题明确、内涵清晰、影响突出的文物和文化资源为主干，生动呈现中华文化的独特创造、价值理念和鲜明特色[4]。大运河国家文化公园博物馆的展教交流合作，整合与调动了大运河沿线博物馆资源，是阐释中华文明内涵、讲好中华文明故事的重要举措，为提升大运河沿线博物馆公共服务能力、促进文旅融合和区域协同发展，做出了重要贡献。借助数字媒体和互联网直播等手段，“大运河”文化品牌建设初具成效，博物馆成为向社会传播运河文化的主要力量。

但我们也应该认识到，大运河国家文化公园博物馆的多样性，以及当代博物馆观众的多元需求，在一定程度上分散了各馆对于大运河国家文化公园建设核心目标的关注度和贡献度。大运河国家文化公园博物馆中有中国大运河博物馆、隋唐大运河文化博物馆、中国京杭大运河博物馆等运河文化专题馆，也有山东博物馆、安徽博物院、浙江省博物馆、南京博物院等省级综合馆。后者在传播运河文化之外，更肩负阐释中华文明与地方文化的重任。如何平衡博物馆使命与大运河国家文化公园建设目标，是每一个相关博物馆都需要考

---

3 中国博物馆协会 . 中国博协开展长城沿线博物馆调研 [EB/OL]. （2023-07-27）[2024-6-30]. https://chinamuseum.org.cn/cma/detail.html?id=12&contentId=13039.

4 新华社 . 中共中央办公厅、国务院办公厅印发《长城、大运河、长征国家文化公园建设方案》[EB/OL]. （2019-12-05）[2024-6-30]. https://www.gov.cn/xinwen/2019-12/05/content_5458839.htm.

虑和抉择的问题。未来，大运河国家文化公园博物馆要进一步加强内外部资源整合与共享，实现跨区域、跨层级、跨属性、跨类型博物馆的融合发展。同时，聚焦大运河文化，加强馆际藏品、研究、展教与人员的交流合作，有效链接社会力量和多元媒介，打造“大运河”文化品牌及其产品服务，使博物馆成为阐释、传播运河文化的中坚力量。最终，大运河国家文化公园博物馆要进一步融入国家和区域发展战略，可以与长城、长征主题博物馆交流合作、经验互补，为落实国家文化战略、讲好中国故事发挥示范作用。

| 作 者 简 介 |

孔达，复旦大学文物与博物馆学系副教授，研究方向为博物馆国际交流合作、博物馆职业伦理。

第七节　大运河考古与保护利用研究报告

2021 年，国家发展改革委印发《大运河文化保护传承利用“十四五”实施方案》，明确了大运河文化保护传承利用和国家文化公园建设的重点推进项目及任务清单，围绕遗址遗迹考古发掘展示、特色公园建设、古镇保护、非遗活化传承、旅游线路建设、文化研究与文艺精品创作、品牌文体活动打造、重要河段通水通航等 8 个领域，谋划了 137 个重点项目及任务，并明确了责任部门[1]。作为我国古代的重要水利工程，大运河自隋代贯通后，一直承担着交通要道的作用，是南北经济、文化交流与沟通的重要渠道。然而，受到地理环境、政治经济等多种因素的影响，大运河部分河段屡有变迁，甚至被淤埋于地下，难以窥其全貌。为挖掘与阐释大运河文化价值，弘扬大运河时代精神，推进国家文化公园建设，我们必须借助考古发掘，从考古成果出发，深入了解大运河的整体面貌及历史流变，并在此基础上加大管控保护力度，综合提升文化遗产利用水平。

一、大运河考古与保护利用概述

2022—2023 年，大运河的考古发掘研究及保护利用工作稳步开展，并取得了重要成果。包括大运河国家文化公园博物馆在内的多家单位，对运河沿线考古工作开展得较为薄弱的地区进行了系统性调查，发现了多处重要遗址和文物。这些工作展现了系统性、专项性及跨区域、多学科合作的特点。2022 年，河北省文物考古研究院等多家单位组成的联合考古队对大运河永济渠衡水段、隋唐永济渠故道进行了系统性专项考古勘察，发现包括城址、村镇、单体建筑、墓葬、手工业遗址和航运遗迹等 85 处文化遗存。同年，天津市文化遗产保护中心联合武清区博物馆开展了对十四仓遗址的前期调查与综合研究工作[2]，在遗址分布区内发现运河故道、引河、人工水体（湖泊）、道路、沉船线索等多处关联性遗存，

---

1 中华人民共和国国家发展和改革委员会 . 国家发展改革委印发《大运河文化保护传承利用“十四五”实施方案》[EB/OL].（2021-07-19）[2024-05-10]. https://www.ndrc.gov.cn/fzggw/jgsj/shs/sjdt/202107/t20210719_1290681_ext.html

2 高立红 . 大运河十四仓遗址考古勘查启动 [N]. 天津日报，2022-03-16（4）.

并发现一组元代漕仓遗迹，明确了十四仓遗址在大运河漕运中的核心功能，也证实了十四仓遗址是一处大型漕运仓储系统[3]。2023 年，镇江博物馆与浙江大学共同组建了联合调查队，对破岗渎遗址进行了系统的考古调查，发现了破岗渎现存的部分水道以及周边相关的遗址和墓葬，为研究六朝时期的运河系统提供了重要的物证和线索。宿迁市博物馆联合徐州博物馆和徐州市文物保护与考古研究所，完成了 16 项考古调查勘探和 6 项考古发掘项目，包括大运河宿迁至皂河段河工遗存、宿豫区新隆大道及连接线工程、宿城区陈集镇现代粮仓项目地块等，考古勘探总面积约 466 万平方米。

两年间，各地不仅在发掘工作中有所建树，还积极推进了对遗址的保护、修缮和利用。这些工作得益于多学科手段的应用，使得运河考古能够科学、有序地进行。路县故城遗址的发掘与研究，揭示了其作为政治经济中心的历史面貌[4]；永济渠的考古勘探展现了运河对城市发展的深远影响；开封州桥及汴河遗址的发掘，为研究大运河历史提供了宝贵资料；宋国故城的考古工作，将城市变迁与运河兴衰相结合，有助于深入探索运河与城市的共生关系；徐州博物馆参与发掘的卧牛山 M5，出土了一件漆木器，实现了徐州地区考古史的重要突破。大运河考古工作的顺利推进，不仅丰富了我们对大运河文化遗产的认识，还为今后的文物保护、研究和展示奠定了坚实基础。2022 年，大运河国家文化公园博物馆收藏的考古发掘品为 1964 件，到了 2023 年，这一数字增加至 2029 件，且文物内涵与运河文化关联密切。这些出土文物揭示了不同历史时期运河的建设与演变过程，为研究运河的历史和文化、理解运河的整体格局和功能提供了重要的实物证据，并为丰富博物馆的运河文化收藏体系及博物馆展览、教育活动打下了坚实的基础。

二、考古研究与保护利用实践

（一）考古发掘与展示

随着开封州桥及附近汴河遗址（图 1）入选“2022 年度全国十大考古新发现”，河南省大运河考古工作又取得一项重大成果，为深入了解大运河的开凿与利用提供了珍贵实物证据。开封州桥是北宋东京城御街与大运河（汴河段）交叉点上的标志性建筑，展现了唐宋至清代汴河开封段从修建到废弃的发展演变过程，为研究中国大运河及运河发展变迁史提供了实物证据[5]。开封州桥及附近汴河遗址的考古工作，深刻体现了多学科合作与公众考古理念的发展。考古工作者秉持着多学科协作与精细化研究的核心理念，致力于构建全方位、多维度的研究框架，既注重人骨考古、动物考古、数字考古、实验室考古等方面的资料积累，也强调文物的预防性保护，对州桥遗址本体及河道遗址进行实

3 刘茜，王晓飞 . 天津十四仓遗址为元代漕运重要见证 [N]. 光明日报，2023-08-22（9）.

4 程威嘉 . 汉代路县故城研究与思考 [J]. 考古与文物，2023（3）：81-87.

5 周润山 . 开封州桥及附近汴河遗址的发掘 [J]. 大众考古，2023（8）：28-37.

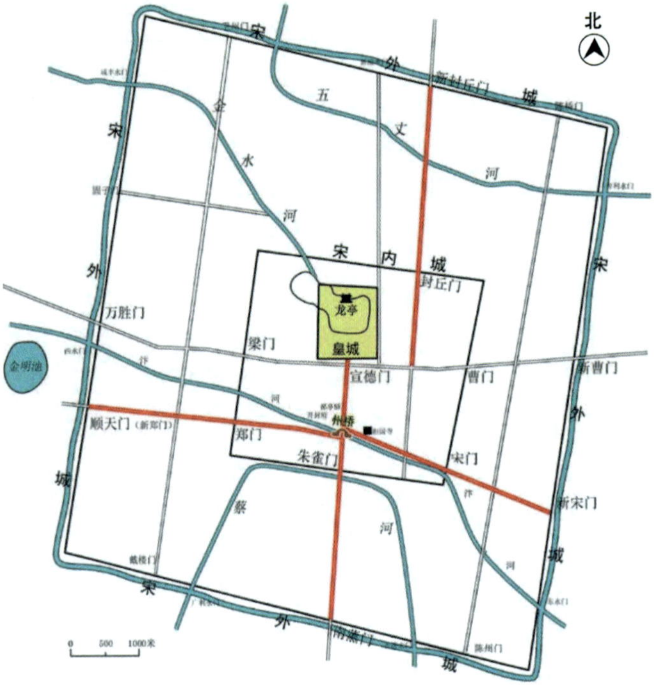

图1　开封州桥及附近汴河遗址（图片引自周润山《开封州桥及附近汴河遗址的发掘》，《大众考古》2023年第8期）

时监测与保护。同时，考古工作者认识到公众参与的重要性，显著增强了公众考古的宣传力度与广度，不仅促进了考古知识的普及，更激发了社会各界对保护文化遗产的热情与责任感，为未来的遗址保护、展示与利用奠定了更加坚实的科学基础，赢得了广泛的社会支持。

2021 年 8 月至 2022 年 1 月，安徽省文物考古研究所组织了宿州灵璧凤山大道隋唐大运河遗址的考古挖掘，首次发现利用自然河道拓宽通济渠及漕运分有主副航道的证据，并在北岸河堤坡底部发现了与柳孜运河遗址、宿州埇上嘉苑运河遗址形式不同的木岸狭河迹象。本次发掘成果被评选为“2020—2021 年安徽省十大考古新发现”[6]。为了更好保护灵璧凤山大道隋唐大运河遗址，让考古发掘成果惠及民众，遗址剖面被搬迁至宿州市博物馆进行保护及展示。该运河剖面墙长 54 米、高 4 米，是目前国内同类展示中尺寸最大、历史跨度最广的运河河道地层剖面。此剖面墙通过清晰分层的地层，完整呈现了从隋大业元年（605）运河开凿之初至宋金对峙时期，近 500 年的地质变迁与历史沉积，为观众提供

---

6 宿州博物馆 . 因运河而生的古城 | 隋唐大运河宿州段考古——灵璧境内 [EB/OL].（2023-10-27）[2024-05-23]. https://www.sz-museum.com/channel/28.html?wd=xslw.

了一幅直观且连续的“运河历史时间轴”画面。对灵璧凤山大道隋唐大运河遗址的迁移工作，不仅是有效保护不可移动文物的一种创新之举，亦是提升博物馆展陈效果的手段之一，收获了良好的展示效果。

2023 年 7 月 6 日，中国考古学会大运河考古和保护专业委员会成立大会暨首届大运河考古与大运河文化公园建设研讨会在河北省沧州市召开，首家中国大运河考古与研学基地在沧州落户，此举标志着我国在大运河这一世界文化遗产的考古探索与保护利用领域迈入了专业化、系统化的全新发展阶段。新成立的专委会不仅以科学的态度、创新的手段，深入推进运河文化遗产的保护与传承，利用现代科技手段创新保护方式，精准对接了运河考古领域的迫切需求，还通过提供专业指导、制定行业标准与规范，显著提升了考古工作的科学性、规范性和精准度。在专委会的统筹下，大运河考古发掘与研究、文物保护与管理、文化展示与利用将迎来蓬勃的创新实践浪潮，为大运河世界文化遗产的传承与发展注入新的活力与可能性。

（二）文物保护与管理

为确保文物的安全和完整性，有效防止自然老化、破损以及人为破坏，同时保证文物研究的有序开展和文物陈列展示的优化，大运河国家文化公园博物馆进一步加强了文物保护与保管工作。主要措施包括修复馆藏文物、完善馆藏文物管理机制，以及保护和修缮不可移动文物等，在大运河国家文化公园博物馆中，共有 20 家具有可移动文物修复资质。2022 年，大运河国家文化公园博物馆的常规实验室、文物修复室面积共计 48 848.98 平方米。至 2023 年，这一数据增长至 50 521.83 平方米。这一进展体现了这些博物馆对文物保护与保管工作的重视。

1. 可移动文物

徐州博物馆顺利实施了“徐州博物馆馆藏纸质文物保护修复项目”，修复了 22 组共计 146 件馆藏书画文物，完成了“北洞山楚王墓出土彩绘陶俑展”涉展文物修复、“土山二号墓出土漆木棺抢救性保护修复项目”和“馆藏纸质文物保护修复项目”。2022—2023 年，徐州博物馆总计修复文物 1141 件。

2022—2023 年，大运河国家文化公园博物馆的藏品管理与保护工作也在稳步开展。江苏省积极推进“江苏省博物馆藏品档案动态管理系统建设项目”，实现了江苏省文物系统博物馆藏品档案的动态信息及出入库变动信息的实时动态获取，在提升文物信息保护水平的同时，也增强了对文物本体的保护。徐州博物馆组织完成该项目调研工作并举办座谈会，配合藏品档案动态管理系统的实施，调整完善藏品管理系统功能及数据，同时积极推进“馆藏文物预防性保护二期项目”环境监测系统平台建设。苏州博物馆则完成了标准版博物馆藏品管理系统、全省文物智慧管理平台的主体功能模块开发。中国大运河博物馆开发的藏品综合全流程管理系统，可以对馆藏文物进行有序、科学、规范的管理，为保障文物的安全和完整提供了平台，并能够实现从藏品的入藏提用、日常记录、档案检索及数字资源管理等多模块功能。浙江省博物馆以浙江省博物馆数字资产管理平台为基础进行提升和拓展，开发建设了“浙江博物馆藏品数字资源管理平台”，已导入全省文物藏品数据 914 187 条，收录全省文物收藏单位 358 家，该平台可以进行信息查询、数据导出、图形统计等，并能够实现对全省各级文博单位馆藏文物的归档、整合，促进馆际交流与互动，打破各单位间的壁垒，提升藏品科学管理与应用水平。

2. 不可移动文物

作为线性文化遗产，大运河沿线的不可移动文物数量众多、分布范围广泛，不同区域之间的自然环境与文物保存现状有较大差距，保护与保管工作具有一定难度，因此各区域都陆续出台相关政策，以防止不可移动文物损毁，延缓文物自然老化速度。大运河国家文化公园博物馆在遵守文物保护政策法规基础上，不断探索创新性的不可移动文物保护管理措施，助力大运河沿线不可移动文物的科学管理。

基于对不可移动文物更全面的数据维护与更智能的管理需求，故宫博物院的遗产保护团队与信息化管理团队共同搭建了“故宫世界文化遗产监测总平台”[7]，以展示遗产总貌、进行风险与保护管理综合评估为主旨，以遗产地防范风险和评估管理为最终目标，期望形成故宫遗产保护管理工作“评估—改善—监测—评估”的完整闭环[8]。北京艺术博物馆建立了不可移动文物数据库和古建文化遗产监测系统，对该馆所坐落的万寿寺建筑进行三维扫描，建立了不可移动文物电子档案，能够对古建筑群的修缮发挥作用。

中国大运河博物馆对运河沿线的土遗址进行发掘提取，在充分评估其历史、文化、科学和艺术价值后，对不可移动文物进行了异地搬迁保护。展厅内环境稳定，可以避免文物遭受自然侵蚀。对于搬迁后文物出现的开裂等病害，博物馆采取了灌浆修补、固化、脱盐、防霉等一系列保护修复措施，并实时监控环境温湿度，根据原址环境、保存环境进行预防性保护工作，尽可能消除损坏文物的潜在因素，降低文物受损速率。苏州博物馆实施了“狮子林祠堂后四进建筑保护修缮”项目，针对狮子林祠堂后四进建筑存在的屋面漏雨、木构件糟朽、油漆剥落、墙面粉刷层剥落等残损现象，进行系统、全面的保养维护，确保了狮子林祠堂建筑的稳固，提升了不可移动文物的展示质量。徐州博物馆基本陈列中共有 7 处异地搬迁保护的遗迹，由于每类考古遗迹的特殊性，这 7 处遗迹分别采用不同的搬迁展示方法，包括分体搬迁陈列、整体搬迁陈列、地层剥离剖面陈列[9]，这些方法既保护了不可移动文物，也满足了学科发展和科学研究的需要。

---

7 常梦龙．不可移动文物数据管理研究及实践——以故宫世界遗产监测总平台项目为例 [J]. 东南文化，2022（S2）：117-123.

8 狄雅静．故宫的遗产监测——从故宫世界文化遗产监测总平台的架构谈起 [J]. 中国文化遗产，2020（3）：43-48.

9 原丰．特殊语境下不可移动文物在博物馆陈列中的运用——以徐州博物馆为例 [J]. 东南文化，2021（4）：16-21.

（三）文化展示与利用

大运河国家文化公园博物馆都有“运河”这一共同主题，因此展示运河考古成果、阐释运河文化、展现运河精神便成为博物馆展览体系中的重要组成部分。运河主题博物馆的常设展览中普遍包含运河考古的内容，如淮北市博物馆的“运河遗韵厅”“柳孜盛景厅”“运河瓷器厅”，济宁市博物馆的“运河厅”，还有聊城中国运河文化博物馆的“大运风华——运河文化陈列”展；临时展览的策划也常以运河考古为主要选题方向，如中国大运河博物馆“运载千秋——新时代大运河重要考古成果展”，绍兴博物馆的“守望——两宋皇陵考古成果展”，以及淮北市博物馆的“淮北—烈山窑址”发掘成果展等。在运河考古展示方式中，将不可移动文物异地搬迁陈列的做法颇为常见，如中国大运河博物馆展厅内的郑州古汴河遗址剖面、镇江铁瓮城清代石铺路、宜兴宋代砖瓦窑、镇江唐代船型墓，淮北市博物馆中的唐代货船与独木舟，隋唐大运河文化博物馆中的汴河故道剖面（图 2）。

图 2　隋唐大运河文化博物馆中的汴河故道剖面（图片来源：隋唐大运河文化博物馆官网）

除博物馆展示外，其他文化旅游相关部门同样致力于运河文化的传播、展示与利用，通过实施一系列规划建设，并配套举办丰富多样的活动，显著增强了运河文化的传播广度和深度，提升了大运河文化的影响力。大运河文化带的规划建设整体呈现工程推进系统化、保护规划多层次化、文旅融合规范化、公众参与开放化的特点。以运河为主题的文化活动都能较好地与地方特色、非遗艺术相结合，丰富了运河文化的维度，实现了文旅协同发展。

由北京市委宣传部、中国新闻社主办，北京市文物局等单位组织承办的北京（国际）运河文化节以“游运河，行大运”为主题，整合大运河（北京段）沿线文化、旅游、体育等各类资源，围绕“千年运河”“缤纷运河”“活力运河”三大板块，推出系列线上线下活动[10]，邀北京市民共享运河保护利用成果。淮北市邀请中央美院知名画家创作以运河文化为主体的艺术品，编排、公演大型古装泗州戏《柳江口》等，并积极参与“运河情·江南韵”大运河民族音乐文化传承展示周活动。此外，淮北市举办了“运河寻梦”2023年中国（淮北）大运河文化带非遗展暨非遗进景区——安徽省传统戏剧扶持项目汇演比赛，打造大运河文化艺术节、申遗成功周年庆、临涣民俗“踩街”巡演等地方特色活动品牌，展示非遗艺术的独特魅力，增强运河文化的影响力和生命力。以柳孜运河遗址为中心，淮北市整合县内运河沿线的古城汉墓、运河故道等特色资源，打造运河文化精品线路，让旅游业更好地服务美好生活、展示中国形象、增进文明互鉴。淮北市还设计开发了一系列大运河系列文创产品，创新运河遗产利用，展现运河文化的独特风格[11]。

北京市大运河文化带建设按期推进，路县故城考古遗址公园一期建设顺利完成，北京大运河博物馆（首都博物馆东馆）已于2023年底向公众开放。大运河源头遗址公园完成了环境整治、修缮保护、资源数字化及档案管理等工作，并在2023年4月向公众开放。淮北市在相继完成柳孜运河遗址病害处理整治工程、环境综合治理项目基础上，组织有关部门编制《大运河柳孜运河遗址保护管理规划方案》《柳孜运河遗址保护展示工程项目计划书》《柳孜运河遗址环境综合治理施工方案》等规划，开工建设柳孜运河遗址永久性保护大棚，并规划在柳孜运河遗址建设遗址博物馆、考古模拟体验中心等项目，系统展示运河结构、河道变迁等遗址考古发掘成果[12]。山东省围绕大运河国家文化公园建设，推进考古发掘、保护修缮、展示利用重点项目。具体包括：实施列入世界文化遗产名录的8段河道、15个遗产点的管控监测项目；以南旺枢纽国家考古遗址公园、河道总督署遗址展览馆建设为重点，打造国家文化公园建设示范项目，并推进德城运河遗址、临清运河钞关、夏镇古运河等保护项目；打造“鲁风运河”文化旅游品牌，形成遗产集聚，集中展示利用大运河文化遗产[13]。

三、特点与存在问题

近年来，大运河考古、保护与利用工作在各级政府和文物保护机构的积极推动下，取

---

10 北京市人民政府 . 2022 北京（国际）运河文化节 [EB/OL].（2022-10-08）[2024-05-24]. https://www.beijing.gov.cn/renwen/zt/2022sdwhd/2022bjyhwhj/index.html.

11 安徽省文化和旅游厅 . 淮北市“三并”齐发推进运河遗址文化遗产保护与传承 [EB/OL].（2023-12-15）[2024-05-23]. https://ct.ah.gov.cn/zwxw/qswlxxlb/80510875.html.

12 安徽省文化和旅游厅 . 淮北市“三并”齐发推进运河遗址文化遗产保护与传承 [EB/OL].（2023-12-15）[2024-05-23]. https://ct.ah.gov.cn/zwxw/qswlxxlb/80510875.html

13 山东省文化和旅游厅 . 山东省文化和旅游厅　中共山东省委宣传部印发《文物保护利用“十大工程”实施方案》的通知 [EB/OL].（2023-05-07）[2024-05-24]. http://whhly.shandong.gov.cn/art/2022/5/10/art_100579_10302045.html.

得了显著进展。2022—2023 年，大运河的保护与传承工作进入新的发展阶段，各地博物馆和相关机构通过系统性考古发掘、科学性文物修复、全面性保护规划，以及创新性利用方式，进一步挖掘了大运河文化的内涵与价值，展现了大运河文化的深远影响。尽管当前阶段在大运河的考古发掘、保护策略及利用实践方面已取得一定成果，但仍存在诸多待完善之处，亟须进一步的学术研究与实践探索。

（一）阶段性特征

大运河国家文化公园博物馆的大运河考古、保护与利用工作在过去两年间呈现出一系列特征，具体表现为以下几点：

首先，在稳步推进运河考古发掘工作与累积重大成果的过程中，科学性、系统性得到了进一步强调，并且博物馆更加注重对考古发掘成果的研究与收藏工作。2022—2023 年，大运河国家文化公园博物馆考古发掘藏品数量分别为 1964 件和 2029 件，呈增长趋势。多家单位通过考古调查，在沿运河区域发现了多处具有历史重要性的遗址与文物，这些发现不仅深化了人们对大运河历史演变、文化内涵及功能布局的理解，也为学术界提供了丰富的实物资料，促进了相关研究的深入。经由考古发掘工作，大运河国家文化公园博物馆中与运河文化紧密关联的文物比例也得到了提升，博物馆构建了更为完善的运河文化收藏体系，奠定了坚实的文物基础。

其次，运河考古的工作内容不断优化，逐步从单一的发掘环节，向涵盖发掘、深入研究、保护修复及传承利用的全方位、全流程模式转变，这一过程不仅体现了博物馆对历史文化遗产价值的深刻认识，也彰显了考古学与文化遗产保护理念的融合发展。大运河国家文化公园博物馆积极开展文物修复工作，在确保文物安全、提升文物展示与利用价值方面做出了突出贡献。文物修复工作不仅恢复了文物原貌，也提升了文物的展示与利用价值。同时，博物馆还将考古发掘、修复成果进行转化与传播，有效增强了运河沿线民众的文化认同与自信，对推动大运河文化遗产的传承与保护具有深远意义。

最后，大运河国家文化公园博物馆基本实现了运河展示专题化，并将文化活动拓展至博物馆外部空间。各博物馆在发掘运河内涵基础上，突出运河文化特色，使其成为展览体系的核心，深入展示运河考古成果、阐释文化底蕴、弘扬运河精神。多家博物馆设立了运河主题展厅，以多样化的展览形式呈现运河的历史风貌与文化价值。博物馆及文旅部门还整合大运河沿线资源，打造线上线下互动体验、运河文化精品线路和文创产品等，邀请公众参与共享运河保护成果，增强了运河文化的传播力与生命力。

（二）存在问题

尽管大运河国家文化公园博物馆在考古发掘、文物保护与利用方面已取得了一系列显著成就，其工作成果在学术界与社会层面均产生了深远影响，但仍存在若干不容忽视的不足之处。

首先，大运河区域的考古工作虽已步入了一个新的发展阶段，不仅发掘成果丰硕，且研究深度与广度均有显著提升，但当前的发掘工作仍有局限，特别是在某些关键历史节点或特定文化区域的探索上，尚需加大力度，以进一步揭示其历史演变、文化内涵及功能布局的全貌。同时，跨区域的考古协作机制亟待进一步强化。部分考古机构与博物馆虽已尝试与非文物文博部门开展联合调查与发掘活动，整合更为广泛且专业的资源，但受现行行政区划的制约，地理邻近区域在考古实践中的协同作业仍面临障碍，这在一定程度上削弱了运河作为线性文化遗产的连贯性与整体性。鉴于古代行政区划与现代格局的差异，以行政区划作为考古工作的划分标准难以适应运河文化遗产保护与研究的需求。因此，应倡导并推动跨区域合作，打破行政壁垒，实现考古资源的优化配置与运河文化遗产的全面、系统化保护。

其次，在文物保护与修复领域，大运河国家文化公园博物馆及相关机构已构建了较完善的保护体系，但面对文物类型的多样性和保存状况的复杂性，保护修复工作仍面临诸多挑战。相比于可移动文物，不可移动文物与周边环境通常存在伴生关系，故该类文物的保护与修复难度更大，如何最大限度地保留文物原始信息、如何平衡保护与利用的关系等，都是需要进一步探索和创新的重要课题。

最后，从文化传播利用角度来看，大运河国家文化公园博物馆通过策划专题类展览、走出博物馆空间、举办多样化的文化活动等方式，有效增强了运河文化的传播力与影响力。然而，运河考古成果存在共性，导致展览内容缺乏个性和创新，面临着同质化的挑战。同时，博物馆在运河考古展示上多依赖静态陈列，观众的互动体验和参与感偏弱。博物馆即便通过异地搬迁不可移动文物来增强沉浸感，也难以解决这个问题，因为不可移动文物的异地陈列仍需面临难以还原文物环境、脱离历史语境等问题，在有限的展示空间中深度挖掘和广泛呈现运河文化，还存在诸多可改进之处。因此，关于运河文化的展示方式还应探索创新，寻求其他有效路径，以提升展览的个性化和观众的体验质量。同时，当前文化传播的广度和深度仍有待拓展，特别是在提升公众，尤其是青少年群体对运河文化的认知与兴趣方面，还需采取更多创新举措。面对文化活动存续时间短及空间限制等挑战，博物馆需要进行更深入的规划以确保活动的持续性和长期影响力，并探索吸引非本地居民参与、扩大活动影响范围的有效途径。在规划建设中，尽管面临资源整合困难、资金与技术局限等多重挑战，博物馆仍应在遵循遗产保护规划、突出不同遗址建设项目独特性的基础上，有条件地开展工程建设，展现运河文化的多样性与区域性特色，规避同质化。同时，通过规划和管理，进一步提升运河文化遗产的保护和利用水平，实现文化传承和经济发展的双赢目标。

四、总结与趋势

2019 年 7 月 24 日，中共中央总书记、国家主席、中央军委主席习近平主持召开中央全面深化改革委员会会议，审议通过了《长城、大运河、长征国家文化公园建设方案》。《方案》明确，要坚持保护优先、强化传承，重点建设管控保护、主题展示、文旅融合、传统利用4类主体功能区[14]。2020年11月13日，习近平总书记来到扬州考察调研。在运河三湾生态文化公园，习近平总书记指出，要把大运河文化遗产保护同生态环境保护提升、沿线名城名镇保护修复、文化旅游融合发展、运河航运转型提升统一起来，为大运河沿线区域经济社会发展、人民生活改善创造有利条件[15]。由此可见，国家重视大运河文化与旅游协同发展，着力于利用文化资源带动经济发展，反哺遗产保护，实现文化产业的良性发展。

未来，各地应在国家政策指引下加深与大运河沿线地区的合作，提升保护利用效能，提高大运河文化遗产保护传承利用水平，坚持以文塑旅、以旅彰文，实现文旅融合发展，将大运河考古研究和保护利用推向新高度，彰显大运河文化的独特魅力与时代价值。大运河国家文化公园博物馆也将致力于深化资源的整合与共享机制，推动文旅深度融合发展，形成强大的文化合力，有效整合社会资源与多元传播渠道，精心打造运河文化品牌、推出运河文化产品、提升文旅服务水平。

作为世界文化遗产，大运河考古研究与保护利用的国际交流与合作不可或缺。大运河国家文化公园博物馆应积极拓宽国际合作渠道，加强与国际各方在运河文化领域的对话与交流，搭建国际化的学术平台，积极举办出入境展览、学术研讨会等；开展国际人员交流活动，吸收借鉴国际先进理念与技术，促进知识共享与人才培育，提高运河研究的质量和水平；借助考古学术研究及文化旅游活动，多维度提升大运河的国际影响力与认知度，为大运河文化保护传承利用发出中国声音、提出中国方案、贡献中国智慧。

| 作 者 简 介 |

李兆希，复旦大学文物与博物馆学系博士研究生，研究方向为博物馆学、展览策划。

14 新华社．中共中央办公厅、国务院办公厅印发《长城、大运河、长征国家文化公园建设方案》，[EB/OL].（2019-12-05）[2024-08-01]. https://www.gov.cn/xinwen/2019-12/05/content_5458839.htm.

15 徐国兵．让大运河文化遗产绽放时代新韵 [EB/OL].（2024-08-14）[2024-12-10]. http://www.ncha.gov.cn/art/2024/8/14/art_722_190777.html.

案例篇

第一节 线性遗产在博物馆中的展示策略
——以隋唐大运河文化博物馆基本陈列为例

摘要：隋唐大运河文化博物馆是全国首个围绕隋唐大运河进行系统性阐释的博物馆，其基本陈列“国运泱泱——隋唐大运河文化展”从内容构建到展陈设计历经多次深入探讨和修改，其间甚至对前期大纲思路进行了彻底的重构。鉴于隋唐大运河这一线性遗产的宏大尺度，基本陈列内容最终确定以大运河的突出普遍价值为构思基础，围绕隋唐大运河的杰出性、技术成就、文化传统、当代价值开展内容组织，聚焦关键历史事件和人物，利用大体量文物和场景烘托大运河的崇高意义，化繁为简地讲述隋唐大运河的故事。

关键词：隋唐大运河；世界遗产；博物馆；基本陈列

洛阳是中华文明的摇篮之一，在其起源发展进程中作用显著。4000 多年的城市发展史和 1500 多年的建都史，使之承载了博大精深的中华文化，洛阳因此成为国家首批历史文化名城和著名古都。洛阳的地下地上不仅保留有丰富的文化遗存，大运河、丝绸之路、万里茶道三条线性文化遗产更是交汇于此，这在中国城市中绝无仅有。

大业元年（605），隋炀帝为巩固国家统一，以东都洛阳为中心，开凿通济渠和永济渠，疏通邗沟和江南河，首次贯通了北至涿郡（今北京）、南达余杭（今杭州）的中国南北水运交通大动脉，奠定了中国大运河的发展格局。历史悠久的隋唐大运河，给洛阳留下了河道、水工设施、漕运官仓、城市遗址和历史街区等丰富的文化遗产，隋唐洛阳城、通济渠、含嘉仓、回洛仓等是其中的代表性遗存。洛阳作为古代运河城市的典型代表，开创了“洛水贯都”的都城格局，众多的运河遗存，不仅见证了隋唐时期洛阳高度发达的水运和仓储系统，而且对我国古代漕运史和运河城市研究具有重要意义。

一、展览背景

2017 年 6 月，习近平总书记就大运河文化遗产保护利用作出重要指示，明确了建设大运河文化带的重大战略构想，提出打造展示中华文明的“金色名片”，为保护好、传承好、利用好中华优秀传统文化，不断铸就中华文化新辉煌指明了新路径。

2019 年 2 月，中共中央办公厅、国务院办公厅印发了《大运河文化保护利用传承规划纲要》，该文件提出大运河文化带的空间布局要“根据大运河区位特征、水系特点、河道现状和沿线经济社会发展基础条件，以京杭大运河和浙东运河为骨干，充分发挥线性串联和综合展示功能，打造大运河文化带的主轴，推动隋唐大运河成为大运河文化带的重要一支，实现大运河水域、岸线及沿岸珍贵文化、生态、景观等资源要素点带汇聚、有机组合和高效匹配”。作为“大运河文化带”建设的指导性文件，《大运河文化保护利用传承规划纲要》基本明确了隋唐大运河在“中国大运河”体系中的定位，即相较于全线通水的京杭大运河与浙东运河，掩埋于地下的隋唐大运河应更加注重中华传统文化和价值观念的传承与表达。

在《大运河国家文化公园（河南段）建设保护规划》中，同样强调了隋唐大运河在支撑隋唐宋三代封建王朝鼎盛繁荣、铸就中华历史主体形态方面发挥的重要作用，并将洛阳定位为运河源头、隋唐胜迹，在规划建设上深入挖掘运河对于国家政治一统、经济发展、文化交流、民族融合的重大作用，旨在展现盛唐时期自信包容、雄健豪迈的文化风貌。

综上，我们将隋唐大运河文化总结为四个方面：一是水陆交汇、南北贯通的枢纽文化；二是方正择中、四方辐辏的都城文化；三是仓储天下、粮稳国安的农本文化；四是薪火相传、匠心独具的水工文化。在展示运河多维度文化的同时，亦要体现三种精神：一是兼容并蓄、海纳百川的开放精神；二是革故鼎新、通时达变的创新精神；三是生生不息、勤劳勇敢的实干精神。

二、内容建构

隋唐大运河文化博物馆是我国首个围绕隋唐大运河进行系统性阐释展示的博物馆（图 1），为更好把握隋唐大运河这一世界级超大规模线性遗产，我们委托中国文化遗产研究院世界遗产保护中心承担展陈大纲编制工作，并联合本地考古、博物馆专家共同策划展览内容，隋唐大运河文化博物馆基本

图 1　隋唐大运河文化博物馆建筑与环境

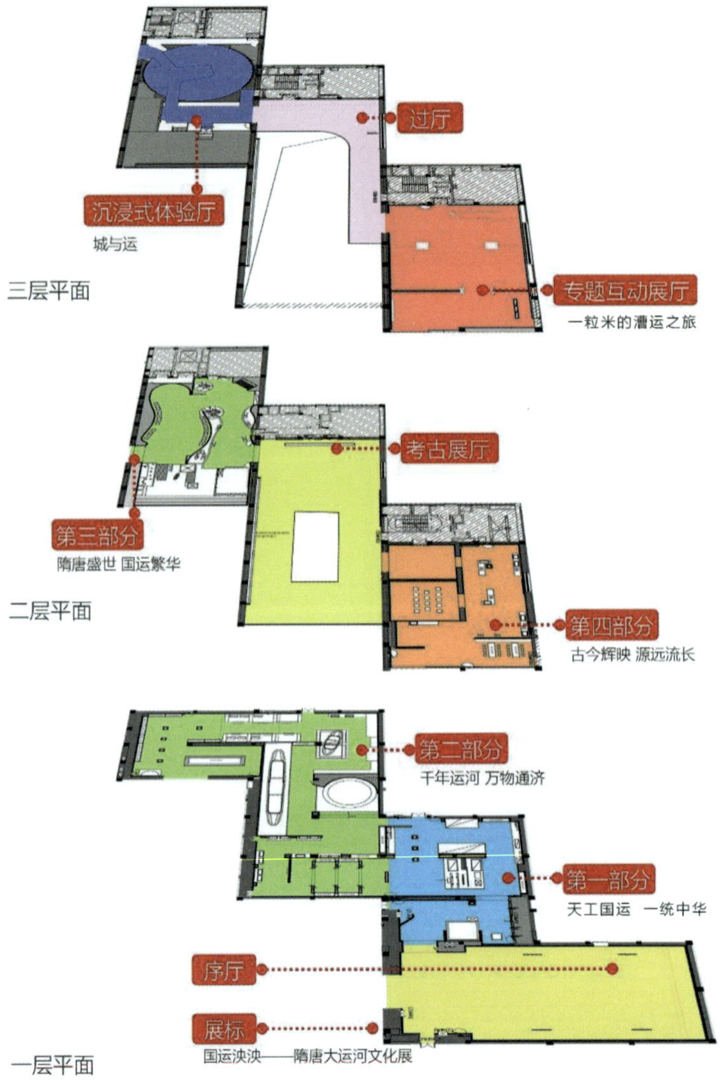

图2 “国运泱泱——隋唐大运河文化展”展厅总体平面图

陈列最终被定名为“国运泱泱——隋唐大运河文化展”（图2）。

隋唐大运河作为中国大运河世界遗产的重要组成部分，其公认的突出普遍价值为内容编纂提供了指引。

突出普遍价值的首要标准即该遗产的杰出性，它必须是人类创造力的杰出实例。

展览第一部分“天工国运 一统中华”就围绕隋唐大运河的开凿来展现这一伟大工程的杰出性。本部分通过“形胜天下”“纵贯南北”“工开万物”三个单元详细介绍了隋朝的历史背景、洛阳乃至全国的地理环境以及古代工匠创造的水利工程壮举。

开皇九年（589），隋朝完成了“大一统”，结束了中国南北分割的政治局面，为建设大运河奠定了坚实的基础。大业元年（605），隋炀帝下令启动了两项国家工程，一是营建东都洛阳，二是开凿大运河。洛阳“四面环山，六水并流，八关都邑，十省通衢”，不仅是建都的首选之地，也是全国物资集散的水陆要冲，满足了隋朝政治、经济、军事多方面发展的需求。自大业元年至大业六年（610），隋炀帝动用百万民力相继开凿了通济渠、永济渠，并疏通了邗沟与江南河，首次贯通了海河、黄河、淮河、长江、钱塘江五大水系，奠定了中国大运河的基本格局。传承千年的夯土版筑技术，朴素实用的埽工技术，以及运作有序的水柜复闸、设计巧妙的木岸狭河等水利技术无不显露出古代先民们超凡的智慧和卓越的创造力。

突出普遍价值的第二项标准，即隋唐大运河与古代国家治理、自然环境密不可分，是一个伟大农业文明的功能核心。因此我们在展览第二部分“千年运河 万物通济”中，精心策划了“漕运管理”“天下粮仓”“往来舟楫”“臻品云集”四个单元，分别从制度、仓窖、舟船、商品四个角度组织展陈内容，向观众阐释隋唐大运河的农本文化和枢纽文化。

大运河所承载的漕运，是中国古代重要的经济命脉，也是中央集权政治治理的重要举措。唐朝首次建立了比较完备的河道与水运管理体系，依托工部、水部系统的政务机关，以及基于都水监系统的事务机构，对后世的运河管理产生了深远影响。唐中期设转运使，负责治河与漕运两项事务的职官开始分置。宰相裴耀卿实行的分段运输法和刘晏实施的转般法为唐朝的繁荣与延续发挥了重要作用。

仓储设施是漕运不可或缺的一环。为了适应漕粮从江南各地集中运输到北方京畿之地，隋唐两代围绕东都洛阳建设了一系列粮食储存仓和转运仓，形成了庞大转运仓廪系统，在此基础上发展而来的高超的仓窖修造技术和制度化的仓窖管理，更为大唐盛世提供了强有力的保障。运河上往来的各种舟船也是隋唐两代国家富强的缩影。随着隋唐大运河的贯通，朝廷开始有组织地大规模建造船舶，不仅在淮南、江南等地建立了全国造船基地，舟船在类型、大小、造船技术工艺等方面也得到了空前的发展。大运河在发挥漕运功能的同时，也因水运便利促进了全国商品经济的繁荣，大江南北的商品毕集于洛阳，陶瓷器、金属器及纺织品成为运河上的主要货物，三彩器的发展在唐朝更是达到了鼎盛。

突出普遍价值的第三项标准，即注重遗产对人民生活方式和文化传统的影响，隋唐大运河由盛转衰呼应着一个时代的兴衰起伏。展览的第三部分“隋唐盛世　国运繁华”将视线转向隋唐时期的“人文”与“交流”。大运河为大量船工提供了就业岗位，为商人提供了快捷的商品运输手段，为官员举子提供了宦游上京的便利条件，为虔诚的僧侣打开了出海求经的方便之门……

第三部分以汴河文化层为隋唐大运河的古代史画上句号。提取于开封州桥遗址考古现场的汴河故道坡面，其深厚又层次分明的淤土中夹杂着石块、瓦砾、瓷片、动物骨骼等人们生产生活的痕迹，这些来自唐、宋、元、明、清等不同历史时期的沉积物，取代了传统的文字记载，古运河在此留下了时间“密码”，任观众自行解读。

隋唐大运河虽然逐渐被尘土埋没，但并不代表着它已彻底退出历史舞台。现当代的隋唐大运河仍是展览不可或缺的一部分，特别是中国大运河的漫漫申遗路，已经成为中国申遗史上一个无法复制的经典传奇，需要在展览中予以专门介绍。第四部分“古今辉映　源远流长”分为“玉汝于成——大运河的申遗之路”和“畅想未来——运河遗产的未来”两个单元，以 2014 年申遗成功为界。前半部分讲述了中国大运河的申遗历程，重点介绍洛阳在申遗过程中所做出的巨大努力和贡献，详述世界遗产委员会对大运河的价值标准认定，并从全球视角审视世界范围内的运河遗产；后半部分聚焦后申遗时代，从国家顶层设计到公众参与保护传承，最后总结中国大运河的当代价值。至此，关于隋唐大运河的叙事形成完整闭环。

三、形式表达

隋唐大运河文化博物馆在建筑展厅空间的设计上，充分体现了大运河的宏伟与广阔。基本陈列展厅分布于博物馆建筑的一至三层，总面积达 7000 平方米，采用单向线性参观游线设计，确保观众无需折返。观众从一层入口进入，逐层向上，按顺序参观，依次了解隋唐大运河的“诞生”“运转”“兴衰”“传承”，最后来到三层体验“一粒米的漕运之旅”沉浸式数字互动展，在此平衡展览严肃和庄重的氛围，增强观众的参与感和体验性。

在关键参观节点营造具有代入感的场景氛围是“国运泱泱——隋唐大运河文化展”的一大特色。

位于展览开端的序厅，占地 600 平方米，层高 16 米，视野开阔。形式设计团队利用三面墙体创作出总面积约 1000 平方米的巨型浮雕作品《国脉》。这件作品以黄沙岩浮雕和高浮雕为底，其间镶嵌了一块面积达 200 平方米的 LED 屏幕，如同一条蓝色丝带，展现了隋唐大运河的壮丽景观，直观地传达展览主题。屏幕中播放着波光粼粼的运河上船只往返于洛阳、余杭和涿郡之间的动画视频，浮雕中则刻有栩栩如生的南北风物、车水马龙的运河码头，流动的运河与厚重的浮雕动静结合，营造出宏大的时空感，极富视觉冲击力（图 3）。

在展览第二部分的“往来舟楫”单元中，为了让观众身临其境地感受船工以船为家、以水为生的水上生活，展陈团队选择了场景构建的方式，模拟古船结构，搭建了近 80 平方米的舱内场景，场景内有甲板、门窗等木构做旧船身，还布置了麻绳、蓑衣、水缸等航行和生活用具（图 4）。20 余件洛阳运河二号古沉船出土文物陈列在场景中，同时播放“船工号子”多媒体视频，多层次触发观众的感官体验。

展览第二部分参观结束后，观众将走进一层中央大厅，再上电梯转入二层展厅，近 3000 平方米的中央大厅需要完成展厅的过渡与展线的衔接，展陈团队以一艘巨型楼船模型巧妙地解决了这个难题。该楼船按照 1：2 的比例进行复原，船长 19.5 米，船宽 5.7 米，船高 8 米，主桅高 13.6 米，重 60 余吨。《隋书·炀帝纪》记载：“遣黄门侍郎王弘、上仪同于士澄往江南采木，造龙舟、凤艒、黄龙、赤舰、楼船等数万艘。”其中，楼船就有 422 艘。

图 3　序厅《国脉》浮雕

图 4　水上生活场景

如此大体量的楼船不仅在展厅空隙之间保持了展览叙事的连贯性，而且在开阔的建筑空间中显露出大运河雄壮豪迈的特质。

第三部分“隋唐盛世　国运繁华”更加凸显展陈团队对场景打造的重视。新潭是唐代大运河上最重要的内河航运码头之一，其历史地位举足轻重。大足元年（701），运河船舶数量大增，为安置诸州租船，武则天下令于洛阳立德坊南开凿新潭。新潭建成后，游船商舶多达万艘，填满河路，盛况空前。根据《新潭赋》中所描述的景象，借以建筑、人物、舟船模型和透视壁画，新潭的繁盛在展厅的一隅得以复原重现。展览巧妙地利用空间分割形成视线遮挡，观众按游线行走过程中达到移步换景的效果，渲染场景的延展性。

运河带来的繁荣不仅体现在经济发展上，也反映在文学诗词中，隋唐诗人们直接或间接描写运河的诗词不胜枚举。“诗画运河”单元将绘画、雕塑、诗词融合在一起，创造了展览中情调最为高雅的一处沉浸式场景。

四、展品选择

隋唐大运河文化博物馆不仅是一座常规意义上的历史类专题博物馆，还具备许多遗址博物馆的特征。鉴于大运河这一线性文化遗产的特殊性，其紧密相关的水道、遗址、建筑等不可移动文物很难搬进室内展示。同时，尽管隋唐宋时期的考古发掘文物众多，但与运河直接相关的文物较少，精品文物更是凤毛麟角，这为基本陈列中文物展品的选择带来了不少难题和挑战[1]。

因此，展陈团队在征集文物时制定了两项基本原则：一是文物体量不设限，二是文物年代不设限。只要是能与隋唐大运河产生联系和联想的，均可成为展品。得益于洛阳、开封 10 余年来考古工作的丰硕成果，“国运泱泱——隋唐大运河文化展”在文物展品组织上取得了不少突破。

（一）清代古沉船

2013 年 9 月，在洛阳偃师首阳山镇义井村西南洛河北岸的滩地上，因中州渠南岸垮塌，渠水南流冲出一艘古代沉船。后经抢救性发掘，考古工作者共发掘出土清代沉船两艘，分别命名为“洛阳运河一号”和“洛阳运河二号”。运河一号古沉船船体长度约 20.14 米，中部宽 3.48 米，残存最高处 1.42 米，船身最大高度 1.08 米，由 13 个船舱组成，首尾设有生活舱，中部设货舱，是一艘小型内河客货两用运输船。运河二号古沉船出土于一号古沉船东南部，残损严重，仅保留前半部分，残长 10.65 米，残高 1 米，有铁锚与船首相连。

这两艘沉船是洛阳漕运体系从隋唐以降历经千年而不衰的见证者，修复后总重近 30 吨，分别被安置在展厅一层和二层，成为隋唐大运河文化博物馆最重量级的明星展品（图 5）。

（二）隋唐仓窖遗存

粮仓遗址是洛阳地区最具代表性的大运河遗产，除了被列入世界文化遗产的回洛仓、含嘉仓这些国家粮仓，洛阳近年来还发现了规模较小的仓窖群遗址，因其体量小更利于提取搬迁。展览在“天下粮仓”单元就放置有一座原封保存的仓窖遗址套箱。该窖基本呈圆形，窖底直径 5.8 米，口大底小，底平整，壁斜直，其形制与含嘉仓基本一致，底部残存两个对称分布、相距 3.8 米的正方形柱础石。漕运离不开仓窖，隋唐时期我国地下储粮技术已十分成熟，这座仓窖实物相较于

图 5　洛阳运河一号古沉船

1 林留根．历史、本体与象征：“大运河——中国的世界文化遗产”策展 [J]. 东南文化，2021（3）：136-141.

模型更能给观众带来真切的参观感受。

（三）汴河故道剖面

在筹建隋唐大运河文化博物馆的阶段，适逢开封汴河州桥遗址的考古发掘工作正在进行，经洛阳市文物局与开封市文物考古研究所协调，专业团队将发掘现场的汴河河道遗址剖面进行了完整揭取，并将其收藏展示在隋唐大运河文化博物馆，这也成为隋唐大运河文化博物馆基本陈列中尺寸最大的一件展品。汴河或称汴渠，是唐宋时期大运河最重要也是最繁忙的一段。长 30 米、高 10 米的汴河故道剖面平铺在展厅二层中部面积约 500 平方米的大型墙面上，清晰地展现了北宋至明清的沉积层以及沉积物，直观地展示了汴河河道堆积和历史演变情况[2]。运河二号古沉船被放置在汴河故道剖面前，二者共同烘托了昔日胜景与历史沧桑交织的浓厚氛围（图 6）。

（四）其他典型文物

除表现大运河崇高意义的大体量文物展品以外，基本陈列中还有许多细节丰富的文物，它们同样能够深刻反映大运河的历史和文化。例如，体现水工文化的通济渠河堤石、铁细腰；反映都城文化的隋代石狮子、唐三彩文官俑；展现枢纽文化的“扬州都督府之印”封泥、唐宋时期各大名窑的瓷器；体现漕运文化的回洛仓和含嘉仓刻铭砖、唐盐铁使印等。

“国运泱泱——隋唐大运河文化展”共展出文物 800 余件（套），通过将这些文物整

图 6　汴河故道剖面与洛阳运河二号古沉船

2 周润山 . 河南大运河考古研究述论 [J]. 文物天地，2022（4）：102-111.

合到隋唐大运河这一主题下，在展览叙事的语境中，让文物与内容衔接，即所谓的“再情境化”[3]，基本解决了文物数量和种类有限的问题。

五、数字多媒体技术应用

为了更加形象、生动地阐释展览内容，基本陈列在立面文字图片说明的基础上，还融入了多达 31 个多媒体展项。这些展项的内容制作方式包括三维动画、演员拍摄和人机交互等，并且设备形式多样，与展品相辅相成，能够让观众，特别是青少年群体更轻松地了解展览知识点，显著增强了展览的感染力和吸引力。

（一）动画、短片

展览中的动画全部采用 3D 建模技术，对夯土版筑技术、木岸狭河技术、埽工技术、水柜复闸技术、仓窖修建技术等水利建筑工程技术进行演示。

短片制作形式多样，主要配合展陈内容进行氛围营造。例如，《水工号子》和《一朝天下知——洛阳大运河申遗纪实》由视频剪辑而成，《运河上的笔触——白居易的故事》和《运河上的君与僧》则采用了演员拍摄的手法，将历史人物生动呈现。此外，展陈团队还制作了一系列大型沉浸式场景视频。《国运泱泱——隋唐大运河全貌》结合了 3D 动画与 80 米长的带状屏幕；《南市繁华》采用了 3D 动画幻影成像技术；时空隧道则融合了沙画艺术与落地大屏；第 38 届世界遗产大会即中国大运河申遗现场视频在 30 平方米的独立影院中循环播放。

（二）人机交互

展厅中设有多处沉浸式互动体验设施，如洛阳山形水势（触摸屏 + 沙盘）、前朝隋唐京杭运河（触摸屏 + 动画演示）、运河上的桥梁（触摸屏 +AR）、诗画运河（触摸屏 + 诗词投影）、运河沿线非遗文化（触摸屏 + 照片墙）、大运河申遗之路（触摸屏 + 资料分类查询）、世界大运河风光（触摸屏 + 图文说明）。

（三）数字化互动体验

为进一步拉近观众与隋唐大运河的距离，展陈团队在展厅第三层以“数字化互动体验”为主题策划推出“国运泱泱——隋唐大运河文化展”的番外篇——“一粒米的漕运之旅”互动体验展和“城与运”360° 沉浸式数字展演。

“一粒米的漕运之旅”带领观众从一粒米的视角，体验一次梦幻的漕运之旅。展览从

---

3 范家昱，燕海鸣 . 世界遗产在展览语境下的价值表述——以隋唐大运河文化博物馆常设展览策划为例 [J]. 中国博物馆，2022（4）：9-14.

唐代物产分布地图开始，巧妙地激发观众的多重感官体验。第一站是“沧州府依法纳税”益智游戏，观众在这里计算要缴纳的租税。接着在第二站“臣有话说”语音识别展项中，由观众扮演宰相裴耀卿或刘晏，为皇帝出谋划策。第三站是漕运互动动画墙，观众将跟随一粒米，从扬子仓分河段坐船向东都含嘉仓进发。第四站是“夯土”和“拉纤”体感游戏，面对复杂的河道情况，观众要扮演民工和纤夫排除险阻。在第五站，观众将目睹东都码头风光，看着船夫们昼行夜宿，将粮食一袋袋搬运上岸。最后，在第六站的“隋唐人的餐桌”美食匹配游戏中，结束一粒米的旅程（图 7、图 8）。

图 7　“一粒米的漕运之旅”互动体验展

图 8　“隋唐人的餐桌”匹配互动游戏界面

“城与运”360° 沉浸式数字展演采用“舟船场景 + 环绕屏幕”的方式，以纯 3D 电脑绘制和渲染达到 8K 的超高清分辨率，将隋唐大运河的前世今生浓缩在 5 分钟的视频中。观众将跟随镜头由南向北，穿越余杭、苏州、润州、扬州、楚州、汴州、洛阳、卫州、魏州、沧州，直达涿郡，在参观途中对运河地理以及运河城市拥有更直观的概念。展演最终以“勇于探索、敢为人先、兼容并蓄、海纳百川”的运河精神作结，启发观众站在新的起点，与大运河产生共鸣。

综上，“国运泱泱——隋唐大运河文化展”充分利用了隋唐大运河作为世界文化遗产的突出普遍价值，将其作为展览的骨架，纲举目张。展陈团队在展览构思上摒弃了繁缛的细枝末节，抓住大运河“开凿—管理—功能—作用”的叙事主线，通过时代特色明显的文物和宏大的场景布置，烘托隋唐盛世的精神气质，展现隋唐大运河区别于元明清大运河的独特魅力。同时，展览巧妙地融入了多种形式的多媒体展项，全方位提升观众的视觉、听觉、触觉体验，使得展览不仅“有意义”而且“有意思”，引导观众在严肃阅读和轻松体验中获得更愉悦的观展感受。

六、未来规划

隋唐大运河文化博物馆基本陈列近 1000 米的参观游线只是勾勒了隋唐大运河的轮廓，其背后所包含的古代经济、政治、社会、军事等海量信息无法在展览中一一呈现，尽管如此，我们仍可依托基本陈列，深入挖掘并探索更多精彩的故事。

（一）持续充实和更新文物展品

博物馆藏品离不开考古机构的大力支持，隋唐大运河文化博物馆基本陈列的大部分文物来自洛阳市考古研究院，这也导致了文物展示的地域局限性。隋唐大运河相关考古发现广泛分布于河南省境内，特别是商丘、开封、巩义、浚县等地，未来博物馆需要加强与河南省文物考古研究院的沟通合作，将最新的考古发现和学术研究成果融入展陈，让更多大运河文物充实进展线，使文物与展览阐释文字形成更为紧密的联系，呈现更加和谐的展览效果。

此外，博物馆可以充分利用二层“汴河考古”展厅开阔的展陈空间，合理增加和布局多组展柜，展示唐宋以来与运河相关的书画长卷作品或复制品，在填补书画类藏品空白的基础上，进一步体现展览的人文内涵，加深观众对大运河变迁的感性认识。

（二）加强基本陈列的多样化表达

随着“博物馆热”在全国迅速兴起，“博物馆剧本游”成为年轻人打开博物馆的新方式。隋唐大运河文化博物馆基本陈列中丰厚的历史文化内涵给予了剧本创作广阔的空间，同时展厅中多样的展览场景也为剧本提供了沉浸式舞台。隋唐大运河文化博物馆将借助节假日延时开放的时间段，推出时长为 90 分钟的悬疑推理剧本游项目《无相 · 运河》，着力将其打造成为全省文旅融合的新亮点。

博物馆还应深化讲解员对基本陈列的理解，鼓励他们不断丰富知识储备，提升专业素养，扩展视野，在构建讲解知识体系过程中，不拘泥于隋唐时期和洛阳地域，在空间和时间上进行拓展和延伸，讲好大运河的前世今生。同时，博物馆要根据基本陈列的优化调整及时更新智能导览器内容，持续补充文物的三维数字化信息，打造针对青少年群体的导览讲解模式，提升不同年龄段观众的使用体验。

（三）推动展陈文物向文化创意衍生品转化

博物馆文化创意产品实质上是博物馆展览的外延，是文物展品、历史文化与当代设计语言碰撞的结晶，富有本馆元素的文创产品已经成为现代博物馆的标配。2024 年，隋唐大运河文化博物馆成功入选河南省首批省级文物单位文化创意产品开发试点单位，获得了有力的政策支持。未来，我们将大力推进文物创意衍生品开发和文化增值服务供给，积极寻求合作伙伴，做好资源梳理、研究、转化和授权，推动文创产品从无到有、从有到多、从多到火，力求通过文创产品、公众研学、内容出版、文旅演艺等方式满足公众高品质的文化需求。

| 作 者 简 介 |

曹琥，隋唐大运河文化博物馆副馆长，研究方向为大遗址保护与展示。

第二节　大运河国家文化公园博物馆场馆建设——以北京大运河博物馆为例

摘要： 北京大运河博物馆建设是贯彻落实习近平总书记关于大运河文化保护传承利用重要指示批示精神的重要成果，是北京建设“博物馆之城”和大运河国家文化公园的龙头工程，是推动京津冀协同发展和全国文化中心建设的标志性项目。本文以北京大运河博物馆场馆建设的实际案例，就新时代博物馆建设在创新理念和创新实践做法等方面进行具体阐述，以期为未来大运河国家文化公园博物馆场馆建设乃至运营管理提供有益的借鉴。

关键词： 北京大运河博物馆；场馆建设；参观体验；运营管理

2017 年 2 月 24 日，习近平总书记在北京考察工作时强调，保护大运河是运河沿线所有地区的共同责任，北京要积极发挥示范作用。同年 6 月，关于建设大运河文化带，习近平总书记又作出重要批示，指出大运河是祖先留给我们的宝贵遗产，是流动的文化，要统筹保护好、传承好、利用好。北京大运河博物馆建设，正是贯彻落实习近平总书记关于大运河文化保护传承利用重要指示批示精神的重要成果，是北京建设“博物馆之城”和大运河国家文化公园的龙头工程，是推动京津冀协同发展和全国文化中心建设的标志性项目。

一、北京大运河博物馆情况概述

北京大运河博物馆位于北京城市副中心城市绿心森林公园西北部，与北京行政办公区隔大运河相望，毗邻六环创新发展轴，于 2019 年 10 月 28 日正式动工，2023 年 12 月 27 日正式面向社会公众开放。北京大运河博物馆与邻近的北京艺术中心、北京城市图书馆一并成为北京城市副中心新的重要公共文化设施。

作为北京大运河博物馆建设单位的首都博物馆以习近平新时代中国特色社会主义思想为指导，深入贯彻落实习近平总书记关于建设大运河文化带重要论述和指示批示精神，坚定文化自信自强，立足新发展阶段、贯彻新发展理念、构建新发展格局，围绕北京作为全国文化中心、国际交往中心的战略定位，以及北京城市副中心打造国际一流的和谐宜居之都示范区的发展目标，汇集国内国际智慧，以国家一级博物馆的标准，历经 4 年，圆满完成了北京大运河博物馆的建设任务。

北京大运河博物馆以大运河作为国家治理的标志物，从国家首都的视角挖掘大运河文化精髓，构建全国性大运河历史文化展示平台，并被纳入大运河国家文化公园建设体系之中。博物馆依据“深刻把握好‘都’与‘城’的关系”的建设原则，以大运河与北京为切入点，从大运河与北京城市发展以及北京服务国家首都建设的互动关系角度，诠释和弘扬大运河文化，通过将北京城市发展的历史脉络与大运河文化有机结合，将大运河的历史贡献、历史地位具体化，形成阐释中国大运河的话语体系，向世界讲好大运河故事、副中心故事、北京故事、中国故事。

北京大运河博物馆总建筑面积 9.97 万平方米，其中地上面积为 6.2 万平方米，地下面积为 3.77 万平方米，总占地面积为 10.24 万平方米，是一座集收藏保护、科学研究、展示传播、社会教育、文化休闲、交流培训等功能于一体，符合国家一级博物馆标准的特大型直辖市级综合类博物馆。作为北京城市副中心标志性公共文化设施之一，北京大运河博物馆的建设有利于提升北京城市副中心的城市魅力和文化品质，促进非首都核心功能疏解，带动区域均衡发展，推进京津冀三地文化交流，实现协同发展，促进文化共同繁荣。同时，北京大运河博物馆还是北京城市副中心的重要文化窗口，有助于加强区域与国际文化交流，对促进文明互鉴和跨地域文化交流合作具有重要的意义。

二、创新理念

在博物馆设计上，北京大运河博物馆遵循以观众和藏品为中心的原则，充分运用现代建筑设计理念，在博物馆功能需求与观众文化需要结合点上发力，打造动静结合的博物馆灵动空间。该空间充分体现开放共享理念，结合博物馆不同功能特点，用多元化的方式满足博物馆展览展示、社会教育、文化交流、文创配套服务等多类型的观众文化需要。同时，北京大运河博物馆创新空间布局设计理念，打造融入社会生活的博物馆，以不同类型的展示手段提升观众的体验感。通过完善的配套服务和灵活的参观流线，结合不同类型的观众个性化参观需求，博物馆为观众提供了更人性、更灵活的参观流线及多样化的服务功能，进一步丰富了博物馆功能层次和观众参观获得感。此外，北京大运河博物馆在博物馆建筑设计、环保理念、对外开放模式、观众参观体验、展览陈列类型、文保中心设备、文物保护技术等方面，构建了七大创新点。

三、创新实践

（一）建筑风格充分体现运河特色

北京大运河博物馆由共享大厅和展陈大楼两座相对独立的建筑组成，其设计理念源于古运河图景中的船、帆、水三个元素，以运河为线索，将历史文化融入建筑，使之成为镶嵌在城市森海中的“古韵风帆”“运河之舟”。共享大厅位于建筑北侧，屋顶造型取自“船”。展陈大楼位于建筑南侧，屋顶造型取自“帆”，两座建筑间有一条长约 270 米、宽约 20 米的休闲水街。观众自远处观赏博物馆，可见展陈大楼建筑高于共享大厅，大楼五片船帆状的屋顶高低错落，曲线饱满，动态十足，而展陈大楼立面巧妙地利用街巷路口、篷架、门楼等柔化建筑体量的元素与水系相结合，二者共同形成一处类似于运河驳岸码头的场景（图 1、图 2）。

（二）与环境交融，充分体现绿色低碳理念

在空间和建筑形态上，共享大厅北侧与草坡自然衔接，展陈大楼南侧则呈绿化退台层层跌落，向城市绿心森林公园自然过渡。这种设计实现了室内外空间的高度融合，为观众提供了在参观中享受自然的体验空间。展陈大楼充分利用建筑屋面造型产生的高大空间打造了观光平台，从平台上可俯瞰邻近的剧院、图书馆，并远眺大运河和行政办公区，为博物馆的多功能使用创造了新的可能性。在绿色生态技术上，博物馆全面执行绿色建筑三星级标准，充分利用清洁能源，为节能减碳做出示范。博物馆的冷热源供给来自集中能源站，通过燃气锅炉和冷水机组调峰的地源热泵及水蓄冷、蓄热系统，满足了常规空调夏季供冷及冬季供暖需求，承担了整座博物馆建筑不低于 60% 热负荷配置；博物馆展陈大楼屋面设太阳能光伏发电系统，采用与玻璃采光顶相结合的薄膜光电池（碲化镉）发电技术，实现光伏建筑一体化，并兼具遮阳功能；建筑外立面采用高性能材料，特别是在展陈大楼文保中心等温湿度敏感部位采用了带暖边隔热条的三银 Low-E 中空夹胶玻璃，在发挥功能的同时，通过控制热传递节约能耗。经设计单位综合测算，博物馆每年可减少近 5000 吨的二氧化碳排放量。

此外，北京大运河博物馆将高精度恒温恒湿空调运用在展厅、库房等文物展示、存储空间内，通过 CFD 模拟，合理设置空调末端，优化空间布局，打造先进的文物展示物理环境；在公共区，则使用了全空气空调和地暖相结合的方式，为观众提供舒适的参观环境。

（三）实现灵活博物馆开放模式

展陈大楼以陈列展览功能为主，共享大厅则以文化体验、公共服务、社会教育等灵活开放空间为主，两者相对独立又彼此联系，满足当代博物馆多元化服务的需求。展陈大楼和共享大厅通过地下一层半开放式展厅和二层连廊相连，在展陈大楼关闭时，共享大厅还

图 1　北京大运河博物馆建筑外立面

图 2　休闲水街

可独立对外开放，这种空间设计比单体式博物馆建筑空间更开放、自由，能够实现更灵活的博物馆开放模式，满足不同观众参观博物馆的需要，更便于管理和运营。在建筑内部功能布局上，博物馆结合不同功能特点及运营需要，通过声学设计实现了动静分区。

（四）多功能空间进一步丰富观众参观体验

为凸显新时期多元化的博物馆服务功能，共享大厅设置了开放式展览陈列、餐厅、咖啡厅、报告厅、4D影厅、社会教育区域等功能空间，可以满足博物馆开放式陈列展览、社教活动、礼仪活动、文创配套服务等多类型的观众服务需要（图3、图4）。展陈大楼主要承担博物馆基本功能，由藏品库房、文物修复、陈列展览、社教活动等区域组成。根据建筑内部空间结构，博物馆合理规划了基本陈列、专题陈列及临时展览区域，并结合社教功能设置了儿童展厅、科普展厅。同时，结合博物馆业务需求，从历史文化的角度增设了培训、文创、图书交流等配套服务功能。另外，为提升博物馆的吸引力，加深观众对博物馆和文物的理解，博物馆结合文物保护及修复的职能，设置了对观众开放的文保展示区，进一步丰富了观众参观体验。

（五）四大不同类型展陈全面展现人、水、城和谐之美

北京大运河博物馆展陈围绕大运河与北京相辅相成的密切关系，以人、水、城为内容

图3　共享大厅

图 4　咖啡厅

主线，从人文地理视角、生态文明高度展示北京城市发展历史、建设成就，推出了一系列重磅展览。博物馆展陈体系由基本陈列、专题展览、开放展示、临时展览四大类型构成。基本陈列为展陈体系的核心与灵魂，专题展览是对基本陈列的补充与深化，开放展示旨在丰富参观者的体验，临时展览是展陈体系的拓展与延伸。

基本陈列“京华通惠　运河永济——北京与大运河历史文化陈列”以北京城市总体规划为指导，紧密配合北京城市战略定位，与首都博物馆从历史文化的角度共同诠释“都”与“城”的关系。展览通过 8 个部分超过 1000 件文物、艺术品，以时间为轴，生动还原大运河发展演变历史，着重展示大运河与北京的密切关系，系统展现运河沿线人文历史价值内涵（图 5）。

专题展览包括“北京大运河揽胜图卷”“五光十色——故宫博物院藏古代颜色釉瓷器展”“沧海撷珠——北京市文物交流中心珍藏文物展”“不止运河——沉浸式体验展”。其中，《北京大运河揽胜图卷》长 27.4 米，观众可跟随艺术家的视角共同体验大运河沿途的历史文化遗产和北京的标志性建筑；“不止运河——沉浸式体验展”采用目前国内博物馆规模最大的三维衍射系统装置，观众可穿越时空，畅游大运河（图 6）。开馆之初，博物馆还举办了“葩华绽瑞　吉羽逢春——北京画院藏花鸟画精品展”和“蝶变——北京城市副中心建设发展影像展”。前者展出吴昌硕、齐白石等多位名家的 48 件作品，营造出一派鸾翔凤集、百花齐放的胜景；后者紧扣 10 年来北京城市副中心建设发展的重要节点，

图 5　基本陈列“京华通惠　运河永济——北京与大运河历史文化陈列”

图 6　专题展览“不止运河——沉浸式体验展”

通过同一地点、同一景别、同一视角的对比变化，让观众直观地感受城市副中心的“拔节成长”和“蝶变重生”。

开放展示包括“石刻园林展示区”“博物馆防震科普展”“公共艺术平台展区”。其中，“公共艺术平台展区”展示已故旅美雕塑艺术家王维力先生的 9 件雕塑作品，以及来自北京燕京八绝博物馆、北京金漆镶嵌艺术博物馆的 38 件国家级非物质文化遗产工艺作品及相关文物，包括金漆镶嵌、花丝镶嵌、景泰蓝、玉雕、雕漆、京绣等，进一步丰富了观众参观的获得感与体验感。

（六）技术设备先进的文物保护中心

北京大运河博物馆文保中心建筑面积为 5585.79 平方米，使用面积为 3973.31 平方米。文保中心根据业务规划总体分为三个主要区域：文保科技检测研究实验室区域、有机材质类文物保护修复室区域和无机材质类文物保护修复室区域。其业务内容涵盖多种材质的可移动文物保护与修复，是一个大型综合性文物保护中心。文保中心工作的整体定位是立足首都博物馆馆藏文物保护与研究，通过发展重点方向和核心成果打造首都博物馆文保特色，进而更好地服务北京市文物局属文博单位文保需求，辐射带动天津、河北的文保研究和实践需要，从文物保护与研究的角度助力京津冀一体化协同发展。同时，文保中心以科技赋能文物保护为宗旨，致力于将科研创新与传统技艺提升相结合，守护首都文物健康，并打造京津冀文物保护工作平台。文保中心共建有 8 个文物保护修复室，配备 226 台（套）专业、系统的修复设备设施。其中，高精密分析仪器设备 25 台（套），如场发射扫描电子显微镜、激光烧蚀电感耦合等离子体质谱仪、X 射线衍射仪、激光拉曼光谱仪等。这些设备可进行文物形貌研究、文物成分分析、文物化学结构分析等，实验结果能够支持评估修复材料、制定保护方案、研究文物的历史信息。实验室还配有常规装置及附属中、小型仪器，各类设备能够相互配合进而满足文物科研需求。

（七）采用先进隔震技术确保文物安全

北京大运河博物馆在展陈大楼周边设置了长达 620 米的隔震沟，并在展陈大楼地下一层下方设置了 1.8 万平方米的隔震层。这一设计使其成为我国已建成隔震博物馆中隔震区域投影面积最大的一座。隔震层内共设有 242 个隔震支座，包括 197 个铅芯叠层钢板橡胶支座、39 个普通叠层钢板橡胶支座和 6 个滑板支座，它们将整座博物馆托举起来，切断了地震波的传播路径，从而保障了藏品、人员、场馆的安全。同时，隔震层、隔震沟的隔离作用对文物库房的防水、防潮也有显著作用。

四、反思与建议

北京大运河博物馆自 2023 年 12 月 27 日正式面向社会公众开放以来，观众日参观人次不断攀升。至今，博物馆共接待观众70余万人次，尤其是2023年12月31日的参观人次更是达到了2万。自开馆以来，北京大运河博物馆已经开展北京文化、运河文化、非遗文化、民族文化等主题教育活动27项，参加活动的少年儿童及家长累计1800余人次。在2024年元旦及春节期间，博物馆举办了“运河之声”曲艺秀、“运河有戏”演艺周、“运河有约”惠民月等各类文化体验活动，全面展示非物质文化遗产，收到了观众的热烈反响。来馆观众既有北京中心城区、通州区及其他近郊区的居民，更有部分河北省三河、大厂等地的游客，特大型直辖市级综合类博物馆的性质任务和辐射京津冀文化协同发展效果明显，使人民群众的文化获得感、幸福感不断增强，参观博物馆已逐渐成为人们美好生活的一部分。

据统计，2022年我国新增备案博物馆382家，截至2022年底，全国博物馆总数达到6565家，平均不到1天就有1家博物馆建成开放。由此可见，我国博物馆整体建设速度正在稳步提升。博物馆场馆建设与未来的运营管理密切相关，所以回顾北京大运河博物馆的建设历程，总结建设经验和不足，将会对未来我国博物馆建设乃至运营管理起到非常有益的借鉴作用。

博物馆作为特色公共文化建筑，其建设不同于一般基建项目，功能复杂、专业性强，对建设要求高。因此，需要一支既具备文博专业知识，又了解工程建设相关专业的博物馆建设队伍。在博物馆建设过程中，这支队伍需要充分发挥主体作用，充分做好建设前期相关调研、论证工作，并全程参与博物馆建设，避免盲目放手、搞交钥匙工程。目前，我国博物馆建设相关规范不健全且较为粗浅，博物馆建设专业人才极为匮乏。为了有效解决上述问题，首都博物馆在北京大运河博物馆建设之初就成立了由青年干部组成的工作专班，要求工作人员加大学习力度，边干边学，在干中学，在学中干，尽快满足建设工作需要。这一工作部署取得了一定的效果，并逐渐培养了一支具备较强专业知识和一定经验的博物馆建设专业队伍。未来，首都博物馆还将在运营维护中进一步提升人员队伍水平，加大人才培养力度。

在博物馆建筑设计阶段，要充分考虑博物馆内部功能的专业性与实用性。在北京大运河博物馆建设过程中，由于设计师经验不足以及没有深入理解博物馆内部功能的专业性与实用性，产生了一些影响博物馆未来运营管理的问题。此外，目前国家和地方尚缺乏关于博物馆工艺设计方面的规范标准，从而无法对博物馆建设的各个环节进行指导。为有效弥补上述问题，首都博物馆组织馆内各相关部门加强对自身需求的研究和理解，在日常建设过程中不断发现问题，优化功能设置，向设计单位传达博物馆建设目的和运营理念，尽可能取得设计单位、代建单位和施工单位的认同。同时，进一步加强调查研究，不断提升自身的认知水平和管理能力，并根据北京大运河博物馆建设经验和出现的问题，将博物馆的建设经验和功能需求固化，开展博物馆设计工艺相关规范标准研究工作，以增强博物馆建设过程中博物馆专业人员的发言权，为未来博物馆建设提供一些参考和依据。

博物馆智能化、信息化建设水平亟待提高。在北京大运河博物馆建设过程中，博物馆专业人员对智能化和信息化的理解和应用仍有待提升，借助技术发展力量推动博物馆业务和服务提升方面还有欠缺。为此，首都博物馆将以北京大运河博物馆建设为契机，不断提升博物馆工作人员的信息化素养，招收信息化专业人才，培养专业队伍，深研博物馆业务利用智能化、信息化提升的思路和举措。同时，首都博物馆将充分调研借鉴国内其他公共文化机构在智能化、信息化建设方面的成功经验，不断提升首博两馆在这方面的发展水平。

北京作为大运河文化带与大运河国家文化公园建设中的重要城市，正积极发挥示范作用，为大运河文化的保护、传承和利用再建勋业。北京大运河博物馆建设正是高质量推动大运河国家文化公园建设的生动实践，在未来的运营管理中，我们将始终遵循以观众为中心的原则，从观众的视角审视博物馆建设和发展中存在的问题，为观众提供更人性化、更灵活、更多样化的服务，从而使首博展览、首博社教、首博文创、首博服务四个品牌更加耀眼，相辅相成再上新台阶。我们也将发挥首都文化引领示范作用，积极开展对外交流合作，共同促进文化互鉴，加强博物馆间的互信与合作，充分利用馆藏资源服务人民。

| 作 者 简 介 |

首都博物馆。

第三节　大运河国家文化公园内苏州博物馆文创工作

摘要：在国家政策的支持下，苏州博物馆充分挖掘馆藏文物以及大运河文化遗产资源，自 2008 年开发文创产品以来，始终致力于“让文物活起来”，推动文创运营从 2.0 时代发展至目前的 4.0 时代。尤其近三年来，苏州博物馆在 IP 授权方面积累了丰富的工作经验和运营成果。未来，苏州博物馆将继续重视强强联合、知识产权保护，并致力于打造文创联盟、拓展品牌版图，向文创 5.0 时代进发。
关键词：苏州博物馆；文创；IP 授权

一、背景与思路

“大运河是祖先留给我们的宝贵遗产，是流动的文化，要统筹保护好、传承好、利用好。”穿苏州城而过的大运河，是苏州的母亲河，孕育了江南的繁华富庶和人文荟萃，丰富了苏州的城市风貌和人文底蕴。根据文化和旅游部编制的《“十四五”文化和旅游发展规划》《苏州市“十四五”文化和旅游融合发展规划》以及《苏州市大运河文化保护传承利用条例》对建设大运河国家文化公园的指示和要求，苏州博物馆充分挖掘馆藏文物以及大运河文化遗产资源，发挥数字化乘数效应，开发独具江南地方特色的文创产品，创新搭建产品展示平台，拓展多场景销售渠道，率先在文旅产业开展数字、产品、空间等多种场景的授权复用，不断满足各类观众的体验和消费需求，持续推进大运河沿线非物质文化遗产更好地融入广大人民的现代生活。

2008 年 5 月，苏州博物馆向公众免费开放。为了更好地让观众“把博物馆带回家”，苏州博物馆在主管局的协调支持下，成立了苏州市博欣艺术品有限公司（以下简称“博欣公司”），由此踏上了开发经营文创产品之路。之后随着网络购物浪潮的兴起，苏州博物馆文创淘宝店上线，开辟了线上销售新渠道。2015 年，苏州博物馆艺术品商店入驻诚品生活苏州。至 2024 年，苏州博物馆已设立了苏州博物馆中心商场和休息厅商店、平江路苏州博物馆官方文创店、西馆艺术品商店和特展专柜、诚品生活苏州（即苏州诚品书店）的诚品生活采集、中张家巷苏州博物馆文创小铺等 7 个线下商店，同时在天猫、淘宝、京东、有赞、得物、抖音、小红书等平台设立了 7 个线上商城，形成了一个多元化的销售格局（图 1、图 2）。

2009 年 7 月 22 日，我国第一部文化产业专项规划《文化产业振兴规划》颁布，文化产业上升为国家战略性产业，文化创意还被列为重点文化产业；2021 年，文化和旅游部编制印发的《“十四五”文化产业发展规划》进一步推动了文化产业的高质量发展。十几年间，文化创意产业持续迸发活力，文创产品层出不穷。苏州博物馆摒弃贴图、复制、华而不实式的 1.0 版文创产品，针对目标观众群体，逐步从结合艺术与功能、饱含“创意、设计、情怀”的 2.0 版文创，发展到打造博物馆 IP、树立品牌概念的 3.0 版文创，再到跨

图 1　苏州博物馆本馆文创商店

图 2　苏州博物馆西馆文创商店

界授权合作、经济与社会效益双赢的 4.0 版文创，苏州博物馆始终走在“让文物活起来”的前列，引领了文创开发运营的时代潮流。

二、主要做法

苏州博物馆文创采用公司化运营模式，由供应链、项目部、品牌部、设计部等多个专业部门构成，并建立了内部竞聘和绩效考评制度等企业化用人机制，这使得苏州博物馆的文创工作不断释放活力。在具体工作开展中，苏州博物馆找准观众定位，依托自身品牌优势，狠抓设计与质量，积极寻求跨界合作，一步步从文创 2.0 时代良性发展到 4.0 时代，并继续努力前进。

（一）文创 2.0 时代

2016 年之前，苏州博物馆的文创产品主要是从馆藏或特展文物中提取元素，开发了诸如抱枕、笔记本、便笺、书签、瓷杯等贴近观众生活的实用产品。其中，“国宝味道之秘色瓷莲花碗曲奇”开创国内博物馆食品类文创产品先例，当年销售额近 30 万，并荣获“2014 中国博物馆优秀文创产品奖”，畅销近 10 年。另一款被称为“最具生命力的文创产品”——“文衡山先生手植藤种子”，取传承“文脉”之寓意，由苏州博物馆文化创意部每年采集紫藤种子限量发行（图 3）。该产品一经推出，就受到观众以及主流媒体的关注。2015 年底，苏州博物馆被授予首批“全国博物馆文化产品示范单位”称号。

图 3　“文衡山先生手植藤种子”文创产品

（二）文创 3.0 时代

作为全国首批“智慧博物馆”试点示范单位，苏州博物馆在 2.0 版文创的基础上探索利用互联网等新科技，创新文创经营模式和形态，不断提升博物馆文创品牌的影响力。其一，苏州博物馆依托 AR 新技术，首次推出“国宝新玩法，苏博 AR 寻宝”数字体验产品。观众打开手机“扫一扫”，便可了解文物故事，还能“与唐寅合影”，此举吸引了同期约三分之一的观众参与。其二，苏州博物馆全面拓展线上、线下平台。线上方面，转型升级淘宝官方店铺，开设微信端“有赞微商城”，入驻天猫、东家、雅昌交艺等多个线上平台；线下则在馆外开设观众服务中心文创店，极大拓展了文创产品的受众范围和发展版图。其三，苏州博物馆首次以众筹形式与独立品牌合作，及时对接消费者需求，进一步吸纳和利用社会资源。例如，以苏州博物馆本馆“片石假山”为蓝本开发的“山水间 · 文具置物座”众筹文创项目，单日最高众筹金额突破 9 万元，最终众筹到 14.6384 万元，确保了项目的落地成型。

文创 3.0 时代突破了传统实物文创的界限，延伸至无形的数字化产品，博物馆与互联网的联动带来了层出不穷的创意。随着“博物馆 +”等各种跨界新形态的出现，博物馆文创逐渐步入 IP 新时代。

（三）文创 4.0 时代

自 2019 年起，苏州博物馆文创积极探索发展新路径，注重产品研发，着力打造 IP 授权的 4.0“大文创”时代。在品牌授权上，苏州博物馆的文创产品开发主要通过自主授权和与版权代理商的合作共同开展，同时，博物馆高度重视文创产品的外观设计专利申请工作，如 2023 年成功申请 13 件外观专利证书、新增 3 件文创产品著作权证书，其中就包括苏州博物馆自主研发的“吴王夫差剑”毛绒玩具（图 4）。在渠道建设上，线上已覆盖 22 个平台，其中发展时间最长的苏博天猫旗舰店在 2023 年度“双十一”天猫文创店铺销售榜中位列第七、在博物馆类旗舰店中排名第四。另外，自 2022 年起，苏州博物馆在电商平台开启直播带货，2022—2023 年共直播 358 次（含多场包括缂丝、苏绣在内的特色主题专场），吸引了约 32.6 万观众，成交额创纪录地突破了 45 万元。特别是在“文衡山先生手植藤种子”文创产品销售期间，苏州博物馆在 5 个电商平台直播产品包装的全过程，单品观看人数达 4125 人次，多个平台上架 1 分钟即告罄，直播间共售出套装 420 份、单品 591 份。在品牌推广上，苏州博物馆充分利用主流官方媒体的宣传平台，如近两年来人

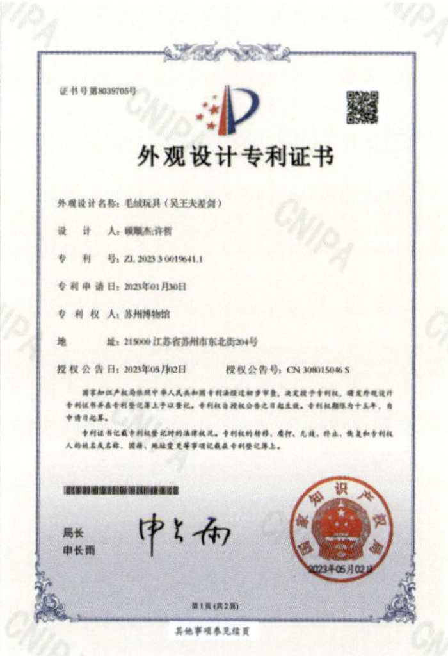
证书号第8039705号

外观设计专利证书

外观设计名称：毛绒玩具（吴王夫差剑）

设 计 人：顾顺杰;许哲

专 利 号：ZL 2023 3 0019641.1

专利申请日：2023年01月30日

专 利 权 人：苏州博物馆

地 址：215000 江苏省苏州市东北街204号

授权公告日：2023年05月02日 授权公告号：CN 308015046 S

国家知识产权局依照中华人民共和国专利法经过初步审查，决定授予专利权，颁发外观设计专利证书并在专利登记簿上予以登记。专利权自授权公告之日起生效。专利权期限为十五年，自申请日起算。

专利证书记载专利权登记时的法律状况。专利权的转移、质押、无效、终止、恢复和专利权人的姓名或名称、国籍、地址变更等事项记载在专利登记簿上。

局长
申长雨

2023年05月02日

第1页（共2页）

其他事项参见续页

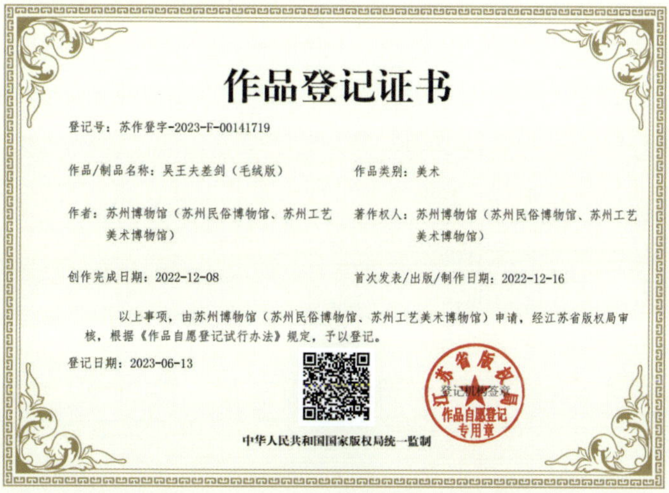
作品登记证书

登记号：苏作登字-2023-F-00141719

作品/制品名称：吴王夫差剑（毛绒版） 作品类别：美术

作者：苏州博物馆（苏州民俗博物馆、苏州工艺美术博物馆） 著作权人：苏州博物馆（苏州民俗博物馆、苏州工艺美术博物馆）

创作完成日期：2022-12-08 首次发表/出版/制作日期：2022-12-16

以上事项，由苏州博物馆（苏州民俗博物馆、苏州工艺美术博物馆）申请，经江苏省版权局审核，根据《作品自愿登记试行办法》规定，予以登记。

登记日期：2023-06-13

江苏省版权局
作品自愿登记专用章

中华人民共和国国家版权局统一监制

图 4　自主研发的畅销文创产品“吴王夫差剑”毛绒玩具外观设计专利证书、作品登记证书

图 5　苏州博物馆“一平米博物馆”（“吴越争霸”主题）

民日报、CCTV2、新闻联播、中国文物报等媒体都对苏州博物馆特色文创工作及产品进行了广泛报道。苏州博物馆还创新推出“一平米博物馆”主题快闪项目，将诸如“吴越争霸”等热门主题文创“微展览”带进了其他省份的书店、酒店等空间（图 5）。此外，通过独立的小红书、公众号、微博号等自媒体宣传矩阵，苏州博物馆持续、稳定地输出文创产品内容，并积极参加境内外展览展会交流活动，以扩大苏州博物馆文创的影响力。

文创的 4.0 时代，是立足内涵更广泛、极具参与感和大局观的“大文创”时代，更注重博物馆作为一个品牌对社会所产生的影响力。它体现的是，博物馆作为社会公益性机构，需要更广泛、更深入地融入并参与社会各群体的日常生活及事务中，潜移默化地让传统文化之美在“文博圈”外绽放，同时还能产生可观的社会和经济效益，实现“以市场为证”的目标。以 2023 年为例，苏州博物馆全年的文创销售收入达 9093 万元，品牌授权标的金额也达到了 291.2 万元。

三、特色与创新

（一）“博物馆 +”文创主题项目

2020 年，苏州博物馆文创部以产品思维为导向、以授权为抓手，在上海世纪汇广场打造了“复苏——幸会！苏博”教育文创巡回展（图 6）。此次展览首次将博物馆文创与展览、教育相结合，并将博物馆文创展示空间与城市商业综合体融为一体，是一次对博物馆与公众对话形式和方法的新探索，为文博界提供了极具价值的“大文创”项目概念。在

图 6　“复苏——幸会！苏博”教育文创巡回展文创品牌区

24 天的展期里，参观人数超 10 万，单日观众超 1 万人次，同期上海世纪汇广场会员增幅 24%，客流量环比增加 25%，销售额环比增加 5%。该项目获得了第七届“紫金奖”文化创意设计大赛金奖、“2020 长三角文旅融合推广优秀案例”等多个奖项。

（二）文创产品自主研发

2023 年，苏州博物馆自主研发了 100 款文创产品，其中“吴王夫差剑”毛绒玩具成为“爆款”，被广大爱好者亲切地称为“胖宝剑”，关于该产品的单条短视频浏览量就超 300 万人次，全年销售额累计达 476 万元。“吴王夫差剑”的热销也带动了同系列其他 26 种文创产品的销量，销售总额达 574 万元。

自主研发文创产品通常需要经历以下过程：首先是渠道端提出新产品开发需求，接着产品端的前策、落地及设计三个核心团队分别提交方案，随后在产品选题会中决议确定是否立项。以“吴王夫差剑”毛绒玩具为例，该款产品的灵感源自产品前策团队对文创消费群体的分析：一方面，苏州博物馆的观众向来对“镇馆之宝”吴王夫差剑非常感兴趣，市场上与之相关的文创产品多为硬朗风格；另一方面，从 2022 年初开始，毛绒类产品颇受年轻消费者的喜爱，销量激增，柔软的毛绒材质与吴王夫差剑的冰冷气质形成鲜明对比，能够营造出“反差萌”的效果。该产品从立项、设计、试样、修改直至生产，历时约 4 个月，共经历了 20 个版本。其间，文创团队继续跟进市场调研数据以及网友的互动意见，不断微调产品设计细节以呈现原文物的特色工艺，并在线上线下征求反馈，力求“吴王夫差剑”毛绒玩具上架即有市场、有销量。在产品上架后，苏州博物馆又积极响应网友们在抖

图 7 "吴王夫差剑"系列文创

音平台短视频中的留言，与湖北省博物馆接洽合作推出"越王勾践剑"毛绒玩具，实现了"梦幻联动"。为了满足更广泛消费群体的需求，苏州博物馆又推出了其他尺寸、功能的"吴王夫差剑"系列文创产品，共计26种（图7）。通过全渠道的线上平台，苏州博物馆将此文创产品以观众喜爱的方式进行宣传推广，仅2023年暑假期间，"吴王夫差剑"单品销量就达7555件，销售额高达58万余元，在收获经济效益之时，也大大增加了观众前往苏州博物馆观赏、了解甚至研究吴王夫差剑以及春秋吴越历史的兴趣，博物馆影响力显著提升。

（三）文创 IP 授权

苏州博物馆的文创IP授权，建立在对全馆25 740件（套）馆藏品的二维采集及1000件（套）藏品的三维数字化采集数据的基础之上。在《苏州博物馆IP授权规范》这一制度下，苏州博物馆通过IP授权平台与企业品牌方协同合作，融合企业人力、社会资源等要素，逐步建立层次类型丰富的授权体系，打造有文物元素的产品，充分实现"让文物活起来"的目标。

苏州博物馆IP授权主要采取直接授权和委托授权两者并存的授权形式。直接授权主要应用于战略合作伙伴、公益项目、品牌文创产品的合作；委托授权则是委托代理商积极拓展授权业务。博物馆文化创意部的IP授权专员专门负责IP授权工作。当苏州博物馆的文创产品意欲与某品牌开展合作时，他们首先会对品牌背景进行深入调查，包括品牌的信誉度、定位、目标群体、销量、舆情等。在确认合作意向后，馆方会提供IP授权资料，与品牌方的设计师共同规划、设计饱含苏州博物馆元素的产品，接着进入设计监修阶段，即确认博物馆元素的细节问题，以及校验文创样品是否存在瑕疵。最终，馆方将对文创产品上市前的宣传物料进行审核，并持续监督直至产品上架为止。

苏州博物馆通过这种方式，整合管理文创产业链的上下游，实现了各环节间的精细化合作。各单位分工明确，共同打造了健康的"博物馆文创产业生态圈"。自IP授权工作开展以来，苏州博物馆已累计开展了50余个商业授权项目，实现授权标的金额超1000万；有117家社会资源进驻“苏州博物馆IP授权”信息平台，销售额近4200万元。

苏州博物馆在文创IP授权领域持续深耕，积累了丰富的实践经验，并取得了显著成果。

1. 顶层设计强化文物数据底座

自2016年《“互联网+中华文明”三年行动计划》发布以来，苏州博物馆加速推进“智慧博物馆”建设，这一举措就为《苏州博物馆事业发展“十四五”（2021—2025）规划》里所确定的IP共创合作模式奠定了强大的技术和数字化资源基础。苏州博物馆通过官网向公众开放了7051件藏品的检索条目，以及7大类计1097件（套）珍贵文物的高清图片和说明（其中232件为3D图片），并及时更新经典线上展览33个，旨在为公众提供欣赏文物丰富细节的高质量公共服务。在此基础上，苏州博物馆得以搭建“IP授权信息平台”，并在平台上发布高保真文物数字化图像数据、艺术摄影作品、二维数字创意作品、三维重建数字资源、虚拟漫游数字资源等（图8）。

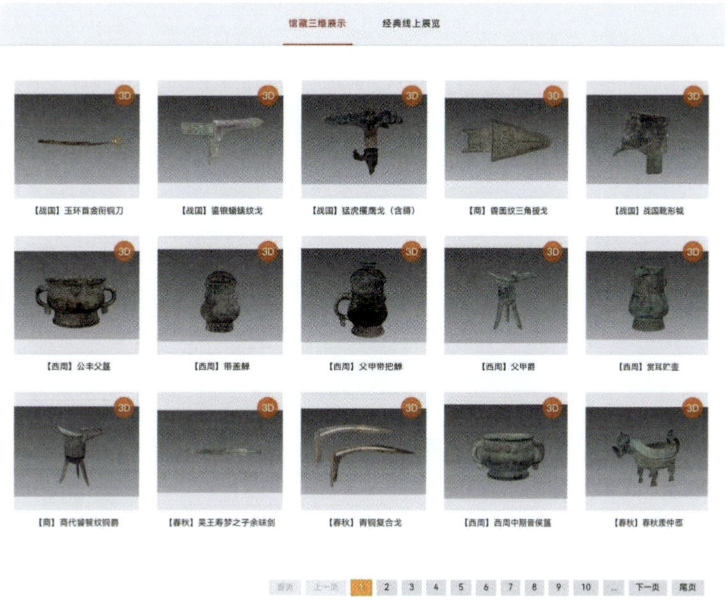

图8 苏州博物馆数字化文物资源底座

2. 制定授权规范，合规授权文物数字化应用

苏州博物馆已形成较为完善的文创产业生态圈。为了规范IP授权过程涉及的商业使用行为，实现知识产权的有效管理、提供多元文化产品与服务等目标，苏州博物馆于2022年在文博行业中率先制定发布了细化的《苏州博物馆IP授权规范》。该规范梳理了法律风险、博物馆伦理、行业标准、业务实操等方面，确保分属不同部门工作板块的馆藏文物数字化资源能够有序、有效、合规地与社会各界开展广泛的协同工作，实现苏州博物馆及其合作单位知识产权等相关无形资产的资源整合与保值增值。

3. 搭建IP授权平台

该平台实现了数字化文物资源从采集、二创、共享到授权商用的完整产出链条，充分培育了文化产业经济发展的新动能。常规操作流程是，社会机构在平台上提交申请，经苏州博物馆遴选通过后，便可注册、登录、查阅和申请使用相关内容资源，进而结合自身特色进行二次创作（图 9、图 10）。

4. 多元化的 IP 授权应用场景

在面向社会群体的产品授权应用场景方面，苏州博物馆累计开展了 50 余个商业授权项目，实现授权标的金额超 1000 万。同时，博物馆与知名企业在内的 117 家社会资源建立了稳定的合作关系，在近三年内开发文创产品 600 多种，销售额超亿元。其中，以“文衡山先生手植藤种子”2.0 套装版为代表的“吴门四家”系列文创产品，依托合作开发和授权的形式，共推出 275 种文创产品，销售量近 60 万件，销售额约为 3739 万元（图 11）。在面向观众群体的数字授权应用场景方面，苏州博物馆推出了移动端数字产品“国宝月历”，将珍贵文物三维数字化技术与学术研究成果相结合，12 期月历共获得了 6 万的关注量（图 12）。另外，苏州博物馆携手二次元文化互联网企业，由游戏中的新角色为观众提供导览和馆藏珍品品

图 9 “苏州博物馆授权平台”界面

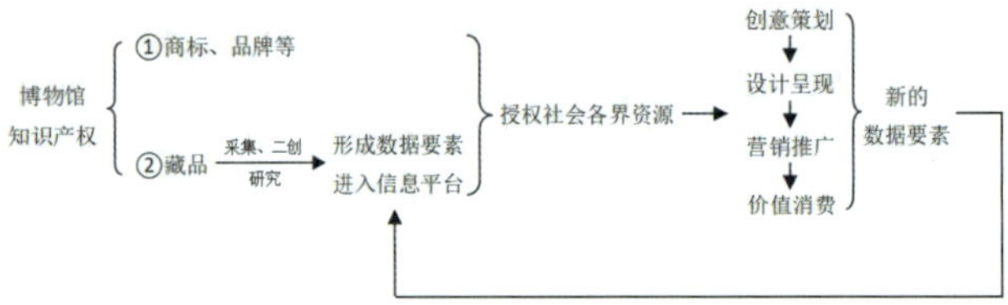

图 10 搭建 IP 授权平台的逻辑框架

图 11 产品授权应用场景之部分“吴门四家”系列文创产品

图 12　数字授权应用场景之“国宝月历”

鉴服务，相关官微推文阅读量达 1.46 万，B 站单条视频播放量 30.7 万，微博阅读量 9.7 万，小红书观看量 4 万（图 13）。在面向企业群体的空间授权应用场景方面，苏州博物馆授权打印机合作企业，以空间内的打印技术助力“苏色生活佳”系列传统文化主题活动。活动现场设有“佳珍探秘”互动体验、“佳节撷色”二十四节气打卡、“非遗课堂体验”等三大体验主题，部分活动持续时间长达一年，共吸引线下观众 130 万人次打卡体验，线上总曝光量 6828 万，创造收益约 60 万元（图 14）。

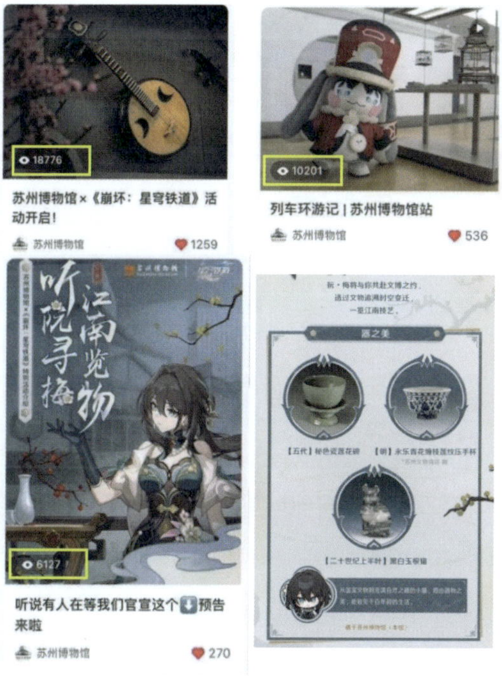

图 13　数字授权应用场景之携手《崩坏：星穹铁道》共赴文博之约

图 14　空间授权应用场景之“苏色生活佳”系列传统文化主题打印空间

四、规划与展望

2024 年 1 月 30 日，苏州博物馆文创店在平江路 28 号正式开业。店铺一层是主要售卖空间，今后还会陆续推出平江路独家限定文创产品；二层计划未来打造成以文创为主体的主题展览空间，从文创的产生背景出发讲述大运河沿岸的吴地故事。这不仅是苏州博物馆一家新的文创店，更是苏州博物馆文创篇章的新起点。

一是在运营管理上重视强强联合。文创的核心竞争力是创新力。在文创 5.0 时代，我们不仅要关注先进技术的快速迭代与升级，更要在文化阐释与呈现、合作模式、营销宣传等环节注入创新力。因此，博物馆要加强与高校、科研机构、名企的合作，关注数字技术前沿发展、文化产业政策性指向，学习先进的市场营销策略，确保在市场中始终保持先发优势。

二是在产品质量上严格品控。别具匠心的设计和创意是文创产品的命脉，品质则是其根基。对文创产品质量的严格监管势在必行。一方面，在合作之前应深入调查潜在合作伙伴的背景，优先选择与品质相对有保障的老字号或者大品牌企业进行“跨界”合作，以保证产品品质。例如，苏州博物馆与太湖雪品牌合作推出真丝文创产品、与百年餐饮老字号松鹤楼合作推出中秋月饼，正是基于这种考量。另一方面，对频繁出现质量问题、被消费者退回或投诉的产品，博物馆要认真溯源、复盘，并在未来与生产商的合作中持审慎态度。此外，博物馆要注意市场上是否出现假冒伪劣产品，以低价出售带有博物馆信息的劣质文创产品将对博物馆的声誉造成严重损害。因此，博物馆还要做好文创产品的相关知识产权保护工作，严厉打击文创产品侵权盗版行为。

三是在合作上带动其他中小型博物馆。如今，博物馆界掀起“文创热”，各大中小博物馆都在尝试开发文创产品。但受现实因素的影响，大多数中小型博物馆的文创开发尚处于亏损状态。苏州博物馆计划将其艺术品商店发展为独立产业，与文物资源丰富的中小型博物馆进行合作，除售卖苏州博物馆文创之外，还可以开发、销售具有当地文化特色和审美价值的文创产品。这样的合作模式既宣传了苏州博物馆，又能让中小型博物馆凭借苏州博物馆的品牌影响力走上文创收益之路。

| 作 者 简 介 |

张玉庭，苏州博物馆文博馆员，研究方向为博物馆学、博物馆管理、博物馆影响力。

第四节　中小型博物馆志愿服务项目化运作的策略——以北京郭守敬纪念馆为例

摘要：博物馆是展示国家和地方历史文化的重要窗口，也是中华文明传承的重要载体。以北京郭守敬纪念馆为例的中小型博物馆志愿服务，基于人文关怀的志愿者培养模式，通过在公共文化服务、项目化探索研究和共学服务等多方面的工作实践，全方位提升中小型博物馆志愿服务的活力，为深化志愿服务与可持续发展融合助力。

关键词：博物馆志愿服务；队伍建设；项目化运作

博物馆是保护和传承人类文明的殿堂，是开展公共文化服务的重要阵地。在培育和践行社会主义核心价值观，传承和弘扬中华优秀传统文化方面，博物馆志愿服务起到了非常关键的作用。

改革开放以来，随着中国文博事业快速发展，博物馆志愿服务工作也经历了从初步探索到常态推进的发展路径。自党的十八大以来，博物馆志愿服务工作更呈现组织化、制度化、社会化的显著特征，成为博物馆事业发展的重要组成部分。中宣部等 7 部门《关于公共文化设施开展学雷锋志愿服务的实施意见》、文化部《文化志愿服务管理办法》等文件的出台，以及国家文物局《博物馆定级评估办法》中对“志愿者”工作的明确要求，中国博物馆协会志愿者专业委员会工作的有序开展等，都极大促进了博物馆志愿服务事业的蓬勃发展，使其获得了更加广泛的社会认可。

党的二十大报告明确提出了“完善志愿服务制度和工作体系”的目标任务，对进一步完善博物馆志愿服务制度与工作体系，推动博物馆文化志愿服务高质量发展，助力文化强国建设目标，以及为深化志愿服务与可持续发展融合的国际行动提供中国经验，具有理论和实践意义。

大运河沿线遍布数十家博物馆，其中以中小型博物馆占比较高。随着文博行业志愿工作的不断发展，这些中小型博物馆，也立足本馆优势，不断拓展志愿服务内容，提高志愿服务的品质，培养、挖掘志愿者团队潜力，与本馆资源有机结合，实现项目化运作。

北京郭守敬纪念馆基于人文关怀模式，提升基本公共文化服务建设，同时组建管理者与志愿者合作的项目小组，不断探索和创新“我来啦　大运河——北京郭守敬纪念馆线上志愿服务”、“运河书会”和志愿导师团队等项目，并以成人志愿者和青少年志愿者“共学服务”为纽带，为本馆志愿者团队注入源源不断的活力，也为本馆的志愿项目拓展提供了更多可能性。

一、基于人文关怀模式下的基本公共文化服务建设

对于中小型博物馆来说，“人”可谓是发挥博物馆功能、构建社会认同的核心因素，这里说的“人”，既包括文化服务的使用者——观众，同时更不能忽视这一系列服务的提供者——志愿者。二者的相互充分理解，使得志愿服务常被评价为“有人情味”。站在人文关怀的角度上，真正懂得观众的需求，在面对面的交流中辅以一定程度的“个性化”服务，使观众感到舒适、被认真平等对待，是中小型博物馆在流量无法与大型博物馆相比的情况之下，能够精细化提升的路径之一。

2018 年底以来，北京郭守敬纪念馆的志愿者累计服务超过 12 000 人次，服务总时长超过 3.2 万小时，社会志愿者团队人数长期保持在百人以上。日常开放中，志愿者立足岗位，为每一位来馆观众提供热情服务，始终保持良好态度与耐心，发放门票、提供参观与周边信息咨询、提供定时高品质讲解、提供个性化参观辅助服务等，让北京郭守敬纪念馆的志愿服务更加有温度。

（一）不断完备的管理和培训制度

北京郭守敬纪念馆的运营团队参考国内优秀的志愿者管理案例，制定了具有针对性的管理章程。该章程涵盖了志愿者招募、志愿者的服务内容、志愿者的权利和义务、志愿者的日常管理如考勤、培训、退出等一系列事项。同时，纪念馆重视志愿服务团队培训工作，多次组织成员前往文博场馆实地学习，以深化其专业知识储备、提升其讲解技能。

2023 年起，北京郭守敬纪念馆为进一步提升志愿者服务水平，凝聚团队力量，采取了一系列新举措。例如，每年举办 4—5 场志愿者共学活动，组织志愿者前往北京市内其他博物馆进行交流考察，了解行业动态与普遍做法，学习先进经验并拓展思路。此外，纪念馆还不定期邀请文博、历史等方向的专家开展志愿者专项培训，提高志愿者的综合素质。

（二）持续加强基础文化服务能力

讲解是纪念馆志愿服务的基础，但志愿服务的内容不应局限于讲解接待，为了更充分发挥志愿者的特长与兴趣，从更多角度提高纪念馆的参观体验，拓展教育活动、宣传

推广等工作的广度，运营团队着手组建接待服务、讲解教育、新媒体支持三个小组，得到了众多志愿者的积极响应。这样的模式已经在各类活动组织中初显成效，比如亲子学习升级、语音导览改版等，都得益于讲解教育组多位志愿者的撰稿、审阅、校对。日常，来自各位志愿者的合理化建议，在日积月累中使得纪念馆的公众服务日趋完善。

（三）突出青少年志愿者的参与度

青少年是纪念馆志愿者群体的主要力量之一。2019 年 5 月，首批 100 余名来自北京青少年文博志愿服务总队的小志愿者，经过集中培训、考核，开始了在纪念馆展厅的讲解服务。在北京市西城区红色讲解大赛中，多位小志愿者代表纪念馆取得突出成绩。2022 年以来，纪念馆持续受到中小学生青睐，截至 2024 年 6 月，已有近 300 名中小学生注册成为纪念馆的讲解志愿者，在周末、寒暑假为观众提供讲解服务。

（四）拓展线上志愿服务创新模式

2020 年起，纪念馆便已推出“我来啦　大运河——北京郭守敬纪念馆线上志愿服务”项目，通过直播等方式，带领观众打卡大运河在京遗产点。在 28 位线上志愿者的共同努力下，该项目服务人数超过 9 万人次，并获得 2021 年首都志愿服务大赛西城区银奖、“五个 100”首都最佳志愿服务项目。北京郭守敬纪念馆志愿服务队作为新时代雷锋精神的传承者和践行者，为首都文化事业打开了一扇学雷锋的服务窗口，在留言簿及网络平台上，频频可见观众对于纪念馆志愿者服务态度、讲解水平的高度评价。

二、基于创新性发展的项目化研究与探索

博物馆志愿服务可分为两大类：一类是日常化服务，包括咨询接待、秩序维护、展厅讲解等内容，主要满足观众在参观中的基本需求，提升文化服务的水平，对中小型博物馆而言，承担这类服务工作的志愿者更是支撑博物馆开放运行的重要力量。另一类则是项目化服务，立足博物馆职能的发挥，紧扣本馆的宗旨和定位，聚焦特定的观众群体、特定的社会问题，特定的发展需求等，更多地发挥志愿者在专业技能、社会资源等方面的优势，通过更加多元的组织形式，以项目化运作的方式，实现博物馆志愿服务的效果[1]。

在项目化运作的过程中，北京郭守敬纪念馆进行过不少有益尝试。在保证基本公共文化服务的同时，志愿者们还积极投身新时代文明实践基地活动、传统节日活动、面向亲子群体的传统文化活动、面向青年群体的“若思对话”活动。他们群策群力，不仅参与活动策划，还成为活动执行等工作的主力。

---

1 叶秋蕙，郜珊珊，陈晶 . 博物馆志愿服务项目的设计与管理——以杭州工艺美术博物馆为例 [J]. 青年与社会，2019（16）：128.

对于一座中小型博物馆而言，构建丰富的志愿项目，不仅依赖于制度化、流程化的精确管理，更在于充分调动志愿者的主观能动性。一方面，尽可能让每一名志愿者都清楚了解志愿项目的具体内容和操作方法；另一方面，不过多设限，利用志愿者的专业背景、知识体系与跨行业经验，为博物馆的发展寻求更多可能性。

（一）组建项目小组

激发博物馆志愿服务活力的关键，一是从组织建设、团队凝聚、拓展创新和项目管理等方面充分调动“人”的参与性，二是除日常化服务外，根据本馆业务需求，拓展具有针对性、创新性的特色志愿服务项目，充分挖掘有吸引力的“事”。

北京郭守敬纪念馆志愿服务项目化运作，正是基于以上两点关键因素，由管理者和志愿者构成项目小组，转变博物馆志愿服务的运作方式，旨在发挥管理者在方向把控、资源对接、监督指导等方面的优势，以及志愿者在创意策划、专业技能、社会资源等方面的优势，以更加清晰明确且富有成就感的目标，指导项目的策划和实施。通过项目小组带动成员参与，培育更有活力的博物馆志愿服务组织。

项目小组的产生办法由博物馆志愿服务的管理部门明确，部分情况下可吸纳志愿者协会的意见。在项目推进过程中，成员的加入与退出，由项目小组确定；按照项目管理的要求，项目小组制定工作机制，加强组内协作，推动项目实施。

通过项目化来运作博物馆志愿服务，能够以更加规范的方法，推动具体工作有序落实，使博物馆志愿服务的实施更科学、精准和高效；能够形成扎实稳健的运行机制，助力博物馆志愿服务的可持续发展，避免因核心骨干变动等个体原因，造成服务中断等问题；能够依托项目管理的方式，实现对不同志愿服务内容的统筹管理，对整体推进博物馆的志愿服务工作有着突出意义。

需要特别说明的是，在组建项目小组之前，社教部门要基于以下三方面，为博物馆志愿服务项目设定方向和范围[2]，指导项目小组的具体策划和实施，保证志愿服务项目不偏离大方向、不违背大原则：一是要基于社会的整体需求，符合国家、所在城市和地区的发展目标，应对社会公众关切的方面；二是要基于博物馆行业发展的方向，尤其是社教领域的发展趋势；三是要基于本馆的宗旨定位，充分考量阶段性的发展目标和重点工作。

（二）规范志愿服务项目化流程

项目小组中的社教部门代表，除参与志愿服务项目的策划外，主要承担着监督、指导、协调的职责。具体而言，他们监督项目在策划和实施过程中，是否偏离了管理部门设定的方向和范围；发挥其在博物馆教育领域的专业优势，指导项目的专业化开展；同时，作为馆方代表，协调项目中需要对接的馆内和馆外资源。

---

2 赵玲玲，陈刚 . 文化志愿服务项目化管理模式构建探析 [J]. 大众文艺，2016（19）：11.

由于博物馆志愿服务多在管理部门内开展，所以在项目化运作过程中，要协调好项目小组与管理部门的关系。项目小组组建后，在管理部门设定的方向和范围下，梳理分析志愿服务的需求，以及小组成员的专业技能和社会资源，综合各方设计意见，策划形成志愿服务的项目，明确项目的目标和计划，经由管理部门确认通过后，正式进入项目化运作流程。

设定博物馆志愿服务项目的目标时，基于周期、成本和质量三方面要素，需考虑以下三个方面。一是要考虑目标的具体性。此举有助于量化项目志愿者参与服务的投入，也有助于确保志愿者在项目实施中行动的一致性。二是要考虑目标的可分解性。不同于政府机构和市场主体，项目小组是临时构成的柔性组织，可拆解的目标更便于组内成员进行合理的分工。三是要考虑目标的可达成性。项目小组应设定切实可行的目标，使小组成员在个人的时间精力、专业能力等范围内能实现，这样能够保护志愿者参与项目的积极性，同时也确保项目整体目标的实现。

在目标的管理方面，项目运作主体分别发挥各自的作用。对参与者来说，其主要任务是实现分解后的子任务目标，并与组织者保持沟通，及时汇报目标进展及情况；对组织者来说，在做好不同子任务目标、完成进度的统筹外，还要把握项目整体目标的实现情况，一旦发现目标在周期、成本和质量方面出现冲突，须及时应对调整；对管理者来说，其角色在于以专业优势助推参与者实现子任务目标，协助组织者统筹把握和调整整体目标。

为推动博物馆志愿服务项目化运作，项目时间的设定需遵循以下原则：首先，根据项目目标确定长期节点和短期节点；其次，结合重要的节假日、纪念日等时间节点，在扩大博物馆志愿服务项目影响力的同时，推动项目目标的有效落实。在项目时间的管理上，要强化组内的沟通，提高回应和解决的时效性。此外，还需严格把控成本管理。组织者作为项目负责人承担成本管理职责，根据项目预算规划资金，由管理部门筛选指定的供应商，所有支出均需管理部门审核。非资金形式的投入，在项目决算中也要有所体现。

参与者是项目小组的主体构成，主要承担项目的具体实施工作。他们根据自身兴趣、专业所长、小组分工等多方面因素综合考量，在不同岗位上按项目计划完成工作。此外，参与者的突出价值还体现在项目策划阶段，志愿者自身的专业技能、阅历视野、社会资源，为项目设计的创新性和全面性提供了有力支撑。

（三）充分调动志愿团队的积极性，创新项目化运作内容

项目化运作在促进博物馆志愿服务创新发展方面的作用显著。志愿者的构成非常丰富，他们投身博物馆志愿服务，付出的不仅是个人的时间精力，更是自身专业领域的技能视野及其积累的社会资源[3]，这些都是推动博物馆志愿服务创新发展的“活力因子”。当志愿者以项目化运作的方式参与其中时，这些“活力因子”会被更好地激发。项目化

3 陈婷 . 志愿服务项目化创新路径研究 [J]. 中国社会工作，2017（17）：53.

运作也为更多元的社会力量参与创造了机会，来自不同行业的创新项目，经过筛选、调整和优化，与博物馆更好地结合，成为新的文化服务形式。此外，博物馆志愿服务的创新发展，也能对博物馆社教工作的创新产生一定程度的推动作用。

如何调动志愿者对项目化服务的参与热情，是需要博物馆志愿服务工作的管理者花费精力去解决的问题。一方面，调动志愿者的参与热情有助于志愿者队伍的整体健康发展，博物馆针对志愿者在社会认可、个人学习、兴趣拓展等方面的诉求，为他们提供展示、交流、互动的机会，增强志愿者队伍的凝聚力。另一方面，这一举措也有助于志愿服务项目的创新发展，好的项目能吸引更多优秀的志愿者参与，优秀志愿者的参与也能助推更多优秀项目的落地。

（四）项目化运作成果展示

通过上述制度化、流程化的设置，北京郭守敬纪念馆在有序开展日常化志愿服务的同时，顺利完成了多项具有开创性和时代性的志愿服务项目。同时，也打造了强有力的项目运作主体，统筹推动项目的策划和实施，持续推动博物馆志愿服务的规范化和创新发展[4]。

1. 志愿品牌活动“运河书会”

为落实北京市“十四五”规划纲要中“高水平保护大运河历史文化遗产，强化郭守敬纪念馆节点作用”的要求，北京郭守敬纪念馆推出了品牌活动“运河书会”，旨在以阅读的方式，促进公众对于博物馆及其相关话题的了解。

该项目以志愿者为主导，由馆内管理人员提供多元支持。活动推广的书籍主要为大运河、北京城、博物馆及其他科普类好书。项目小组邀请作者及主创团队，走进纪念馆，向观众分享创作理念和推荐理由，通过“博物馆 + 阅读”，将博物馆学习从馆舍延伸至更广阔的时空。“运河书会”已先后开办了 15 期，分享了《北平历史地理》《大运河：从北京出发下江南》《忙忙碌碌的大运河》《星际信使：宇宙视角下的人类文明》《何以中国人》等众多佳作。与此同时，项目小组还与出版社联动，通过直播等形式，不断扩大“运河书会”志愿品牌活动的知名度。

2. 北京联合大学志愿者专项观众满意度调查活动

观众满意度调查对于服务的改进、提升有着关键的作用。从 2021 年开始，作为重要的高校志愿服务力量——北京联合大学旅游学院的学生志愿者开始承担本项工作。问卷发放收集、问卷内容统计、分析报告撰写，均由该校学生志愿者承担，三年累计收集满意度调查问卷 2600 余份。

在此过程中，联大志愿者也从最初的执行者转变为更深度的参与者。2024 年，他们

---

4 良警宇，李国新 . 中国文化志愿服务事业的回顾与展望 [M]. 中国文化志愿服务发展报告（2016）. 北京：社会科学文献出版社，2016：1-7.

开始参与满意度调查问卷的设计工作，并根据实际情况，对问卷的结构、问题、发放形式都提出了有效的改进意见，使表单能够更加准确地反映观众的实际感受与需求。

最后，联大学生志愿者会将调查问卷统一归档、录入信息，在确保数据精准的基础上，进行量化与定性分析，最后形成报告，为场馆提升提供重要参考。

3. 研学导师团队进校园开展公益讲座

近年来，党和国家高度重视发挥博物馆青少年教育功能，出台了一系列政策措施。为了响应国家号召，更好地发挥博物馆在社会中的教育职能，提高青少年思想道德素质和科学文化素质，让博物馆的知识、文化、理念以更积极的方式广泛传播，北京郭守敬纪念馆开展了馆校合作，走进校园举办公益讲座。

该活动旨在将生动有趣的博物馆内容分享给青少年。从博物馆角度看，把优质内容送到学生身边，可引导他们将博物馆作为成长的首选资源之一；从教育意义上来说，这是打破正式教育和非正式教育之间鸿沟的尝试，和校方合作能够助力学生综合素养的提升。

截至目前，北京郭守敬纪念馆已经推出“了不起的大运河”课程（12 课时），以及“中国大运河在北京”“城市的脊梁：北京中轴线”“这样奇妙的博物馆”3 个单项课程。自开展馆校合作以来，纪念馆已经为近 100 所中小学开展公益讲解，辐射学生数量近 8 万名。

三、项目化运作的长期发展思路

（一）“共学活动”促进志愿者共同学习、共同提高

北京郭守敬纪念馆志愿服务队自成立以来，一直把志愿者们共同学习、共同提高作为一项重要工作。志愿者们背景各异，但是他们对于传统历史文化的热爱和知识的渴求都是一致的。因此，纪念馆多次组织共学活动，用“专属”的学习考察机会，为志愿者拓展视野，同时提高志愿者对团队的认同。

纪念馆在收集和听取大家的需求之后，从 2019 年开始，组织志愿者前往北京各个博物馆，如国家博物馆、民族文化宫、宣南文化博物馆等进行参观和学习。同时，纪念馆结合郭守敬对大运河、天文等各方面的贡献，组织志愿者前往通州区博物馆、白浮泉遗址、三家店水工设施、古观象台等处参观，使其实地感受古代科技成就，了解现代建设发展。

（二）建立相对应的激励机制

自 2021 年起，北京郭守敬纪念馆逐步探索志愿服务项目化运作，根据各位志愿者的特长、爱好、个人习惯、时间安排等各方面将志愿者分为接待服务组、讲解教育组、宣传推广组。纪念馆也出台了相对应的激励机制，激发志愿者参与服务的积极性，增进各项目组之间的相互配合与协作。

纪念馆激励机制主要分为月度激励和年度激励。月度激励就是统计各项目组的志愿

者在本月的服务时长，然后进行综合排名，对总时长前 10 名的志愿者予以激励。激励的方式主要是赠送历史文化相关内容的图书、大运河主题文创，提供文博行业相关的各类展览、会议等学习机会等。主要目的是通过学习、交流，提高志愿者的历史文化知识水平、服务水平，同时激发志愿者的服务热情。

年度激励则根据每位志愿者的年度服务总时长、服务次数、馆内活动参与情况、馆内各类培训和共学活动参与情况等进行综合评定。一般会评选本年度优秀志愿者 10 名、专项特殊贡献奖 5 名、单项服务优秀志愿者 5 名。此外，纪念馆也会结合本年度具体情况，设立部分临时奖项。纪念馆会给获奖志愿者颁发荣誉证书、纪念徽章等奖品，同时还会优先安排他们代表纪念馆参与国家或北京市组织的各类志愿者竞赛、会议，给予他们充分展示自我和学习提升的机会。

纪念馆也会根据后续志愿项目的发展与变化，随时调整激励机制，以期更好地激发志愿者的服务积极性，提高其服务品质，增进志愿者间的相互配合与协作。

伴随着我国博物馆事业多元化快速发展的进程，博物馆志愿服务还面临着许多需要突破和加强的议题。北京郭守敬纪念馆将继续以习近平新时代中国特色社会主义思想为指导，以政策引导和法治建设为根基，为助力博物馆深化改革和高质量发展汇聚志愿服务力量，不断挖掘中小型博物馆志愿服务项目化运作形式，助力中国特色博物馆志愿服务发展，增强文化软实力，更好地服务于社会主义文化强国建设目标[5]。

| 作 者 简 介 |

佟怡天，北京郭守敬纪念馆副馆长，研究方向为博物馆社会化运营。

5 中央文明办一局 . 建设新时代文明实践中心指导手册 [M]. 北京：学习出版社，2020：12-13.

第五节　中国大运河博物馆的临时展览体系构建

摘要：中国大运河博物馆是首座建于大运河国家文化公园内的博物馆，从成立之初就被赋予了保护好、传承好、利用好大运河文化的时代使命。中国大运河博物馆通过临时展览实践不断凝练大运河文化符号、传播大运河文化历史、构建展览话语体系，以系列化临时展览体系的构建，不断探索新的展览叙事体系和展陈形式。未来，中国大运河博物馆临展体系将继续开拓视野，立足运河文化的主体性，呈现丰富、多元、对话世界的临时展览体系。
关键词：中国大运河博物馆；临时展览；展览体系

临时展览是博物馆不断激发活力、持续吸引观众的重要公共服务产品，也是博物馆创新力和可持续发展活力的风向标。中国大运河博物馆于 2021 年 6 月 16 日正式建成开放，是首座建于大运河国家文化公园内的集运河文物收藏、展示、研究、教育于一体的专题性博物馆。中国大运河博物馆开馆之初热度颇高，这得益于全方位、全时段、全流域的博物馆定位和差异化、多元化的常设展览体系，以及前沿策展理念和数字化沉浸式展陈技术的运用。目前，中国大运河博物馆依然维持着庞大的观众访问量和社会关注度，更新不断的临时展览在维系热度方面发挥了很大作用。经过三年的探索，中国大运河博物馆已基本构建起一个维度立体、主题丰富的临时展览体系。

图 1　大运河国家文化公园内的中国大运河博物馆

位于大运河国家文化公园内的中国大运河博物馆（图 1），本身就具有独特的文化使命，其临时展览的选题视野与策划角度应充分体现“全流域、全时段、全方位”的定位，生动展示“大运河给人们带来的美好生活”。本研究基于中国大运河博物馆近三年举办的临时展览实践，总结并探索更加符合博物馆使命和定位的临展体系，希望以此提升中国大运河博物馆的影响力，推动其高质量运营发展，并为大运河国家文化公园内的其他博物馆提供临时展览体系构建的案例参考。

一、背景

国家文化公园概念的提出和实施是一种创新性的文化传承和发展，在全球范围内属于首创，是“中国遗产话语在国际化交往和本土化实践过程中的创新性成果，也是中国在遗产保护领域对国际社会作出的重要贡献”。2017 年 1 月，中共中央办公厅、国务院办公厅印发《关于实施中华优秀传统文化传承发展工程的意见》，明确提出规划建设一批国家文化公园，使之成为中华文化重要标识[1]。作为一项推动新时代文化繁荣发展的重大文化工程，国家文化公园一经诞生即具有鲜活的生命力和强大的感召力，并具有鲜明的标志性、独创性、引领性，是传承中华优秀传统文化、推进文化创新自觉性达到新高度的鲜活例证。2019 年 7 月，中央全面深化改革委员会第九次会议审议通过《长城、大运河、长征国家文化公园建设方案》，国家文化公园的建设正式拉开帷幕。《方案》强调，要以习近平新时代中国特色社会主义思想为指导，坚持保护优先、强化传承，文化引领、彰显特色，总体设计、统筹规划，积极稳妥、改革创新，因地制宜、分类指导，从而形成具有特定开放空间的公共文化载体、打造中华文化重要标志，进一步坚定文化自信，充分彰显中华优秀传统文化持久影响力、社会主义先进文化强大生命力。

江苏省认真贯彻落实习近平总书记关于保护好、传承好、利用好大运河文化的重要指示精神，按照相关文件要求，致力于打造大运河国家文化公园的核心展示园、集中展示带和特色展示点，中国大运河博物馆的建设就是大运河国家文化公园内博物馆构建的重要实践。江苏省在“十四五”规划关于大运河国家文化公园建设任务中，也明确指出要高水平建设运营中国大运河博物馆。而对于已经正式开馆运营的中国大运河博物馆，构建良好的临展体系，既是大运河国家文化公园博物馆建设的重要路径，也是深刻理解阐释大运河文化、提炼大运河符号体系、传播大运河历史的关键所在。

二、临展体系构建原则

构建大运河国家文化公园博物馆的临展体系，首先要明确大运河国家文化公园的概念，找准此类博物馆的定位。国家文化公园是在民族复兴、文化强国、旅游发展的大时代背景

1 李飞，邹统钎 . 论国家文化公园：逻辑、源流、意蕴 [J]. 旅游学刊， 2021，36（1）：14-26.

下提出的，其理论源自欧洲文化线路、美国廊道遗产、中国的线性文化遗产，同时各有侧重。这一立足中华优秀传统文化根基、借鉴西方丰富管理经验的理念，拆解来看分为三个层次——"国家代表着顶层设计，展示宏观格局（政治根源）；文化体现了本质属性，强化情感关联（文化根源）；公园则是权属表达和空间限定，拥有复合功能（组织管理根源）"[2]。作为大运河国家文化公园内的博物馆，中国大运河博物馆是体现国家意志、反映国家水准、代表国家形象的重要场所，其展示的文化是贯穿历史与现实的"大运河文化"，其临展体系不仅要凝练大运河文化符号体系、传播大运河历史文化，还要成为世界了解中国大运河文化的窗口，用临展体系做好运河文化的世界性输出。

（一）大运河文化视域下临展体系的文化主体性

习近平总书记在文化传承发展座谈会上强调指出："有了文化主体性，就有了文化意义上坚定的自我，文化自信就有了根本依托。"在构建中国大运河博物馆临展体系过程中，"大运河文化"是最大的文化主体，坚持大运河文化主体性是中国大运河博物馆临展体系构建的重要原则之一。大运河文化是中华优秀传统文化的璀璨瑰宝，也是中国大运河博物馆所有展览体系的原点和基础，脱离了"运河"这一主题，展览便成了无源之水、无本之木。建馆之初，中国大运河博物馆的常设展览和专题展览体系便紧扣"运河文化"主题，从遗产本体、沿线生活、城市景观、非物质文化遗产、自然生态等角度，为观众打造了运河文化的初印象，这也是中国大运河博物馆通过展览的形式凝练运河文化符号的起点，是运河文化在新时代的传承与发展。

中国大运河博物馆从基本陈列开始就"立足于搭建一个可持续的、差异化的展览体系，并将其定位为'全面阐释大运河的遗产价值和给人民带来的美好生活'，目的是打造一个观众愿意走进来且乐享其中的新博物馆"[3]。在构建临展体系的过程中，持续性的系列展览展现了强大的生命力，而这种生命力来源于博物馆对大运河文化的全方位探索。中国大运河博物馆虽然是首座建于大运河国家文化公园内的博物馆，但在其开馆之前，已有不少大运河主题的博物馆存在，近几年又有隋唐大运河文化博物馆、北京大运河博物馆等陆续建成开放，加上大运河文化带上的其他博物馆，关于运河的展览其实是非常丰富的。在这样的展览环境下，中国大运河博物馆如何使自己的临展别具一格，是一个值得深思的问题。

基于以上考量，中国大运河博物馆在选择临展主题时，非常注重展现大运河线性文化遗产特质。这种特质让中国大运河博物馆立足于展示大运河全流域的定位和宗旨，目前推出的"运河城市""运河艺术""运河非遗"等系列临展均基于这一特质。这些展览深入挖掘了运河流域不同城市的特色、丰富的艺术类型、各种代表性的非物质文化遗产，加强

---

2 李飞，邹统钎 . 论国家文化公园：逻辑、源流、意蕴 [J]. 旅游学刊，2021，36（1）：14-26.

3 郑晶 . 如何激发新建博物馆的可持续生命力——来自扬州中国大运河博物馆的实践探索 [J]. 中国博物馆，2024（1）：103-131.

了线性文化遗产与地域文化之间的关联性研究，不仅定位精准、内容丰富，还实现了以大运河为媒介推动跨地域的文化交流这一目标。

（二）大运河文化视域下临展体系的策展大视野

在坚持紧扣“运河”主题构建临展体系的同时，博物馆也要避免视野局限，陷入“运河唯一论”的旋涡。一个以运河文化为核心的临展体系不应仅限于封闭的本土化展示，而应该在全球语境下以中国优秀的大运河文化为底色，打造多元包容的立体化展览体系。因此，中国大运河博物馆临展体系不仅包括与运河主题直接相关的系列展览，还考虑到大运河作为一项宏大的世界文化遗产的特殊属性，推出了“文化遗产”系列展览。

“文明因交流而多彩，文明因互鉴而丰富。”文明的交流互鉴，是推动人类文明进步和世界和平发展的重要动力。大运河不仅是中华民族的灿烂瑰宝，也是属于世界的文化遗产，其世界性特征使大运河不仅成为沟通南北的纽带，更在当下成为中国对话世界的桥梁。中国大运河博物馆一直将对外交流、互鉴作为一项重要使命，在常设展览“世界知名运河与运河城市”中，就已经立足全球视域，与国际对话，凸显中国大运河作为世界文化遗产的独特价值。因此，中国大运河博物馆临展体系在立足本土的同时，也通过在“世界文明”“运河艺术”“运河城市”等系列临展中引进境外展览，积极参与国际文化交流，与国际艺术大师、世界运河城市、世界多元文明展开深入对话。

由此构建的展览体系既具有大运河主体性，更具有以大运河为原点而扩散的全球视野。这样的体系不仅可以给观众带来更多元的展览内容，更能够在国际语境中展现运河文化的独特魅力。

（三）大运河文化视域下临展体系的创新思维

中国大运河博物馆在筹建之时面临的藏品困境，同样困扰着临展体系的构建。由于馆藏文物不足，以文物为主的原创临展往往需要向十几家甚至几十家文博机构借展。这既需要大量的时间投入，也需要大量的人力投入，对处于发展初期的中国大运河博物馆来说，持续更新文物型原创临展十分困难。面对这样的客观限制，博物馆的临时展览借鉴了常设展览“虚拟体验＋实体体验”的展览理念，积极探索数字化沉浸式展览以丰富临展体系，在临展策划上也同样注重与数字化、互动性展项结合。

三、中国大运河博物馆临展体系实践

大运河文化是内涵丰富多元的综合体，这决定了中国大运河博物馆作为大运河专题类博物馆，其临展体系必须多样化。因此，中国大运河博物馆的临展体系围绕常设展览的定位——“全面阐释大运河的遗产价值和给人民带来的美好生活”，在深度和广度上不断探求阐释运河文化的新角度。

表 1　中国大运河博物馆系列临时展览一览（2021—2024）

临展系列	序号	展览名称
运河城市系列	1 2 3 4	中兹神州——绚烂的唐代洛阳城 大都——元代北京城 “揭秘威尼斯”沉浸式数字展 梦华东京——北宋开封城
文化遗产系列	5 6 7	观妙入真——永乐宫的传世之美 布达拉宫——来自雪域的世界文化遗产 行经千折水——丝绸之路上的麦积奇观
运河艺术系列	8 9 10 11 12 13	形影——运河主题多媒介艺术展 何止八怪——扬州绘画三百年 入木——黄永玉百岁版画艺术展 乔治·莫兰迪 情有梦通——齐白石笔下的四季生机 何为先锋——俄罗斯国家博物馆藏先锋派艺术展
运河非遗系列	14 15 16 17	源远流长江山秀——大运河百米长卷刻纸展 大熔景行——朱炳仁熔铜艺术展 雕刻·记忆——紫檀雕刻非遗艺术展 无远弗届——姚建萍苏绣艺术展
世界文明系列	18	重回安第斯——印加人和帝国四方之地

中国大运河博物馆从大运河繁荣昌盛的城镇文化、百花齐放的艺术类型、作为世界文化遗产所产生的遗产价值，以及在沟通中外文明交流互鉴中发挥的作用等视角切入，分别打造了“运河城市”“运河艺术”“文化遗产”“世界文明”“运河非遗”等系列临时展览。这些展览是常设展览的重要补充，力求全方位、全时段、全流域展示大运河文化，将最前沿的运河文化研究成果转化为展览内容，为公众持续提供高质量的观展体验（表 1）。

（一）“运河城市”系列：探寻运河城市底蕴，描绘美好生活图景

“运河城市”系列以大运河流域沿线城市为主要脉络，着重反映运河城市独特的历史与文化，全面阐释大运河的遗产价值和给人民带来的美好生活。该系列展览在运河文化研究转化、传播上进行了积极的探索，尤其是在历史研究和考古发掘方面。该系列展览注重在当代的文化语境下再现古代运河城市的风貌，通过展品的组合、场景的还原、数字技术的运用，实现人们对古代运河城市的还原与再想象。

目前，系列展览的主题主要集中于历代运河沿线的都城，通过阐释这些曾因运河而成为当时经济、政治和文化中心的城市，讲述运河与城市的故事。

“中兹神州——绚烂的唐代洛阳城”是“运河城市”系列的首展，该展全面呈现了唐代洛阳城 200 余年繁华胜景的历史与文化面貌，展示了大运河为盛唐都市民众带来的美好生活（图 2）。首展主题选择唐代洛阳城，因为洛阳是隋唐大运河的中心，并且已有丰硕的研究成果。考古工作者对宫城、皇城、中心宫殿、重要街道、含嘉仓等遗址的勘探和发掘，基本确定了唐代洛阳城的范围、布局，同时也出土了精美丰富的文物，能很好地满足展览叙事和呈现要求。“运河城市”系列的第二个展览为“大都——元代北京城”，展览围绕

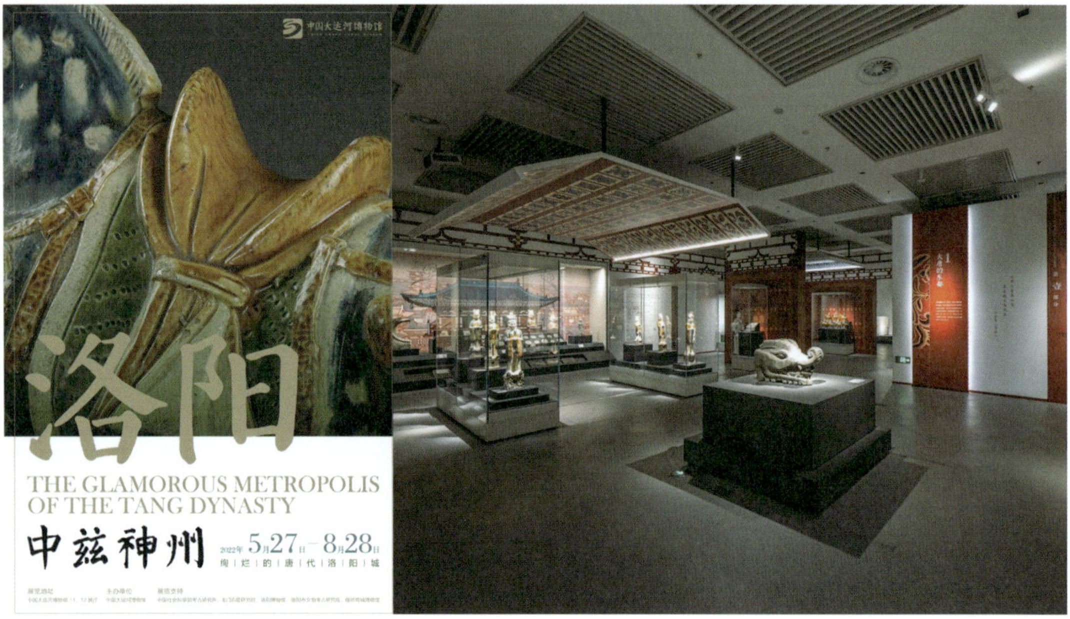

图 2　“中兹神州——绚烂的唐代洛阳城”展览海报与展厅

着运河与元大都的关系展开，揭示了大都与运河相互促进的历史，同时也是元大都与京杭大运河相关研究成果转化为展览内容的一次尝试（图 3）。本系列的第三个展览“梦华东京：北宋开封城”，通过“河与城”到“城与人”的递进关系，展现迷人的“东京梦华”。

图 3　“大都——元代北京城”展览海报与展厅

（二）“文化遗产”系列：始于运河却不止于运河

大运河本身是世界文化遗产，但“文化遗产”却不单单止于运河，大运河的保护、利用、传承与其他文化遗产之间既有差异性，也有很多共同点。而“文化遗产”系列的初衷就是希望以大运河作为平台，让公众接触到更多的世界文化遗产，领略文化遗产的辉煌壮美，唤起公众对文化遗产的保护意识，增强公众对文化遗产的情感。

“文化遗产”系列的首展主题选择了同样珍贵的黄河文化遗产——永乐宫。大运河文化带与黄河文化带建设同属国家重大战略，因此，“观妙入真——永乐宫的传世之美”翻开了“文化遗产”系列展览的第一章（图 4）。2024 年是布达拉宫申遗成功 30 周年和中国大运河申遗成功 10 周年，为了继续向观众讲好中国的世界文化遗产故事，中国大运河博物馆联合西藏自治区布达拉宫管理处共同举办了“布达拉宫——来自雪域的世界文化遗产”特展，一同将布达拉宫的雪域史诗迎至运河之畔（图 5）。作为“文化遗产”系列的第二个展览，此展也是该系列下首个由中国大运河博物馆团队自主策划的原创大展。如何对文化遗产进行解构、解读，又如何将文化遗产置于展览语境中剖析、呈现，再如何让观众与文化遗产产生联系、共鸣从而理解保护传承的意义，成为中国大运河博物馆策展团队在本次展览中不断求解、求变的核心动力。“文化遗产”系列的第三个展览主题，中国大运河博物馆选择了丝绸之路上的麦积山石窟。该系列展览将众多文化遗产汇聚于中国大运河博物馆的临展体系中，“向公众系统阐释相关文物蕴含的中华文化精神和时代价值，进而推动文化遗产保护走入百姓生活”[4]，同时呈现中国世界文化遗产不同的角度，让展览

图 4　“观妙入真——永乐宫的传世之美”展览海报与展厅

4 中国大运河博物馆 . 观妙入真——永乐宫的传世之美 [M]. 南京：江苏凤凰文艺出版社，2024.

图 5 “布达拉宫——来自雪域的世界文化遗产”展览海报与展厅

传达我国在保护、利用、传承世界文化遗产方面的历程与努力。

（三）“运河艺术”系列：古今中外，串珠成线

大运河沿线不仅遍布繁华的市镇，更孕育了种类繁多的艺术形式。中国大运河博物馆以此为引，编织时空经纬，交融文化枝蔓，推出“运河艺术”系列展览，展现运河沿线多元化的艺术格局，阐释中华文化血脉中的运河基因，进而利于运河艺术的保护、传承与利用。运河艺术落地成展览的可行性、可看性都很成熟，艺术种类也很丰富，所以这一系列展览的更新频率最高。自开馆时推出的“形影——运河主题多媒介艺术展”，到 2023 年的跨年大展“何止八怪——扬州绘画三百年”（图 6），再到“入木——黄永玉百岁版画艺术展”（图 7），以及 2024 年的跨年大展“情有梦通——齐白石笔下的四季生机”（图 8），这一系列展览展现了运河沿线多元化的艺术格

图 6 “何止八怪——扬州绘画三百年”展览海报与展厅

图 7　“入木——黄永玉百岁版画艺术展”展览海报与展厅

图 8　“情有梦通——齐白石笔下的四季生机”展览海报与展厅

局。此外，该系列展览还立足全球视域，与国际对话，引进了国际艺术展览，如 2023 年举办的“乔治 · 莫兰迪”特展（图 9）和 2024 年举办的“何为先锋——俄罗斯国家博物馆藏先锋派艺术展”（图 10）。

图 9 “乔治·莫兰迪”展览海报与展厅

图 10 “何为先锋——俄罗斯国家博物馆藏先锋派艺术展”展览海报与展厅

（四）“运河非遗”系列：为了未来收藏现在

运河两岸滋养了灿烂多姿的非物质文化遗产。这些遗产也是运河文化的重要组成部分，而且比古代运河城市和运河艺术更贴近民众生活，它们是活态的，在实践中得以传承发展。无论是美食、剪纸、年画、泥塑，还是传统音乐、传统戏剧，这些非遗文化往往是观众亲身感受的体验，因此此类题材的展览更容易触动观众的心弦。为了向公众展现大运河沿线非遗技艺传承与创新并蓄的独特魅力，中国大运河博物馆打造了“运河非遗”系列展览。2022 年，博物馆举办了“源远流长江山秀——大运河百米长卷刻纸展”（图 11），2023 年邀请到中国大运河申遗先锋“运河三老”之一、国家级非物质文化遗产传承人、熔铜艺术创始人朱炳仁先生共同打造“大熔景行——朱炳仁熔铜艺术展”（图 12）。2024 年，

图 11 “源远流长江山秀——大运河百米长卷刻纸展”展览海报与展厅

图 12 “大熔景行——朱炳仁熔铜艺术展”展览海报与展厅

中国大运河博物馆携手国家级非物质文化遗产传承人姚建萍，为公众带来“无远弗届——姚建萍苏绣艺术展”。

（五）“世界文明”系列：灿烂文明的对话与再现

秉承着以大运河为文化纽带联通世界的想法，2023 年 9 月，中国大运河博物馆推出了“世界文明”系列首展“重回安第斯——印加人和帝国四方之地”（图 13）。印加文明既是一个灿烂的世界文明，印加的马丘比丘也是一项重要的世界文化遗产。展览以秘鲁安第斯文明发展时间为主线，重现印加人及其帝国所创造的引人注目的物质成就，勾勒出不朽的安第斯文明和印加文明的轮廓。“世界文明”系列展览以国际合作展为主，虽然更新频率较低，却是整个临展体系中不可或缺的重要部分。尽管这一系列展览的主题与运河无直接联系，却与“文化遗产”系列有异曲同工之处，该系列展览的确立和延续，进一步凸显了大运河的世界性，也为博物馆提供了一个在国际语境下讨论大运河与世界文明的切口。

四、思考与讨论

（一）临展体系特点

通过三年的临展实践，中国大运河博物馆的五大临展系列都已有成功的展览案例，展览主题类型也愈发多样，临展体系已初步形成“可拓展、可持续”的特征。

图 13　“重回安第斯——印加人和帝国四方之地”展览海报与展厅

1.“可拓展”：主题与空间的延伸

与宏观的展览系列定位相比，展览主题内容是具体且可以无限延伸的，目前五大临展系列的主题内容都是“可拓展”的。以“运河城市”系列为例，如前所述，该系列展览的主题目前主要集中于历代运河沿线的都城，但都城的数量毕竟有限，随着对都城这一子系列的不断挖掘，目前中国大运河博物馆也有计划继续拓展“世界运河城市”“运河名城”等子系列。例如，2024 年举办的“揭秘威尼斯”沉浸式数字展就被纳入了“运河城市”的“世界运河城市”系列中（图 14）。

与此同时，系列展览主题的丰富也离不开临展空间的不断拓展。近三年来，中国大运河博物馆的临时展览空间不断扩大。起初，博物馆仅有 1300 平方米的临时展厅 A（11、12 号展厅）。随后，5 号展厅经过改造增设了 800 平方米的临展空间。接着，临时展厅 B（14、15 号展厅）再启用，4 号展厅（“世界知名运河与运河城市”）中心区进行了换展尝试。最终，8 号数字展厅也被考虑作为临展场地。目前，博物馆中所有可用于举办临时展览的面积已达约 3200 平方米。

2.“可持续”：临展体系的生命力

主题内容与空间的拓展延伸互为推动力，给每个系列展览的持续输出带来无限的可能性。在主题内容上，策展团队以某个单一主题为出发原点，不断探寻其与“运河”之间的关联与联结，这样的不断拓展会给中国大运河博物馆的临展体系注入无限的生命力。在展览空间上，展场类型的延伸和面积的拓展可以让展览之间的接续形成可持续的循环，保证临展不断给博物馆带来热度。另外，中国大运河博物馆已经多次尝试数字展览的换展，如

图 14 “揭秘威尼斯”沉浸式数字展海报与展厅

何实现高成本高投入的数字展览的可持续发展，也成为中国大运河博物馆临展体系未来要解决的问题。

（二）临展体系优势

1. 展览品牌化

大运河文化是中国大运河博物馆构建临展体系的核心资源，坚持大运河文化主体性原则，也是打造临展品牌化的重要途径。打造临展品牌不仅有利于增强观众的黏性、形成叠加的宣传效应，还可以提升博物馆及其所在城市的形象。在目前的临展体系中，“运河城市”和“文化遗产”系列由于主题较为统一，已经形成了展览“品牌效应”，无论是在展览的宣传推广还是线下参观中都可以明显发现，这两个系列展览已经拥有了一批忠实的观众群体。比如，小红书上就有笔记分享：“朋友说你怎么又去扬州？因为扬州好吃又好玩，何况还有中国大运河博物馆的‘运河城市’系列展第二站‘大都——元代北京城’。”这既展现了系列展览对观众的持续吸引力，也体现了展览为博物馆和城市带来的“热效应”。中国大运河博物馆临展体系的“可持续”特点，以及展览品牌化带来的“可持续热度”不断为博物馆注入新的生命力。“运河艺术”系列展览虽然更新频率高，但由于中国大运河博物馆在初期不断尝试不同艺术题材的展览，尚未形成主题相对垂直化的品牌展览。但在 2023 年暑期推出“乔治 · 莫兰迪”展后，该系列下的“国际艺术”子系列应运而生。“乔治 · 莫兰迪”广受关注和好评，因此，2024 年暑期又成功举办了“何为先锋——俄罗斯国家博物馆藏先锋派艺术展”。这表明，在“可拓展”的临展体系下，展览品牌化不仅存在于大系列，也适用于子系列，临展与品牌效应的良性循环使得临展本身与所属系列品牌双方互为加持，有效提升了公众对中国大运河博物馆展览的关注度和美誉度。

2. 展览学术化

展览内容策划的核心是研究。随着中国大运河博物馆临展体系各系列内容的不断拓展，以及策展团队对同系列中不同主题的深入研究，系列展览的学术性愈发明显。例如，在 2023 年“运河城市”系列“大都——元代北京城”展览期间，中国大运河博物馆举办了“运河 · 城市 · 再现——博物馆城市主题展览策展研讨会”，专家学者们就“如何解构、解读一座城市”“运河城市未来的多种可能性”进行了交流讨论，帮助策展团队更好地总结展览经验，探索策划运河城市主题系列展览的更优模式。同时，结合上海博物馆、苏州博物馆等机构在系列展览上的实践和成果来看，系列化展览在深化特定领域研究方面有天然的优势，可以实现学术和展览的双向成果转化。从长远来看，这对于加速博物馆人才培养、提升学术研究能力和提高临展质量都大有裨益。

3. 话语体系的构建

近年来，国家高度重视对外话语体系建设，而博物馆作为讲好中国故事、传播中国声音的重要场所，是“集中展现中华优秀传统文化、革命文化和社会主义先进文化的历史文化艺术殿堂，在构建中国特色话语体系中发挥着独特的作用”[5]。话语体系一般是指“思想理论体系和知识体系的外在表达形式，是受思想理论体系和知识体系制约的；有什么样的思想理论体系和知识体系，就有什么样的话语体系”[6]。中国大运河博物馆是首座大运河国家文化公园内的博物馆，力求通过展览将自身打造成大运河国家文化公园的形象标志，以及对外传播中国大运河文化的窗口。从大运河文化跨区域、线性的特质来看，位于大运河国家文化公园内的中国大运河博物馆，其实也最适宜采用系列型临展的形式来讲好运河故事、讲好中国故事，从而助力中国特色话语体系的构建。系列型临展的持续推出，能够更好地将运河沿线不同的地域文化在展览中串珠成线，从而帮助观众在通过基本陈列对大运河有了宏观的整体了解之后，从“小切口”来了解运河文化。中国大运河博物馆的展览体系对中国大运河文化这张“金色名片”的阐释越全面、越生动，大运河文化的对外话语体系就会越立体、越有说服力。

（三）临展体系优化

目前，中国大运河博物馆原创性展览占比 70%，这些展览由馆内工作人员独立策划或与外部社会策展人联合策划。引进展览占比 30%，但中国大运河博物馆策展团队也会对引进展进行在地化调整。在这样重视展览内容、重视大运河主题主体性的策展理念基础上，临时展览体系该如何进一步优化？

首先，继续拓展与细化临展阵列。中国大运河博物馆的临展体系还处在初步探索阶段，虽然策展团队已经基于五大基本系列临展开始进行拓展和细化，但仍有很大的发展空间。在现有的“运河城市”系列中，我们已经通过“揭秘威尼斯”沉浸式数字展延伸出“国际名城”分支，那么在完成“国内运河都城”分支展览后，可以继续探索策划“国内运河名城”的子系列。另外，中国大运河博物馆也在尝试从不同角度策划临时展览。一是配合重要时间节点的展览策划。比如，在中国大运河申遗成功 10 周年之际推出致敬展“运载千秋——新时代大运河重要考古成果展”，该展览虽然不属于五大临展系列，但通过这次尝试，未来或许可以继续深耕。二是基于馆藏研究的展览策划，如“凝露成珠——中国大运河博物馆 2022 年藏品征集精品展”“寻找古人的智慧——运河与科技展”“过尽千帆——近代影像里的大运河”等等。通过研究的深入来带动展览的更新也是未来可以考虑的展览方向。三是自然科学类展览策划。中国大运河博物馆常设展览中设有“运河湿地寻趣”展，临时展览也可以在此主题上进行延伸，如已经推出的“蹁跹蝶影——馆藏蝴蝶标本”线下展和“飞羽世界——馆藏鸟类标本展”线上展等。这些展览既符合常设展览顶层设计中的定位，也可以体现当年博物馆标本类藏品征集成果。另外，目前江苏省内还没有省级自然

---

5 陈浩 . 中国博物馆协会博物馆学专业委员会 2020 年“博物馆与中国特色话语体系构建”学术研讨会论文集 [M]. 北京：文物出版社，2021.

6 张国祚 . 中国话语体系应如何打造？ [EB/OL].（2012-07-19）[2024-11-25]. http://www.71.cn/2012/0719/682924.shtml.

馆，这也是中国大运河博物馆临展体系进一步实现差异化的突破点（图 15）。

其次，突破系列展览的固有逻辑。系列展览在同一个大主题的限定之下，内容与形式设计会有延续，这就不可避免地有类同之处。就“运河城市”系列临展的实施而言，“城与河”的关系是展览最重要的同一性，也是该系列展览需传达的基础性内容。在呈现唐代洛阳城和元代北京城时，策展团队均从运河城市的营建、市民生活、文化艺术等方面进行阐释，这是运河城市的共性，但每一个独立的运河城市又独具特色，这种差异性不仅应体现在内容中，也应该通过形式设计来表达。在北宋东京城展览中，展览团队力求突破，从城市的空间概念入手，呈现运河对城市景观和人文风情的影响。在“大都——元代北京城”落幕之后，中国大运河博物馆也对“运河城市”系列进行了延伸，策划上线了配套数字展览“赵孟頫眼中的壮阔元大都”，以赵孟頫的游览视角为切入点，带领观众在云端沉浸式感受大都的壮阔与风华，打造全新的观展体验。

最后，完善策展人制度。科学、合理、有效的策展人制度是构建高质量系列临展的保障和基础，也是保证临展稳定、持续、高效高质地输出的关键。一个适用于所有博物馆的“完美策展人制度”是不存在的，策展人在国内博物馆语境下也还是一个处于被定义中的角色。因此，“策展人制度”没有标准答案，每个博物馆根据自身实际情况都会形成自己的“策展人制度”或展览策划模式。中国大运河博物馆目前正在尝试的展览策划模式可以暂且称为“策展组模式”：由展览的内容策划者担任策展组组长，内容策划者所属部门负责人担任项目负责人，统筹展览项目的整体策划与实施；组内配有形式设计人员、社会教育人员、宣传推广人员、环境控制人员、文创开发人员、运行保障人员等，他们来自馆内各个不同

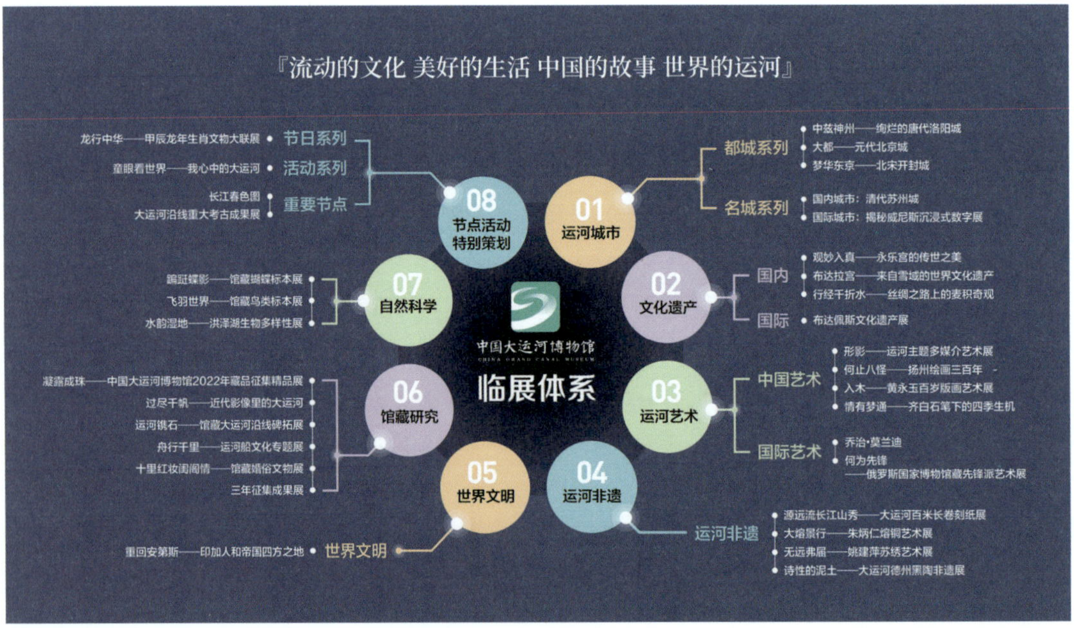

图 15　中国大运河博物馆临展体系优化探索

部门，职能独立却又相互协作，共同接受项目负责人和组长的协调。这样的模式可以减少部门间协调的障碍，提高协作效率，从而保障展览策划、落地、开放和宣传的进度和效果。

五、结语

中国大运河博物馆在临展体系的构建中，立足大运河国家文化公园博物馆的整体定位，充分把握运河线性文化遗产特征，用系列化临展的形式提炼大运河文化符号，以城市、艺术、非遗等与大运河之间有联结的媒介，引导公众认识大运河、了解大运河、爱上大运河。大运河文化遗产是向世界传播中华优秀文化的重要标志，期望通过临时展览的不断扩充和优化，以及临展质量的不断精进和突破，助力中国大运河博物馆成为国内观众了解大运河文化的重要平台，大运河国家文化公园内博物馆的亮丽标识，以及大运河文化全球化传播的展示交流窗口。

| 作 者 简 介 |

孙思源，中国大运河博物馆展览展示部牵头负责人，主要从事展览策划、博物馆学研究。

第六节　中国大运河博物馆的数字服务与展示

摘要： 随着信息技术的快速发展，博物馆的数字服务与展示逐渐成为文物保护和文化传播的重要手段。文章以中国大运河博物馆公共数字文化服务为研究目标，以发展历史背景—数字化应用—特色与创新—取得效益—机遇挑战—规划与展望为结构，阐述了博物馆数字服务与展示的背景和意义，指出在数字化时代，博物馆应如何利用现代科技手段提升观众的参观体验，扩大文化传播范围，促进文化创新和产业发展。

关键词： 博物馆；数字化；展览展示

信息技术的迅猛发展正在推动整个社会快速进入数字化时代。博物馆作为文化传承的重要阵地，承载着传承历史文化、弘扬文化自信的主要责任。随着信息技术的不断发展，传统的文物展示和教育方式也在逐渐融入新的数字化技术。这些技术不仅让文物“活起来”，还能激发年轻人对参观学习的兴趣。这种展示展览的新形式，为博物馆的文物保护、文化传播、展览形式等带来了前所未有的发展机遇。作为保存文化、展示文化、传播文化的媒介，博物馆在树立文化自信、提升中华文化的国际影响力方面有着十分特殊而重要的作用。如今，越来越多博物馆的数字服务与展示逐渐进入公众视野，它们连接现实与虚拟，带来文化展示的革新。

一、中国大运河博物馆数字化发展的历史背景

在当今信息化、数字化浪潮席卷全球的背景下，博物馆作为文化传承的重要载体，面临着转型升级的机遇与挑战。传统博物馆的物理空间和展示手段已无法完全满足公众对获取文化信息的多样化需求，尤其是年轻一代对于互动性、体验性更强的文化体验的追求。因此，博物馆数字服务与展示的探索与实践显得尤为重要。

数字服务的兴起，为博物馆提供了突破时间和空间限制的可能性，使得文化遗产得以更广泛地传播。基于这一认识，博物馆数字服务与展示的思路应以需求分析为基石，

以数字化技术为抓手，以服务为目标，以展览为展示窗口，不断突破创新，打造数字化服务与展示的模范。

为顺应这一时代潮流，中国大运河博物馆积极推动数字服务与展示，满足公众日益增长的文化需求。通过创新理念、先进技术和多元化合作，中国大运河博物馆将为观众带来更加丰富、立体的文化体验，实现文化传承与创新的有机结合。在这个过程中，中国大运河博物馆也必将焕发新的生机与活力，成为连接过去、现在与未来的桥梁。

二、中国大运河博物馆沉浸式数字展览实际应用

中国大运河博物馆以打造公众喜爱的旅游目的地为目标，运用技术创新，广泛应用电子沙盘、环幕、投影、裸眼 3D、红外技术以及 AR/VR 等多媒体语言，打造沉浸式体验。这不仅体现了博物馆高质量发展的要求，也成为新时代文旅融合背景下大运河文化带建设的示范性项目。博物馆大量运用多媒体数据、音视频等反映近现代大运河风貌的资料，构建现代展示展演与沉浸式古代场景相结合的体验空间，并通过游戏型教育模式构建，让观众获得个性化文化教育体验，探索出了一条在文化公园内打造数字化沉浸式体验项目的新路径。展览、展示、展演的有机结合，在传承运河文明、讲好运河故事、传播运河文化方面发挥了积极作用。

“中国大运河博物馆（流动的文化）”智慧旅游沉浸式体验新空间的主要特色包括：

（一）5G+VR 沉浸式体验

中国大运河博物馆以“5G 大运河沉浸式体验馆”为亮点，通过裸眼 3D 的形式，以全景视角和千亿级像素的超高清视觉等高科技互动技术，让观众沿着蜿蜒流淌的中国大运河，一镜穿越沿岸 8 省市的 17 座城市。这段沉浸式体验从京杭大运河的起点杭州出发，一路北上到北京，继而探索隋唐大运河、浙东运河，最后从宁波的三江口驶向海上丝绸之路，让人有身临其境之感，感受运河之美（图 1）。此外，“5G+VR 720°”“大运河

图 1　流动的文化（“5G 大运河沉浸式体验馆”）

国家文化公园数字云平台”等重大项目展示，也以数字化、可视化的方式呈现了千年运河的历史风貌和文化底蕴。

（二）实体体验 + 虚拟技术

“运河上的舟楫”是关于大运河舟楫主题的多媒体互动体验展。该展览以“大运河上舟楫的演变体现运河带来的美好生活”为目标要求，以物化的舟楫为主题，最终升华至精神层面理解“美好生活”的目标。展览由两部分空间组成：第一部分以 78 艘船模为展示主体，再现运河上百舸千帆的场景。展厅内设有 5 台 AR 设备，选择具有代表性的舟楫模型制作动画，从多角度展示舟楫知识（图 2）。第二部分为沙飞船多媒体互动体验区，以复原的沙飞船为媒介载体，打造沙飞船实体体验 + 数字沉浸式虚拟体验（图 3）。本项目综合应用全域投影实时渲染、AR、360° 环幕 IMAX 投影、5G 直播技术等高难度复合型展示手段，以时间线为基本脉络，以实体体验结合数字多媒体虚拟体验的方式，讲述运河上舟楫的演变[1]。展览通过实体船模与虚拟多媒体智能交互传播，打造古代运河旁古今时光穿梭的体验，

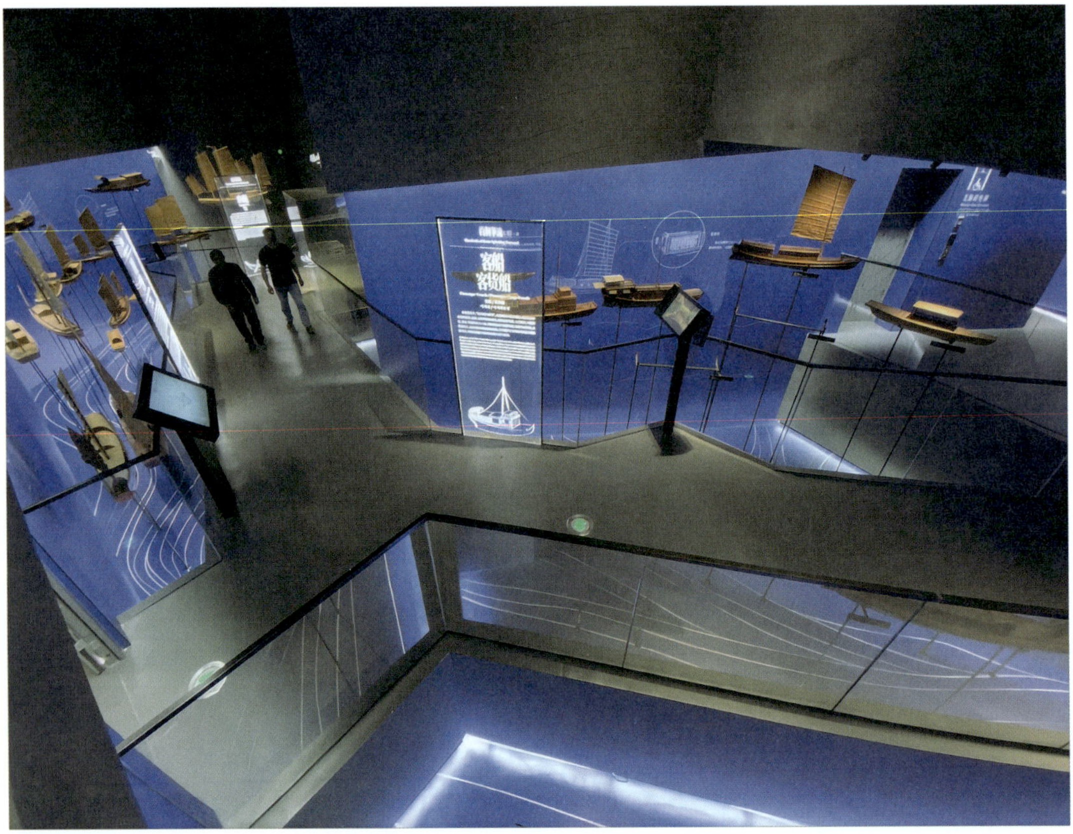

图 2　流动的文化（“运河上的舟楫”船模 + 互动屏）

1 王炜 . 让运河文化焕发时代光彩 [N]. 中国文化报，2023-07-21.

图 3　流动的文化（“运河上的舟楫”沙飞船多媒体互动体验区）

营造沉浸式氛围，使中国大运河这一线性文化遗产焕发新生。

（三）无文字 + 沉浸式

为了让展览更具真实性，中国大运河博物馆复原了运河两岸的城镇历史景观，并以科技手段模拟自然环境再现，打造了“因运而生——大运河街肆印象”展（图 4）。展厅内开设了从隋唐到明清各时期不同风格的街肆商店，店内摆满了非遗商品。展厅尾部还设计了 LED 天幕，运用物联网、程控技术以 20 分钟为周期循环，动态模拟从清晨到夜晚 24 小时的光影变化。观众在展厅里可以体验到模拟的昼夜和天气变化。当模拟天气为阴雨天时，程序会触发水流从街肆两旁的屋檐潺潺落下，营造逼真的视觉、触觉、味觉、嗅觉、听觉体验。

（四）科技 + 艺术 + 文化

“河之恋”是中国大运河博物馆的数字化专题展厅。展览从大运河文化的特殊性出发，提炼出“水”“运”“诗”“画”四个章节，运用抽象化、符号化的多媒体语言勾勒对“流动的文化”的唯美想象，并采用“科技 + 艺术 + 文化”的裸眼技术理念，突出声、光、电、

图 4　流动的文化（“因运而生——大运河街肆印象”）

形、色等方面的流动效果，共同构成震撼的视觉画面，让观众“沉溺”于景与画构成的世界中（图 5）。展厅根据空间特点设计影片脚本，以互动多媒体和沉浸式体验作为展区的主要呈现内容，采用无隔断和造型艺术布局，充分实现空间与影片的无缝衔接，720° 环幕互动空间全国罕见[2]。

（五）沉浸式古风体验

“大明都水监之运河迷踪”是国内首家密室逃脱类展示展览体验类项目。项目以真实的比例和故事背景还原体验空间，运用人体红外感应、AR、全域投影实时渲染等新技术，以及“博物馆知识展示＋密室逃脱”的创新理念呈现古代历史文化，创造空间的延伸感，让观众在密室的故事场景中实现沉浸式闯关与角色体验。该项目还结合手机端程序，引导观众参观，创造以“解谜”为线索的个性化剧情，让观众在寓教于乐的互动中获得全新体验。中国大运河博物馆还创新性地在展厅中设置了打卡装置，装置中安装有碎片收集盒和二维码扫描摄像头，观众只需扫描卷宗即可实现云端同步数据传输，自动计算游戏积分，并形成排行榜，在参展中更有体验感（图 6、图 7）。

“中国大运河博物馆（流动的文化）”赢得了广大观众的赞美与喜爱，其沉浸式展览

2 郑晶．国家文化公园建设中博物馆的文旅融合发展——基于扬州中国大运河博物馆的实践 [J]. 中国博物馆，2022（5）：88-92.

图 5　流动的文化（“河之恋”）

图 6　流动的文化（“大明都水监之运河迷踪”互动解谜）

图 7　流动的文化（“大明都水监之运河迷踪”整体布局）

在各大平台评价留言中被多次提及，“大明都水监之运河迷踪”更是出现了“一票难求”的现象。此外，它还获得了业内的认可。中国文化报称赞其“让参观者经历穿越千年的文化之旅”；人民日报认为“真实街肆还原市井生活、多元体验满足不同观众”；中国文物学会会长、故宫学院院长单霁翔也表示“扬州中国大运河博物馆的建成，堪称大运河畔的文化奇迹”[3]。诸多业内的评价，无不客观证明了“中国大运河博物馆（流动的文化）”的独到之处。

三、中国大运河博物馆数字展览的特色创新

数字赋能，科技沉浸，历史脉络与数字人文技术串珠连线，赋予大运河历史文化资源新的生命力。中国大运河博物馆以传统文化为基底，通过多元化体验方式，使体育休闲、文物考古、现代科技、非遗体验等相融合，实现从静态向动态、二维向三维、被动接受向主动接受、单一性向多样性的丰富转变，促进中国传统文化沉浸式展览中艺术审美的提高和受众沉浸感的增强[4]。同时，丰富文化供给，强化文化转化，激发传承发展大运河文化

---

3 张楠 . 这是中国大运河的“百科全书”也是大运河畔的文化奇迹 [N]. 扬子晚报，2021-06-17.

4 赖睿，张玉峰 . 沉浸式“触摸”文旅脉搏 [N]. 人民日报海外版，2023-08-09.

遗产的市场活力，助力大运河文化资源实现全民知晓、社会共享和参与体验，构建了从历史文化资源到旅游服务的全面布局，让大运河承载的古老记忆焕发新时代的光彩。

（一）机制创新，解锁协同发展新路径，激发组织活力

中国大运河博物馆由省市共建，是大运河文化带和国家文化公园江苏段建设的重点项目之一，是国内首个全面展示大运河文化的专题博物馆。在顶层设计上，博物馆创新发展途径，推出“一站式”服务，这是新时代文旅融合背景下，大运河国家文化公园休闲服务的创新性尝试，确保国家文化公园与博物馆在景观和文化属性上的协调与连贯。“中国大运河博物馆（流动的文化）”在博物馆主要业务功能的基础和应用研究中实现了一定突破，获得了国内外博物馆界的一致认同。

（二）技术创新，驱动未来，重塑产业边界的新动力引擎

中国大运河博物馆以网络数字化技术保障为手段，将所要展现的背景、文化等一系列内容融于展线中，有序地开展叙事，吸引观众注意力，引导他们全身心地沉浸在展示内容之中。这种方式既解决了筹建期“零藏品”的难题，又通过“虚实结合”的方式节约了建设成本。“运河上的舟楫”是国内首个结合 360° 巨型环幕和 600 平方米 10K 高清有效投影的展示展演项目，打破了参观的视线限制，突出“知识性 + 体验性”，实现了现代博物馆展览与沉浸式古代场景的完美融合，为观众带来丰富的观展体验。“河之恋”展厅，利用声学模拟仿真软件设定空间材质与吸声参数、扬声器声源位置与参数，通过模拟计算出展厅空间平均声压级分布，在展区顶部、地面及镂空幕布后分别安装了 32 声道音箱，并结合透声幕，有效解决了回声问题，共同打造影院级别的沉浸式视听体验。此外，展厅还选用了白色微孔铝板作为弧幕投影的材料，确保 720° 沉浸式场景交互剧场的画面清晰逼真，让观众仿佛身临其境。

（三）文化创新，融合传统与现代，点亮历史文化的新灯塔

中国大运河博物馆打造了现代展览空间与沉浸式古代场景结合的体验空间，让观众在多种时空的穿梭交织中享受一场新奇丰富的文化盛宴。为了使观众有良好的体验，博物馆使用 5G+VR 技术，辅以 720° 直播大运河，展示现代大运河沿线文物、景观现状；在展厅中打造运河街肆 4D 空间，配以天幕 LED 和物联网、程控技术，模拟日夜和天气变化，使观众获得沉浸式体验；采用无隔断和造型艺术布局，充分实现空间与影片的无缝衔接，全维度环幕互动空间全景展现运河美好生活；打造游戏型教育模式，以真实比例和故事背景还原体验空间，巧妙设置多种形式的机关道具，结合虚拟媒体和画面营造整体环境氛围，创造空间的延伸感，让观众在虚拟的密室场景中享受既真实又富有想象力的场景与角色体验。

（四）社会创新，倾听公众声音，打造互动共融的体验空间

中国大运河博物馆从服务“文物”转化为服务“观众”，以展项的娱乐性迎合观众，以知识的专业性打动观众。博物馆基于实物载体，结合数字技术，通过特定场景的塑造，为观众讲述文物背后所蕴含的故事，让观众在沉浸式体验中领会新的知识与内容[5]。在“运河上的舟楫”中，中国大运河博物馆启用数字教学屏，以舟楫为讲解对象，贯穿全流域，以航域、朝代、性质、动力分类，生动展现舟楫的发展史。沙飞船上的沉浸式体验也让展览的内容得到了升华。观众站立在舟楫之上，感受潮流涌动，耳闻岸边的说书声、商贩叫卖声，让人在视觉与听觉的双重震撼中，了解运河周边生活，感受运河之美。“大明都水监之运河迷踪”则是在游戏解谜过程中不断向观众科普与运河有关的知识，如监管水利之事的职位、工种，以及当时所使用的排水系统等。因其设定的解密程序，观众需要了解相关的知识，并从中找到关键线索，在沉浸式解密的过程中潜移默化地吸收知识。这种深入浅出的多媒体解读方式，让体验者感受到大运河古代科技的独特魅力，对古代劳动人民的伟大智慧结晶心生敬意，进而产生守护、传承祖先宝贵遗产的崇高信念。

（五）体验创新，沉浸式叙事，赋予空间情感与故事的全新维度

中国大运河博物馆不局限于单一方面知识的科普与传授，更侧重于依靠观众与科技之间的互动来实现知识的流动。在“运河上的舟楫”中，观众进入复原的沙飞船时，映入眼帘的是来自运河沿畔地区的戏曲和美食陈设。观众可根据自己的喜好和兴趣点击屏幕上的图片，经多媒体技术分析后，了解对应的戏曲和美食知识，仿佛置身于古时场景，品尝美食、欣赏戏曲。“大明都水监之运河迷踪”作为国内首家密室逃脱类展示展演项目，进一步放大了互动的模式，使其贯彻整条解密路线。以观众的行动步伐为基点，配合故事线语音的引导，使观众在探索中不断发现谜题、解开谜题，逐步进入下一环节。“博物馆知识展示 + 密室逃脱”的创新理念，以及展厅设计“知识展示 + 密室逃脱”的互动体验，让观众在享受游戏乐趣的同时获得个性化的文化教育体验。该项目结合原创古风二次元 IP 角色和解密卷宗，运用 AR 技术、全域投影实时渲染等当代媒体技术呈现了古代历史文化[6]。每个结构点都以运河为背景，以寻找线索为方式，配合观众的选择，让观众与大运河在游戏互动中突破时间与空间的限制，在双向交流中不断获取新知识。

（六）教育创新，活化历史记忆，引领体验式学习的文化复兴

“中国大运河博物馆（流动的文化）”通过收集大量史料文献，整理归纳了知识总表。为了提升观众的接受度，博物馆对内容文本进行深入浅出的再设计，从庞杂的文献与史料中精选出观众最感兴趣的内容，并以有趣的形式展示。同时，博物馆恰当使用数

---

5 赖睿，张玉峰 . 沉浸式“触摸”文旅脉搏 [N]. 人民日报海外版，2023-08-09.

6 王雅婧 . 智慧化激发文旅新活力 [N]. 中国纪检监察报，2023-08-14.

字技术工具构建多重知识入口，以知识图谱为脉络进行分众化知识穿透，以展项的串接调动观者的情绪，融合科技后实现展览整体的突破，以“虚”的体验带来“实”的感知，在展览空间叙事中体现数字化转型的示范效应，进而达成博物馆学层面上展览理论与实践的统一[7]。

四、中国大运河博物馆数字化取得效益

（一）社会效益

“中国大运河博物馆（流动的文化）”以大运河文化为基石，融合数字化新技术手段，展现新视角，提供新体验，满足观众全新需求，推动以大运河为代表的中华民族优秀特质的创新性表达，让观众感受到高度的文化自信。中国大运河博物馆开馆初期就吸引了包括人民日报在内的 702 家媒体发布了 8105 篇相关报道，开馆后更是被光明日报等多家媒体报道宣传，进一步提升了运河文化的传播力和美誉度。在文旅融合背景下，博物馆不仅是展览空间，还是文化空间、旅游空间、休闲空间及购物空间。展厅可参观、可体验、可互动、可餐饮、可购物，观众身在其中可享受文化休闲和旅游的“一站式”服务[8]。自 2021 年 6 月开馆以来，凭借“中国大运河博物馆（流动的文化）”，中国大运河博物馆获得包括全国博物馆十大陈列展览精品推介精品奖，以及 2023 年“全国最具创新力博物馆”“国家水情教育基地”等近 30 项业内重要奖项及称号，并入选文旅部沉浸式文旅新业态示范案例，扩大了数字化沉浸式体验项目的影响力。数字化沉浸式展示展演形式有助于具象阐释大运河文化所蕴含的中国传统文化基因，已成为高品质、国家级、公众喜爱的博物馆体验项目，吸引了多家国家级文博单位来馆参观学习，为大运河国家文化公园博物馆树立了典范。

“中国大运河博物馆（流动的文化）”带动了“沉浸式”这一新兴数字文化产业模式。中国大运河博物馆沉浸式数字体验凭借创新的概念设计、前沿技术运用和可持续化的运营模式设计，成为扬州新兴的旅游热点。越来越多的年轻人开始主动走进这座沉浸式的博物馆，感受文物的魅力，了解运河文化。放眼未来，将个性化的参观模式与展览内容深度结合，以及富有创意的沉浸式数字化应用，将与观众形成有效的启发式互动，为公众带来全新的博物馆体验方式。这也必然是新时代博物馆的发展趋势。

（二）经济效益

2022 年在闭馆近 3 个月的情况下，中国大运河博物馆全年累计接待观众 150 万余人，成为扬州新晋热门旅行目的地。经分析，2023 年春节假期期间的观众中 92% 为外地游

---

7 张莅坤，田甜 . 构建博物馆数字沉浸式展览的研究与实践——以“运河上的舟楫”展览为例 [J]. 中国博物馆，2022（1）：67-72.

8 田甜 . 中国大运河博物馆多重视角下的展览体系架构 [J]. 东南文化，2021（3）：5.

客，有效带动了扬州旅游经济发展，证实了中国大运河博物馆的旅游影响力。据统计，自2021年10月以来，中国大运河博物馆对扬州旅游贡献度一直居首位，预计未来将为扬州创造7亿至8亿元旅游消费收入。截至2024年7月，中国大运河博物馆接待线下观众超930万人次。同时，中国大运河博物馆通过数字化应用，致力于打造综合文化休闲空间，为来自各地的观众提供集展览、学习、活动、剧场、文创、餐饮于一体的“一站式”服务，更大程度地发挥国家文化公园内博物馆的文旅属性，扩大区域影响力。

五、中国大运河博物馆数字化发展的机遇挑战

技术发展日新月异，观众的精神需求也在不断增长，文化展示的边界就需要不断拓展和外延。博物馆数字服务与展示若不够谨慎，便会陷入误区，过分依赖数字技术，导致本末倒置。这种“数字依赖症”会颠覆实体展览与数字展览的位置，模糊两者的界限，从而引发观众的困惑，甚至让他们产生抵触情绪。

（一）技术与管理挑战

在数字技术发展迅速的当下，博物馆面临着不断升级硬件和软件设施的迫切需求。这不仅涉及高昂的成本，还要求具备前瞻性的技术洞察力，以预测和适应未来的技术趋势。此外，博物馆还需解决以下关键问题：如何有效整合新旧技术，应对系统兼容性和数据迁移的挑战？如何为员工提供技能培训和技术支持，以保障数字服务的稳定运行？如何建立灵活的管理机制，以应对技术故障、网络安全威胁等突发事件？在资金管理方面，如何合理分配预算，确保技术投入与博物馆的整体发展战略相匹配，也是一个需要深思熟虑的问题。

（二）人才与观众体验挑战

在博物馆数字化转型过程中，人才与观众体验挑战尤为突出。博物馆亟需既具备深厚文化底蕴又精通数字技术的复合型人才。这些人才不仅要能够设计和维护数字展示项目，还要能够理解观众需求，创造有意义的互动体验。同时，观众体验的多样性和个性化需求对博物馆提出了更高的要求。不同年龄、背景和兴趣的观众对数字展示的接受程度和期望各不相同，博物馆需要精心设计展览内容，以满足这些多样化的需求。此外，如何平衡数字技术与传统展览的关系，避免技术过度介入，影响观众的沉浸感和教育体验，也是博物馆需要深思的问题。

（三）可持续发展挑战

博物馆数字服务与展示的可持续发展挑战涉及多个层面。首先，技术更新速度迅猛，要求博物馆不断进行硬件和软件的迭代，这对资源有限的博物馆施加了持续的财务压力。

其次，数字化展览的维护需要专业的技术支持，博物馆必须确保有足够的资源进行长期维护和升级，以保持展览的活力和吸引力。可持续发展还意味着博物馆需要采用环保的技术和材料，减少能源消耗，这与控制成本和提升展览质量的要求相对矛盾。此外，博物馆在数字化转型过程中还需关注社会包容性，确保数字服务能够惠及所有观众，包括残障人士和不同社会经济背景的群体。培养和保留专业人才，以支持数字服务的不断创新和发展，也是可持续性挑战的一部分。博物馆需要通过教育合作、员工培训等方式，建立一支稳定的技术团队。总之，博物馆在推进数字服务与展示时，必须综合考虑经济、技术、环境和社会因素，制定长远的可持续发展策略。

六、中国大运河博物馆数字化发展的展望

随着技术的不断进步和创新，未来的博物馆将更加重视数字服务与展示的发展，积极应对风险与挑战，不仅会为观众提供更丰富的体验，还会在幕后实现更高效的管理和运营模式。这些变革将进一步推动博物馆行业的现代化，使其成为教育、文化和科技交汇的重要场所。

技术协同突破，探索跨界融合下的创新动力。博物馆需要持续深化改革，继续探索新技术，如人工智能、大数据、区块链等，坚持技术的融合与创新，以提升展览的互动性和个性化。技术的融合将创造新的展示方式，比如结合 AR、VR 和 MR 技术，为观众提供更加沉浸式的参观体验。

重塑观众互动，探索服务升级下的新型观众体验模式。博物馆将更加注重观众的参与和共创，利用社交媒体、众包等方式，让观众参与展览的策划和内容创作。通过在线平台和移动应用，博物馆可以与观众建立更紧密的联系，提供个性化的参观建议和教育活动。

加强文化传承，保护与弘扬数字文化遗产。博物馆在推进数字化的同时，需要确保文化传承的真实性和完整性。数字化遗产的保护将成为博物馆工作的重要部分，包括数字藏品的长期保存、数据的安全和可访问性。

拓宽教育视野，探索教育功能的多元发展与实践。博物馆将利用数字化手段，拓展其教育功能，为不同年龄和背景的观众提供更加多样化的教育资源。通过在线课程、虚拟实验室、互动游戏等方式，博物馆可以提供更加生动和互动性强的学习体验。

积极面向未来，应对可持续发展的时代挑战与机遇。博物馆在数字化的过程中应注重生态可持续性，减少资源消耗和碳排放。通过数字化展示和远程访问，博物馆可以减少实体展览的环境影响，同时提供更加可持续的服务。

多元盈利策略，构建商业模式与资金来源的丰富生态系统。博物馆需要探索新的商业模式和资金来源，以支持其数字化转型的持续发展。通过销售数字内容、开发虚拟旅游和在线教育等产品，博物馆可以创造新的收入来源。

跨国携手共进，推动全球合作与资源共享的新篇章。通过资源共享和联合展览，博物

馆可以加强全球合作、提供更加丰富的文化体验。数字化平台将促进不同文化之间的交流和理解，推动世界各地文化遗产的保护和传播。

博物馆数字服务与展示的未来是一个不断进化的过程，需要博物馆界、技术专家、文化工作者和观众共同努力，确保博物馆在数字化时代继续发挥其独特的社会作用。博物馆数字服务与展示的未来发展将不可避免地涉及技术的更深层次集成和创新应用。随着科技进步，我们可以预见更加智能和更具互动性的展览方式，以及更为丰富的教育和参与体验。同时，博物馆必须不断审视和更新其策略，确保技术的进步既服务于观众，也尊重并保护文化遗产。数字化不仅关乎技术的更新，更在于探索以新的方式讲述故事、分享知识和连接社区。在展望未来时，博物馆需要关注可持续性和包容性，确保所有声音都被听到，所有观众都能接触到人类的共同遗产。最终，博物馆数字化的核心目标是利用现代工具传承人类文化，促进全球理解与交流，巩固其作为知识宝库的地位。这样的转型也将使博物馆成为创新和文化交流的前沿阵地，为后代留下宝贵的知识财富。

| 作 者 简 介 |

张园，中国大运河博物馆图书信息部牵头负责人，主要从事数字化多媒体技术在博物馆的应用研究。

附录

附录 1 大事记

2019—2021 年

2019 年 5 月 9 日，中共中央办公厅、国务院办公厅印发《大运河文化保护传承利用规划纲要》。

2019 年 7 月 24 日，中共中央总书记、国家主席、中央军委主席习近平主持召开中央全面深化改革委员会会议，审议通过《长城、大运河、长征国家文化公园建设方案》。

2019 年 10 月 28 日，北京大运河博物馆正式开工建设。

2019 年 12 月 5 日，中共中央办公厅、国务院办公厅印发《长城、大运河、长征国家文化公园建设方案》。

2019 年 12 月，北京市增设国家文化公园建设专项工作组。

2019 年 12 月 13 日，光明日报刊发文章《建设大运河国家文化公园应把握好六大关系》。

2020 年 1 月，江苏省印发《江苏省大运河国家文化公园建设保护实施方案》和《2020 年全省大运河文化带和国家文化公园建设工作要点》。

2020 年 1 月 8 日，河北省印发《河北省大运河文化保护传承利用实施规划》。

2020 年 1 月 9 日，国家发改委召开大运河相关规划研讨会，论证并原则上通过《江苏省大运河国家文化公园建设保护规划》。

2020 年 3 月 1 日，浙东运河文化园（浙东运河博物馆）开工建设。

2020 年 3 月 25 日，山东省印发《山东省大运河文化保护传承利用实施规划》。

2020 年 3 月 30 日，江苏首家市级大运河文化带规划建设管理机构——“淮安市大运河文化带规划建设管理办公室”成立。

2020 年 4 月，宁波博物馆、宁波帮博物馆整合组建宁波博物院。

2020 年 4 月 14 日，浙江省发展改革委、省自然资源厅、省文化和旅游厅、省委宣传部等单位联合发布《浙江省大运河文化保护传承利用实施规划》。

2020 年 4 月 24 日，天津市人民政府办公厅成立长城、大运河国家文化公园建设领导小组。

2020 年 4 月 26 日，隋唐大运河国家文化公园、隋唐大运河文化博物馆正式开工建设。

2020 年 5 月 21 日，浙江省全面启动大运河国家文化公园建设。

2020 年 5 月 29 日，淮安启动大运河国家文化公园标志性工程——中国水工科技馆规划建设。

2020 年 6 月 1 日，天津市武清区大运河国家文化公园建设领导小组成立。

2020 年 6 月 11 日，水利部、交通运输部、国家发展改革委联合印发《大运河河道水系治理管护规划》。

2020 年 6 月 21 日，北京市通州区发布《通州区大运河文化带保护建设规划》《通州区大运河文化带保护建设三年行动计划（2020 年—2022 年）》。

2020 年 6 月 28 日，苏州市吴中区博物馆正式建成开放。

2020 年 6 月 30 日，国家发展改革委社会司通过视频会议的方式，召开了大运河文化保护传承利用工作省部际联席会议办公室第七次办公会，本次会议的主题是研究论证《大运河国家文化公园建设保护规划》。

2020 年 7 月 1 日，国家文物局、文化和旅游部、国家发展改革委联合印发《大运河文化遗产保护传承规划》。

2020 年 8 月 3 日，生态环境部、自然资源部、国家发展改革委、国家林草局联合印发《大运河生态环境保护修复专项规划》。

2020 年 8 月 18 日，大运河文化带建设研究院与江苏省规划设计集团合作成立“大运河国家文化公园研究分院”。

2020 年 9 月 2 日，宁波博物院正式挂牌成立。

2020 年 9 月 24 日，浙江省出台《浙江省大运河世界文化遗产保护条例》。

2020 年 9 月 29 日，文化和旅游部、国家发展改革委联合印发《大运河文化和旅游融合发展专项规划》。

2020 年 10 月 30 日，北京城市副中心路县故城遗址保护展示工程正式开工。

2020 年 11 月 14 日，“大运河博物馆联盟”在江苏南京成立，通过《大运河博物馆联盟章程》并签署《大运河博物馆联盟协同发展协议》。

2020 年 11 月 28 日，济宁市河道总督府遗址博物馆开工建设。

2020 年 11 月 30 日，文化和旅游部、国家发展改革委、教育部、工业和信息化部、公安部、财政部、交通运输部、农业农村部、商务部、市场监管总局印发《关于深化“互联网 + 旅游”推动旅游业高质量发展的意见》，提到开展长城、大运河、长征、黄河等国家文化公园，以及丝绸之路等重要主题旅游线上推广行动。

2020 年 12 月 21 日，徐州市博物馆、无锡博物院、镇江博物馆、淮北市博物馆被评定为国家一级博物馆（第四批）。

2020 年 12 月 21 日，无锡市鸿山遗址博物馆被评定为国家二级博物馆。

2020 年 12 月 24 日，河南省发布《大运河河南段核心监控区国土空间管控办法（试行）》。

2020 年 12 月 31 日，大运河国家文化公园（杭州段）建设全面集中开工。

2021 年 1 月 1 日，《浙江省大运河世界文化遗产保护条例》正式实施。

2021 年 2 月 9 日，国家文化公园专家咨询委员会秘书处挂牌仪式在北京举行，标志着国家文化公园专家咨询委员会正式组建。

2021 年 2 月 22 日，浙江省印发《浙江省大运河核心监控区国土空间管控通则》。

2021 年 2 月 28 日，江苏省印发《大运河江苏段核心监控区国土空间管控暂行办法》。

2021 年 3 月 1 日，国家发展改革委印发《大运河文化保护传承利用 2021 年工作要点》。

2021 年 3 月 10 日，无锡市鸿山遗址博物馆正式对外开放。

2021 年 4 月 1 日，天津市委、市政府通过《杨柳青大运河国家文化公园方案》。

2021 年 4 月 15 日，文化和旅游部、国家开发银行出台《关于进一步加大开发性金融支持文化产业和旅游产业高质量发展的意见》，提到加大对长城、大运河、长征、黄河等国家文化公园范围内文化产业和旅游产业项目的推介、服务、融资支持。

2021 年 4 月 21 日，国家文化公园工作推进座谈会暨“中国建筑文化研究会文化公园工作委员会”成立仪式在北京举行。

2021 年 4 月 22 日，首都博物馆东馆正式定名为“大运河博物馆”，同时宣布工程主体结构封顶。

2021 年 4 月 25 日，国家发展改革委等 7 部委印发《文化保护传承利用工程实施方案》，在“总体目标”部分“国家级文化遗产保护传承方面”提出：长城、大运河、长征、黄河、长江等国家文化公园建设保护更加完善，将文化遗产系统性保护作为国家文化公园建设的首要任务。

2021 年 5 月 8 日，浙江省文物局发布《大运河浙江段保护规划》。

2021 年 5 月 11 日，中央宣传部、国家发展改革委、教育部、科技部、民政部、财政部、人力资源社会保障部、文化和旅游部、国家文物局印发《关于推进博物馆改革发展的指导意见》，提到要推进大运河、长征、黄河国家文化公园建设等国家重大文化工程。

2021 年 5 月 18 日，江苏省文化和旅游厅、文物局、发展和改革委员会联合印发《江苏省大运河文化遗产保护传承规划》。

2021 年 5 月 18 日，2021 年度浙江省大运河文化保护传承利用暨国家文化公园建设工作专家咨询委员会第一次会议在杭州召开。

2021 年 5 月 21 日，浙江省大运河国家文化公园建设工作领导小组会议在杭州召开。

2021 年 5 月 28 日，国家发展改革委在杭州组织召开了大运河国家文化公园建设现场会暨第三次文化保护传承利用工作省部际联席会议。

2021 年 6 月，安徽省大运河国家文化公园标志性项目——柳孜运河遗址区建设项目在淮北正式开工。

2021 年 6 月 16 日，中国大运河博物馆正式对外开放。

2021 年 7 月 19 日，国家发展改革委牵头会同相关部门印发《大运河文化保护传承利用“十四五”实施方案》。

2021 年 7 月 22 日，安徽省宿州市公示《宿州市大运河国家文化公园（先行段）规划》（草案）。

2021 年 8 月 8 日，国家文化公园建设工作领导小组印发《大运河国家文化公园建设保护规划》。

2021 年 8 月 27 日，天津市政府审议并通过《天津市大运河国家文化公园建设保护规划》《天津市大运河文化遗产保护传承专项规划》。

2021 年 10 月 9 日，2021 北京（国际）运河文化节开幕并发布《北京市大运河国家文化公园建设保护规划》。

2021 年 10 月 30 日，杭州市临平区召开大运河国家文化公园建设动员大会，全面启动大运河国家文化公园（临平段）建设。

2021 年 11 月 3 日，大运河国家文化公园暨临平大运河科创城建设指挥部、管委会正式成立。

2021 年 11 月 18 日，国家文物局发布了《大遗址保护利用“十四五”专项规划》，将落实长江、大运河文化公园建设保护规划等列为重点任务。

2021 年 12 月，洛阳隋唐大运河国家文化公园东区基本建成并对外开放。

2021 年 12 月 1 日，国家发改委规划司发布《“十四五”文物保护和科技创新规划》，提到要建设长城、大运河、长征、黄河等国家文化公园。

2022 年

1 月

2022 年 1 月，浙江省印发《大运河国家文化公园（浙江段）建设保护规划》。

2022 年 1 月，嘉兴船文化博物馆原馆展陈进行改版布展，并新增“东方大港”展厅。

2022 年 1 月 6 日，中国水工科技馆开工建设。

2022 年 1 月 20 日，国务院印发《“十四五”旅游业发展规划》，提到要加快建设长城、大运河、长征、黄河等国家文化公园；以长城、大运河、长征、黄河国家文化公园为依托，构建全国旅游空间新格局。

2 月

2022 年 2 月 8 日，浙江省杭州市印发《杭州市大运河文化保护传承利用暨国家文化公园建设方案》。

2022 年 2 月 11 日，河北省发布《大运河国家文化公园（河北段）建设保护规划》。

3 月

2022 年 3 月 10 日，河南省郑州市发布实施《郑州市大运河文化保护传承利用暨大运河国家文化公园建设实施方案》。

2022 年 3 月 21 日，大运河国家文化公园（临平段）开工。

2022 年 3 月 28 日，浙江省杭州市临平区印发《临平区大运河文化保护传承利用暨国家文化公园建设方案》《临平区大运河文化保护传承利用暨国家文化公园建设三年行动计划》。

4 月

2022 年 4 月 2 日，国家发改委下达 2022 年第一批中央预算内投资计划，安徽省宿州市隋唐大运河（泗县段）国家文化公园项目获 5000 万元支持。

2022 年 4 月 24 日，洛阳隋唐大运河国家文化公园西区基本建成并对外开放。

2022 年 4 月 25 日，山东省发布《大运河国家文化公园（山东段）建设保护规划》。

2022 年 4 月 28 日，京杭大运河实现百年来首次全线通水。

2022 年 4 月 30 日，天津市杨柳青大运河国家文化公园（元宝岛）一期项目开工。

5 月

2022 年 5 月 18 日，隋唐大运河文化博物馆正式建成开放。

2022 年 5 月 18 日，东方博物馆之都（国际博物馆日）之青年论坛在隋唐大运河文化博物馆举行。

2022 年 5 月 18 日，中国大运河博物馆常设展览荣获第十九届（2021 年度）全国博物馆十大陈列展览精品推介精品奖。

6 月

2022 年 6 月，大运河国家文化公园杭州段标志性项目大城北中央景观大道对外开放。

2022 年 6 月，北京东方艺珍花丝镶嵌非遗文化传承基地开馆。

2022 年 6 月 1 日，《河北省大运河文化遗产保护利用条例》正式施行。

2022 年 6 月 27 日，由文化和旅游部、江苏省人民政府共同主办的 2022 世界运河城市论坛在扬州开幕，本届论坛主题为“运河城市遗产保护与可持续开发”。会议期间，通过了《世界运河城市遗产保护与可持续发展扬州倡议》。

7 月

2022 年 7 月 11 日，扬州市世遗办成立了大运河扬州段世界文化遗产扩展项目推进工作小组。

2022 年 7 月 28 日，国家发改委发布《“十四五”新型城镇化实施方案》，提到要推进长城、大运河、长征、黄河等国家文化公园建设。

8 月

2022 年 8 月 16 日，“新时代博物馆百大陈列展览精品展示推介系列活动”获奖名单公布，中国大运河博物馆常设展览入选“新时代博物馆百大陈列展览精品”精品奖。

2022 年 8 月 23 日，无锡博物院展览“清如——杨令茀的书画世界”入选国家文物局 2022 年度“弘扬中华优秀传统文化、培育社会主义核心价值观”主题展览推介项目。

9 月

2022 年 9 月，大运河国家文化公园重点项目武林门码头改造提升工程西侧文化公园和水域部分基本完工。

2022 年 9 月 16 日，北京艺术博物馆重新对外开放。

2022 年 9 月 17 日，浙江省桐乡市发布《桐乡市大运河国家文化公园建设市域段概念规划和城区段详细设计》。

2022 年 9 月 24 日，大运河城市文旅消费论坛在苏州召开。

10 月

2022 年 10 月 1 日，大运河国家文化公园（杭州段）标杆项目——小河公园开放。

2022 年 10 月 10 日，大运河国家文化公园（新乡红旗区段）正式开建。

2022 年 10 月 16 日，中国共产党第二十次全国代表大会召开，习近平总书记做了题为《高举中国特色社会主义伟大旗帜　为全面建设社会主义现代化国家而团结奋斗》的报告，报告指出加大文物和文化遗产保护力度，加强城乡建设中历史文化保护传承，建好用好国家文化公园。

2023 年

1 月

2023 年 1 月 1 日，《北京市人民代表大会常务委员会关于京津冀协同推进大运河文化保护传承利用的决定》正式施行。

2023 年 1 月 13 日，第二届全国文化创意产品推介活动初评会议在北京召开，河南博物院、苏州博物馆、安徽博物馆、山东博物馆、扬州博物馆、开封博物馆入选“第二届全国文博百强文创产品单位”。

2023 年 1 月 22 日，聊城中国运河文化博物馆改造提升工程基本完工，对外试运行开放。

2 月

2023 年 2 月 18—19 日，大运河国家文化公园论坛（德州）论坛在德州举办。

3 月

2023 年 3 月 15 日，天津杨柳青大运河国家文化公园（元宝岛）一期项目基本竣工。

2023 年 3 月 17—18 日，“铸就文化新辉煌——国家文化公园内博物馆建设”学术研讨会暨大运河博物馆联盟代表大会在中国大运河博物馆举办。

2023 年 3 月 17 日，中国京杭大运河博物院（暂名，筹建）、北京艺术博物馆、无锡市鸿山遗址博物馆加入大运河博物馆联盟。

2023 年 3 月 31 日，《宁波市大运河世界文化遗产保护实施办法》正式施行。

2023 年 3 月 25 日，中国文物报社等联合主办的第八届全国十佳文博技术产品及服务推介活动终评结果揭晓，南京博物院申报的“南京博物院数据可视化平台”项目入选“十佳”项目，由南京博物院总体策划建设完成的“中国大运河博物馆沉浸式数字体验”项目获评优秀项目。

4 月

2023 年 4 月 6 日，在国家主席习近平和法国总统马克龙共同见证下，文化和旅游部党组成员、故宫博物院院长王旭东与凡尔赛宫殿、博物馆及国家园林公共机构主席卡特琳娜·贝卡尔共同签署“凡尔赛宫与紫禁城”展览协议。

5 月

2023 年 5 月 1 日，《苏州市大运河文化保护传承利用条例》正式施行。

2023 年 5 月 1 日，天津南运河文化公园开园。

2023 年 5 月 4 日，中国博物馆协会成立第一届青年工作委员会，苏州博物馆当选主任委员单位。

2023 年 5 月 4 日，浙江省博物馆武林馆区正式闭馆。

2023 年 5 月 18 日，苏州博物馆“纯粹江南　技忆苏州——苏州博物馆西馆基本陈列”荣获第二十届（2022 年度）全国博物馆十大陈列展览精品推介精品奖。

2023 年 5 月 18 日，无锡博物院“来试人间第二泉——惠山茶会人文主题特展”荣获第二十届（2022 年度）全国博物馆十大陈列展览精品推介优胜奖。

2023 年 5 月 18 日，浙江省博物馆“丽人行——中国古代女性图像展”获第二十届（2022 年度）全国博物馆十大陈列展览精品推介优胜奖。

2023 年 5 月 18 日，中国大运河博物馆被评为 2023 年度“全国最具创新力博物馆”。

2023 年 5 月 18 日，南京博物院“大江万古流——长江下游文明特展”获评 2023 年度“弘扬中华优秀传统文化、培育社会主义核心价值观”主题展览推介项目。

2023 年 5 月 20 日至 8 月 20 日，“大运河（宿州段）考古成果展”在宿州市博物馆一楼临展厅举办。

2023 年 5 月 27 日，2023 运河城市精品景区合作机制（CCSC）创新发展大会在沧州举办。

2023 年 5 月 27 日，中国大运河非物质文化遗产展示馆正式建成开放。

2023 年 5 月 30 日，扬州市博物馆马可 · 波罗纪念馆正式恢复开放。

6 月

2023 年 6 月 8 日，浙东运河衙前展示馆正式建成开馆。

2023 年 6 月 17—18 日，大运河国家文化公园杭州段标志性项目大运河杭钢公园公共空间建成试运营。

2023 年 6 月 22 日，《扬州市大运河文化遗产保护条例》正式施行。

2023 年 6 月 25 日，第三届浙江大运河世界文化遗产宣传周主场城市（嘉兴桐乡）活动在桐乡市石门镇举行，成立浙江省大运河世界文化遗产保护联盟。

7 月

2023 年 7 月 5 日，德州学院黄河运河文化研究院揭牌成立。

2023 年 7 月 5 日，大运河国际文化论坛暨大运河文化带建设高端智库成立大会在小河公园举行。

2023 年 7 月 6 日，中国考古学会大运河考古和保护专业委员会成立大会暨首届大运河考古与大运河国家文化公园建设研讨会在河北沧州举行。

2023 年 7 月 18 日，京杭运河杭州段二通道建成。

8 月

2023 年 8 月 18 日，中国大运河紫檀博物馆正式开馆。

2023 年 8 月 24 日，2023 世界运河城市论坛——大运河文化遗产保护分论坛在扬州开幕。

2023 年 8 月 28 日，中国大运河博物馆举办“运河 · 城市 · 再现——博物馆城市主题展览策展研讨会”。

2023 年 8 月 29 日，之江文化中心启用仪式在浙江博物馆之江馆区举行，浙江省省长王浩宣布之江文化中心正式启用。

9 月

2023 年 9 月，大运河国家文化公园标志性项目——大运河滨水公共空间项目完工。

2023 年 9 月 1 日，《大运河无锡段核心监控区国土空间管控细则（试行）》正式施行。

2023 年 9 月 8 日，经过 4 个月改陈提升后的中国京杭大运河博物馆正式对外开放。

2023 年 9 月 17 日，中国大运河博物馆“中国大运河之‘大明都水监之运河迷踪’游戏型遗产教育项目”荣获 2023“全球世界遗产教育创新案例奖”之“卓越之星奖”。

2023 年 9 月 20 日，习近平总书记前往浙东运河文化园考察，了解古运河发展演变历史和大运河保护及大运河国家文化公园建设等情况。

2023 年 9 月 20 日，第三届大运河民族民间文化交流展示周暨 2023 年江南运河文化旅游节开幕。

2023 年 9 月 25 日，天津市公示《大运河文化带（遗产西青段）专项规划（2021—2035

年）》。

2023 年 9 月 26 日，首届苏州“运河十景”建设论坛在望亭镇举行。

2023 年 9 月 27 日，大运河申遗纪念碑入藏首都博物馆。

2023 年 9 月 27 日，浙东运河博物馆正式建成开放。

10 月

2023 年 10 月 4 日，中国大运河原点公园正式建成开放。

2023 年 10 月 16 日，由故宫博物院、北京故宫文物保护基金会和中国紫禁城学会主办的第六届太和论坛在故宫博物院开幕，本届论坛主题是“文物保护国际交流 · 合作 · 共享”。

2023 年 10 月 25 日，安徽博物院“吾心安处——古琴文化空间”展览获评中华文明国际展示重点推介项目。

11 月

2023 年 11 月 1—3 日，大运河博物馆联盟 2023 年度代表大会暨“拓界 · 创新——文旅融合中的运河城市博物馆”学术研讨会在隋唐大运河文化博物馆召开。

2023 年 11 月 2 日，宿州市博物馆、浙东运河博物馆加入大运河博物馆联盟。

2023 年 11 月 2 日，大运河板闸遗址公园地面景观已面向市民开放。

2023 年 11 月 7 日，宿州市博物馆“汴水咽喉”展厅完成提升改造，对公众试开放。

2023 年 11 月 10 日，大运河国家文化公园建设学术会议在北京国际会议中心举办，主题为“共建 · 共融 · 共享”。

2023 年 11 月 13 日下午，2023 世界运河古镇合作机制年会在浙江嘉兴举行，会议通过《世界运河古镇合作机制工作规则》。

2023 年 11 月 25—26 日，第五届大运河文化带建设智库峰会暨大运河国家文化公园与汉文化名城建设研讨会在徐州举办。

12 月

2023 年 12 月 1 日，苏州博物馆西馆获评“鲁班奖”。

2023 年 12 月 10 日，中国大运河博物馆举办“2023 大运河沿线文物保护论坛”。

2023 年 12 月 27 日，北京大运河博物馆（首都博物馆东馆）正式建成开放。

（大事记由复旦大学文物与博物馆学系硕士研究生张肖飞整理）

附录 2　大运河国家文化公园内及运河沿线重要博物馆名录[1]

行政区划	序号	单位	类型	备注
北京市	1	北京大运河博物馆（首都博物馆东馆）	专题类博物馆	大运河国家文化公园内的博物馆
江苏省	2	扬州中国大运河博物馆	专题类博物馆	
	3	吴文化博物馆	综合性博物馆	
河南省	4	洛阳隋唐大运河文化博物馆	专题类博物馆	
北京市	5	故宫博物院	综合性博物馆	运河沿线重要博物馆
	6	首都博物馆	综合性博物馆	
	7	北京郭守敬纪念馆	专题类纪念馆	
	8	通州区博物馆	综合性博物馆	
	9	北京艺术博物馆	综合性博物馆	
天津市	10	天津博物馆	综合性博物馆	
河北省	11	河北博物院	综合性博物馆	
	12	沧州博物馆	综合性博物馆	
江苏省	13	南京博物院	综合性博物院	
	14	南京市博物总馆	综合性博物馆	
	15	无锡博物院	综合性博物馆	
	16	无锡市鸿山遗址博物馆	专题类博物馆	
	17	徐州博物馆	综合性博物馆	
	18	常州博物馆	综合性博物馆	
	19	苏州博物馆	综合性博物馆	
	20	淮安市楚州博物馆（中国漕运历史博物馆）	专题类博物馆	

1 除中国大运河紫檀博物馆外，本名录收录了 38 家大运河博物馆联盟成员单位（其中首都博物馆与北京大运河博物馆计为 1 家），相关数据统计截至 2023 年 12 月 31 日。

续表

行政区划	序号	单位	类型	备注
江苏省	21	扬州博物馆	综合性博物馆	运河沿线重要博物馆
	22	镇江博物馆	综合性博物馆	
	23	宿迁市博物馆	综合性博物馆	
浙江省	24	浙江省博物馆	综合性博物馆	
	25	中国京杭大运河博物馆	专题类博物馆	
	26	宁波博物院	综合性博物馆	
	27	嘉兴船文化博物馆	专题类博物馆	
	28	绍兴博物馆	综合性博物馆	
	29	浙东运河博物馆	专题类博物馆	
	30	中国大运河紫檀博物馆	专题类博物馆	
	31	中国京杭大运河博物院	专题类博物馆	
安徽省	32	安徽博物院	综合性博物馆	
	33	淮北市博物馆	综合性博物馆	
	34	宿州市博物馆	综合性博物馆	
山东省	35	山东博物馆	综合性博物馆	
	36	济宁市博物馆	综合性博物馆	
	37	聊城中国运河文化博物馆	专题类博物馆	
河南省	38	河南博物院	综合性博物馆	
	39	开封博物馆	综合性博物馆	
	40	洛阳博物馆	综合性博物馆	